21 世纪高等院校金融类系列教材

商业银行综合柜面业务

主　编　尤婷婷　杨荣华

副主编　赵丽梅　郭瑞云　崔立群

经济科学出版社

图书在版编目（CIP）数据

商业银行综合柜面业务/尤婷婷，杨荣华主编 . —北京：
经济科学出版社，2014.9
ISBN 978 - 7 - 5141 - 4989 - 0

Ⅰ.①商…　Ⅱ.①尤…②杨…　Ⅲ.①商业银行 - 银行
业务 - 高等学校 - 教材　Ⅳ.①F830.33

中国版本图书馆 CIP 数据核字（2014）第 206251 号

责任编辑：计　梅　张　萌
责任校对：靳玉环
责任印制：王世伟

商业银行综合柜面业务
主　编　尤婷婷　杨荣华
副主编　赵丽梅　郭瑞云　崔立群
经济科学出版社出版、发行　新华书店经销
社址：北京市海淀区阜成路甲 28 号　邮编：100142
总编部电话：010 - 88191217　发行部电话：010 - 88191104
网址：www. esp. com. cn
电子邮件：esp@ esp. com. cn
天猫网店：经济科学出版社旗舰店
网址：http：//jjkxcbs. tmall. com
保定市时代印刷厂印装
787×1092　16 开　16.75 印张　397000 字
2014 年 9 月第 1 版　2014 年 9 月第 1 次印刷
ISBN 978 - 7 - 5141 - 4989 - 0　定价：38.00 元
（图书出现印装问题，本社负责调换。电话：010 - 88191502）

前　言

随着商业银行经营转型的不断推进、同业竞争的不断加剧和客户金融需求的不断升级，服务水平和服务能力的提升已经成为商业银行取得竞争优势的重要因素。银行的从业人员，特别是一线柜员是银行服务的直接提供者，拥有一批具备高素质、综合能力强的技能型人才，能为客户提供优质、规范的服务，是当今银行在激烈的竞争中得以发展的关键。

商业银行综合柜面业务是金融管理与实务专业的核心课程，本书主要针对该课程内容开发，考察了大量相关专业理论及多家银行的操作实践，直接面向商业银行综合柜员岗位，使学生在刚步入银行柜员工作岗位的时候就具备处理常见柜面业务的基本能力。本书既注重银行柜面业务理论知识的传授，又面向实际工作应用的需要，以知识的运用和技能培养为目标，兼具科学性与实用性。《商业银行综合柜面业务》一书既可作为高校金融专业教学用书，也可作为商业银行综合柜员的参考资料和培训用书。

本书的总体设计思路是按照银行柜面日常一日工作的业务流程来安排各教学项目，由日初业务、日间各项业务办理、日终业务和模拟实训四大部分组成，具体包括柜面日初业务、储蓄存款业务、个人贷款业务、个人结算业务、特殊业务、代理业务、外汇业务、日终业务和柜面业务实训九个教学项目，主编尤婷婷、杨荣华负责本书的课程标准、内容结构的总体设计及全书内容统撰。具体编写分工如下：杨荣华编写项目二，尤婷婷编写项目一、项目三、项目五、项目六、项目九，赵丽梅编写项目四，郭瑞云编写项目七，崔立群编写项目八。

由于编者学术水平有限，各商业银行业务也处于发展之中不尽相同，书中难免存在贻误和不足之处，敬请读者批评指正。

编者

2014.7

目　　录

教学项目一　柜面日初业务处理

【学习目标】

◇ 综合柜员制的概念、含义及岗位设置情况

◇ 银行柜员的职业道德与服务规范

◇ 重要单证、印章管理与使用的基本规定

◇ 掌握日初业务的处理，了解营业前准备工作的内容

◇ 熟悉日初签到及现金、重要单证出库的要求及处理程序

【技能目标】

◇ 能按具体业务操作流程规范进行营业前的准备工作

◇ 能按管理要求规范办理柜员签到、现金和重要空白凭证出库手续等

日初业务处理主要是指为确保日间各项业务顺利完成，需要在营业前提前做好的各项准备工作。日初业务处理主要包括岗前准备、签到、出库等工作。

学习任务一　银行柜员基本业务知识

【学生的任务】

◇ 要求学生掌握综合柜员制的概念及含义

◇ 要求学生了解综合柜员制的岗位设置

◇ 要求学生熟悉银行柜员的职业道德与服务规范

◇ 要求学生掌握重要单证印章的管理、使用规定

【教师的任务】

◇ 讲解综合柜员制的概念、内涵、岗位设置、服务规范等主要知识点

◇ 指导学生学习重要单证、印章管理与使用的基本规定

◇ 指导学生完成活动练习

教学活动1　认识综合柜员制

【活动目标】

理解综合柜员制的概念和内涵；掌握综合柜员制的岗位设置。

【知识准备】

一、综合柜员制的概念及内涵

综合柜员制是指在严格授权管理下，以完善的内部控制制度和较高的人员素质为基础，

以计算机作为账务操作载体，实行单人临柜处理会计、出纳、储蓄、中间代收业务等面向客户的全部业务的劳动组合形式。银行营业机构劳动组织形式经历了从复核制到柜员制，再到综合柜员制的发展。目前我国大多数银行都开始实现综合柜员制。

综合柜员制的内涵可概括为"单人临柜，独立操作；自我约束，自担风险；事后复核，双线监控"。即每位柜员可以办理任何一位顾客的临柜业务；顾客也可以选择任何一个窗口来办理自己的业务，每个柜员通过业务综合处理系统独立完成其授权范围内的各项业务，通过完善的内部控制制度和管理办法完成柜员的自我约束，柜员所有经办的业务风险由柜员独立承担，通过高效、及时、全面的事后监督体系，加强对柜员业务的监督，通过柜面和事后的双线监控来确保业务的安全。

二、综合柜员制的岗位设置（见图 1 - 1 - 1）

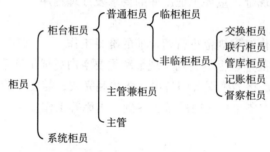

图 1 - 1 - 1　综合柜员制岗位设置

1. 普通柜员。

普通柜员是指具体办理会计核算业务的人员，负责对权限范围内业务的操作和会计资料的初审。普通柜员包括临柜柜员和非临柜柜员。

临柜柜员是直接面向客户，对外办理现金收付、转账结算、代理业务等工作的柜员。

非临柜柜员负责办理联行业务和记账业务、各类卡片的保管、印押证的使用和管理、电子汇兑、票据交换、资金清算、会计信息的分析及反馈等综合工作的柜员。

2. 主管兼柜员。

主管兼柜员是指对业务经办处理的各类业务进行复核或在规定业务范围内和额度内授权的人员。

3. 主管。

主管是指对超过业务主办权限的重要业务进行授权处理的管理人员。主要包括网点负责人、总会计、各级会计结算部门负责人，以及有权部门聘任的，行使业务主管职责的管理人员。

各类业务应由普通柜员、主管兼柜员、主管严格按照操作授权、业务授权、金额授权办理，这种事权划分是一种内部控制方法。

三、综合柜员的主要职责

前台柜员负责直接面向客户的柜面业务操作、查询、咨询等；后台柜员负责无须面向客户的联行、票据交换、内部账务等业务处理及对前台业务的复核、确认、授权等后续处理。独立为客户提供服务并独立承担相应责任的前台柜员必须自我复核、自我约束、自我控制、自担风险；按规定必须经由专职复核人员进行滞后复核的，前台柜员与复核人员必须明确各自的相应职责，相互制约、共担风险。

综合柜员的主要职责包括以下几个方面：

1. 领发、登记和保管储蓄所的有价单证和重要空白凭证，办理各柜员的领用、上缴。

2. 负责各柜员营业用现金的内部调剂和储蓄所现金的领用、上缴，并做好登记。

3. 处理与管辖行会计部门的内部往来业务。

4. 监督柜员办理储蓄挂失、查询、托收、冻结与没收等特殊业务，并办理储蓄所年度结息。

5. 监督柜员工作班轧账。

6. 银行科技风险识别与控制。

7. 办理储蓄所结账、对账，编制凭证整理单和科目日结单；打印储蓄所流水账，定期打印总账、明细账、存款科目分户日记账、表外科目登记簿；备份数据及打印、装订、保管账、表、簿等会计资料，负责将原始凭证、账、表和备份盘交事后监督。

8. 编制营业日、月、季、年度报表。

【活动练习】

什么是综合柜员制，它的岗位设置是怎样的？

教学活动2 银行柜员职业道德与服务礼仪规范训练

【活动目标】

熟悉银行柜员的职业道德规范和服务礼仪规范。

【知识准备】

一、银行柜员的职业道德规范

1. 爱岗敬业，顾全大局。

热爱本职工作，认真贯彻执行国家制定的金融方针、政策，以维护国家的金融稳定和银行业的声誉为己任。

2. 遵纪守法，规范操作。

严格遵守各项法律、法规，坚持依法合规办事，自觉抵制各种违法违规行为。

3. 廉洁公正，自警自律。

自觉抵制各种腐朽思想的侵蚀，防范和化解道德风险；工作中不徇私情，不弄虚作假，不营私舞弊，不行贿受贿。

4. 严守秘密，确保安全。

树立保密观念，增强保密意识，严格遵守保密法规，自觉履行保密责任，做到不泄密、不失密，确保银行经营安全和客户的资金、信息安全。

5. 正直诚信，勤勉尽职。

品行端正，公道正派，诚实守信，表里如一；忠于职守，尽心尽力，以高度的责任感和敬业精神投入本职工作。

6. 热情服务，细致周到。

讲究工作效率，提高工作质量，努力为客户提供热情、周到、优质、高效的服务，以专业化、人性化的服务赢得客户的理解和支持。

7. 勤奋学习，精通业务。

努力掌握专业知识及其他相关知识，刻苦钻研，精益求精，不断提高职业素养和业务水平。

8. 团结协作，和谐互助。

增强团队意识，发扬协作精神，创造与维护和谐融洽、平等互助、团结共进的人际关系和工作氛围。

9. 遵守公德，崇尚科学。

自觉遵守社会公德，文明礼貌，尊老爱幼，克勤克俭，爱护环境；崇尚科学，破除迷信，尊重知识，远离愚昧。

二、银行柜员的服务礼仪规范

银行柜员日常服务礼仪是银行柜员在工作岗位中，通过形象、语言、行为、举止等，向被服务对象表达尊重和友好的行为规范，一名优秀的银行柜员不仅需要具备相应的专业技能，还必须掌握服务礼仪中的基本要求。

1. 银行柜员的形象礼仪规范。

（1）着装礼仪。

银行工作人员工作时应穿统一行服，上岗前要检查整理好自己的工装是否整洁，工牌是否佩戴等，具体要求如下：

男员工穿行服时应配有衬衣，深色皮鞋、深色袜子和佩戴领带，衬衣衣摆不能露在西装外，衬衣不能掉扣；女员工穿行服时应配套，袜子应与行服颜色相称，长袜不应带图案，袜口、衬裙不得外露；银行制服应保持洁净、清爽、挺括，衣裤不起皱，应经常熨烫，不应出现油渍、污垢、异味，特别是衣领、袖口尤其要保持干净；袖口、裤口不得翻卷；夏季皮鞋要做到前不露趾，后不露跟。

男员工佩戴的领带、女员工穿有领衬衫所佩戴的领花或丝巾，都应与衬衫衣领口吻合、紧凑而不系歪；工牌、行徽要全部佩戴整齐，固定牢固，不能松垮、歪斜、左右晃动。银行工作人员一般要求除婚戒、眼镜外，不佩戴其他饰物，特别是款式花哨、颜色夸张的饰物；男员工可以佩稳重、大方、不张扬、轻便款型的腕表，尽量不佩戴其他饰物。

（2）妆容礼仪。

银行员工仪容要求干净、整洁、素雅、大方，注意面容清洁卫生，显示出职业精神。

男员工要经常检查自己的头发是否过长或整洁，不能有头皮屑，不可以漂染和焗异色头发，不留长发，发尾不触及衣领，鬓角不遮耳线；应注意保持面部的滋润和清洁，做到每天都要清洁面容、洗发、剃净胡须，鼻孔内毛发应及时修剪。

女员工要求淡妆上岗，不能浓妆艳抹，不能留长指甲，染指甲。要经常检查自己的头发是否整洁，女士刘海儿不能遮眉，侧发不能掩耳，应该整齐梳于脑后。长发，必须盘起，不允许在工作时梳披肩发，不得染自然色以外的颜色。

（3）行为礼仪。

第一，站姿挺拔。身体端正、挺胸、收腹，眼睛平视前方，双肩放平、表情平和、面带微笑，重心放在两个前脚掌。男员工站立时双脚自然分开，腰外侧与肩同宽，双手交叉放在背后。女员工站立时，双脚成"V"字或"丁"字，双手自然下垂或虎口交叉右手轻握左手置于胸前（如图 1-1-2 所示）。

图 1-1-2　银行柜员站姿

第二，坐姿端庄。与客户坐着面对面交谈时，应挺胸收腹微向前倾，目光注视客户。女员工落座前，先用脚感觉椅子的位置，用手掠下裙子，然后坐下双腿并拢，双手轻轻置于腿上。男员工可直接落座，双腿可略分开，双手自然置于腿上。无论是沙发或是座椅，落座时均不宜将座位坐满，一般坐于座位的 1/2 或 1/3 处。落座后上身需保持挺拔，不宜向前弯曲，不宜跷二郎腿、抖动双腿或东张西望（如图 1-1-3 所示）。

第三，走姿稳重。行走时身体重心微向前倾，收腹挺胸，目视前方，双臂前后自然摆动。一般情况下应稳步行走，有紧急事情可碎步快行，不可慌张奔跑。当走在前面引导客户时，应侧身向着客户，与客户保持两三步的距离。当走在较窄的路面或楼道中与人相遇时，也要采用侧身步，两肩一前一后，并将胸部转向他人，不可将后背转向他人。

第四，蹲姿文明。左脚在前，右脚在后，向下蹲去；左小腿垂直于地面，全脚掌着地，大腿靠紧右脚跟提起，前脚掌着地；左膝高于右膝，臀部向下，上身稍向前倾，以左脚为支撑身体的主要支点（如图 1-1-4 所示）。

图1-1-3　银行柜员坐姿

图1-1-4　银行柜员蹲姿

第五，手势礼貌。指引手势：即为客户指引方向时使用的手势，这也是银行服务，特别是营业厅服务中最常用的手势。左手或右手五指并拢，手掌微向上倾斜，以肘为轴，向所指方向伸出手臂。指示方向时，上身需侧向客户，待客户清楚后放下手臂，不可以食指指向他人。请坐手势：左手或右手屈臂向前抬起，以肘为轴，向座位方向伸出手臂，请客户落座。不宜用手指指点客户（如图1-1-5所示）。

图1-1-5 银行柜员手势

【知识链接】银行柜员行为礼仪的注意事项

一、不良的坐姿

1. 坐时不可前倾后仰，或歪歪扭扭

2. 双腿不可过于叉开，或长长地伸出

3. 坐下后不可随意挪动椅子

4. 不可将大腿并拢，小腿分开，或双手放于臀部下面

5. 高架"二郎腿"或"4"字形腿

6. 腿、脚不停抖动

7. 不要猛坐猛起

8. 与人谈话时不要用手支着下巴

9. 坐沙发时不应太靠里面，不能呈后仰状态

10. 双手不要放在两腿中间

11. 脚尖不要指向他人

12. 不要脚跟落地，脚尖离地

13. 不要双手撑椅

14. 不要把脚架在椅子或沙发扶手上，或架在茶几上

二、不雅的走姿

1. 方向不定，忽左忽右

2. 体位失当，摇头，晃肩，扭臀

3. 扭来扭去的"外八字步"和"内八字步"

4. 左顾右盼，重心后坐或前移

5. 与多人走路时，或勾肩搭背，或奔跑蹦跳，或大声喊叫等

6. 双手反背于背后

7. 双手插入裤袋

2. 银行柜员语言礼仪规范

银行柜员与客户交流时，服务语言要以普通话为主，语言要规范、准确、简洁，语句清晰。目光注视客户面部小三角区，面带微笑，表情神态谦恭、友好、真诚。谈话时每分钟110字左右，声音音量以听者清晰听见、不超过客户音量为宜。认真倾听客户要求，不东张西望，显出不耐烦，不中途打断，与客户保持情绪同步。手势不宜过多，幅度不宜太大。避免使用专业术语，便于客户理解。坚持在与客户沟通交流时使用"您好、请、谢谢、对不起、再见"十字文明用语。

【知识链接】银行柜员服务流程礼仪规范举例

一、班前准备

检查仪容仪表是否符合基本要求；检查工作台是否清洁；检查工作必需品是否齐全；检查机器设备是否运转正常。

二、服务流程规范

1. 客户来到柜台，柜台服务人员应在距离客户3米以内时起身迎候客户，注视客户，面带微笑，主动问候客户：您好，并请客户坐下。

2. 客户递交过来存折、现金、证件等物品时，服务人员需及时接过。

3. 服务人员需迅速按照客户需求办理相应业务，做到热情、耐心。

4. 客户办理业务过程中，服务人员如果需要称呼客户时，应使用；某某先生/小姐（或女士）；这种个性化的称呼，给客户以亲切感。

5. 客户办理业务过程中，服务人员如果需要暂时离开座位时，应主动告知客户，并说：对不起，我需要离开一会儿，请您稍等。回来后，服务人员需向客户致歉，说：对不起，让您久等了。

6. 业务办理完毕后，需要客户签名时，服务人员应递出凭条，并请客户核对后在指定位置签名确认。

7. 如果客户办理的是比较大额的取款业务，服务人员需主动为客户提供信封等。

8. 客户离开柜台时，服务人员应礼貌地与客户道别，说：再见，欢迎下次光临。

【活动练习】

1. 两人一组，相互评价对方在着装、妆容、行为举止等方面是否符合银行柜员形象礼仪规范。

2. 请两名同学进行模拟演示，其他同学评价其站姿、坐姿、走姿、蹲姿、手势等是否符合银行柜员的要求。

3. 银行柜员语言礼仪规范的十字文明用语是什么？

教学活动3　重要单证、印章的管理

【活动目标】

熟悉重要单证、印章管理与使用的基本规定。

【知识准备】

一、储蓄重要单证的管理

储蓄重要单证分为重要空白凭证和有价单证。重要空白凭证是指无面额的经银行（或其他金融机构，下同）或单位填写金额并签章后即具有支付效力的空白凭证，包括：存单、存折、支票、信用卡（证）、限额结算凭证、汇票、联行报单、债券收款单证以及其他重要空白凭证等。有价单证是指待发行的印有固定面额的特定凭证，包括：金融债券、代理发行的各类债券、定额存单、定额汇票、定额本票以及印有固定面值金额的其他有价单证等。

银行对储蓄重要单证的管理要求如下：

1. 坚持"章证分管"的原则，管理重要单证人员不得管理业务公章。

2. 保管和领用重要单证必须指定专人管理，每日营业终了对凭证使用情况要认真进行清点，坚持班班清、日日清，做到账表、账实核对相符。

3. 对凭证领发、使用，必须手续健全、责任落实，坚持按人立户，进行管理。

4. 网点负责人对网点和每个人凭证的保管、使用情况，坚持每周进行一次检查，确保凭证账实相符。

5. 为了计算方便，对重要空白凭证纳入表外科目核算：存折每本、存单每份（套），均按1元计价核算，按种类设簿登记。

6. 重要单证在未使用前，不得事先加盖业务公章和个人名章。

7. 各种重要单证如有损毁或填写错误不能使用时，应加盖"作废"戳记，并登入登记簿。

8. 重要空白凭证不准作为教学实习材料。如需作业务技术比赛，须经县以上行领导批准，办理领用手续，并在凭证上加盖"作废"戳记后方可使用。

9. 各级行库存重要空白凭证，每月至少盘点一次，做到账实相符。

10. 储蓄重要单证的签发使用仅限于储蓄业务范围内，任何部门或个人不得以任何名义挪作他用。严禁使用储蓄存单办理单位存款业务。

11. 领用重要单证时，应办理领用手续，及时登记，并记载起讫号码。

12. 网点必须按照重要单证上印制的冠字编号顺序使用重要单证，严禁跳号。

13. 有价单证必须视同现金管理，其领用、上缴、调拨，必须由保卫人员押运，严禁托运、邮寄或交他人携带。营业终了随现金入库保管。

二、印章的使用

印章对内用以明确责任，对外证明债务关系，是办理收付款项的有效依据，具有法律效力，必须按规定范围使用妥善保管。储蓄业务用章依据上级行的规定统一刻制，包括储蓄业务公章、"现讫"（现金收讫、现金付讫）章、"转讫"章、储蓄个人名章，由管辖行为办理业务人员统一刻制。

1. 原始凭证、记账凭证及其装订后的凭证封面应由有关人员在签章处签盖名章。属于提取现金、冲正错账、调整账目、出纳长短款的凭证，还应由网点负责人盖章。

2. 签开的存单、存折，除加盖经办人员名章外，还应加盖业务公章。

3. 发售的各类债券、定额存单，应按要求加盖业务公章和发售人名章。

4. 办理现金支付，除应在现金收付凭证上加盖出纳人员名章外，还应加盖"现金收讫"和"现金付讫"，在整点好的现金扎把条上和打捆后的封签上加盖出纳人员名章。

5. 在内部往来报单和业务查询（查复）书上加盖业务公章与经办人员的名章。

6. 异地托收凭证和挂失申请书等凭证，在交储户收执的一联上，应同时加盖经办人员名章和业务公章。

7. 在各种账簿上，每笔业务发生后，都要加盖记账人员和复核人员名章。装订后的账簿封面上应由有关人员在盖章处盖章。

8. 编制的"储蓄业务报表"应加盖有关人员名章和业务公章。

9. 签发存单、存折和有价单证时，应随用随盖，严禁事先盖章。

10. 为了减少交接手续，可根据网点业务情况，每个柜（班）发一枚业务公章，并编号加以区别。

三、印章的保管

1. 各印章使用部门应严格执行"章、证分管"的内控原则，使用和保管公章的人员，不得同时保管重要单证。

2. 建立公章登记交接制度，要设置印章保管使用登记簿和交接登记簿，印章的接收、下发、交接、停用、注销、缴回、销毁等都应在登记簿中登记。

3. 业务公章在使用前必须将启用日期及印模登记在印章保管使用登记簿上。

4. 对停止使用的公章，停止使用时，应及时在登记簿上填记注销日期。原业务公章应立即收回，并切角作废。

5. 应指定专人使用和保管业务印章，坚持"谁使用、谁保管、谁负责"的原则。严禁托人代管，严禁个人之间私自授受业务印章。各种业务印章不得携带出本机构使用。

6. 柜员日常使用业务印章应做到"使用定型、摆放定位"。

7. 每日柜员上柜前，必须对从本人款包内取出的业务印章进行盘点、核对，并调整转字日期无误后，才可对外办理业务。营业时间内，常用业务印章必须放置在柜员视线范围且触手可及的范围，不常使用的业务印章应入款包保管。款包及常用印章的放置位置和印章的使用均应在监控范围内。

8. 柜员临时离柜时，应认真清点业务印章，清点无误后，装入款包上锁后方可离岗。

9. 营业日间休息时，业务印章入款包上锁后保管在监控范围内。非营业时间，业务印章入款包上锁后，随款箱送金库保管。

10. 加盖业务印章要清晰可辨。业务公章、财务专用章、结算专用章、对账专用章、现金调拨专用章、贷款合同专用章、业务清讫章、受理凭证章等在会计凭证上加盖印章时，应当使用红色印泥。凡是嵌有日期的业务印章，应按日更换日期。假币章使用蓝色印泥。

【活动练习】

1. 储蓄重要单证包括哪些？
2. 银行印章的使用有什么规定？

【知识链接】有价单证及重要空白凭证管理办法

第一章 总 则

第一条 为加强对有价单证及重要空白凭证的管理，保障资金安全，特制定本办法。

第二条 中国人民银行、商业银行、政策性银行、城市及农村信用社以及非银行金融机构办理金融业务涉及有价单证及重要空白凭证时，必须遵守本办法的规定。

第三条 有价单证及重要空白凭证必须严格管理，做到手续严密，账实相符，保证安全。

第二章 有价单证的管理

第四条 有价单证是指待发行的印有固定面额的特定凭证，包括：金融债券、代理发行的各类债券、定额存单、定额汇票、定额本票以及印有固定面值金额的其他有价单证等。

第五条 有价单证的保管

一、有价单证实行"证、账分管"原则，由会计部门管账，出纳（或发行）部门管证。需要加签印章的有价单证，要严格执行"证、印分管"。

二、出纳库房应建立有价单证保管登记簿。出纳专管人员变动时应办好交接手续。

三、有价单证的样本和暗记，比照人民币票样管理办法妥善保管。

第六条 有价单证的调运

有价单证应视同现金调出、调入。调入行应在调出行预留印鉴。

第七条 有价单证的领用

业务部门领用有价单证时，应向出纳部门办理领用手续，并进行登记。经办人员领用有价单证时也应办理领用手续并进行登记。营业结束后，业务部门及经办人员持有的有价单证应装箱封存入出纳库房保管。

第八条 有价单证的发出

一、有价单证的发售或签发应坚持先收款后办理的原则，并进行销号控制。

二、发现多缺漏页错号等情况，应将差错部分留查，不得发售使用，并及时与领发行和印刷厂联系。

第九条 有价单证的核算

一、有价单证一律纳入表外科目核算，以原面值金额列账。会计部门建立"有价单证登记簿"进行明细核算。

二、已兑付、作废及停止使用的待销毁的有价单证应设表外科目单独核算。

第十条 有价单证的核对

一、出纳库房保管的有价单证应每日进行清库；业务部门保管的有价单证，应每日进行账实核对，保持账实相符。

二、出纳库房保管的有价单证库存数，应定期与会计部门表外科目有关账户余额核对相符。

三、有价单证按规定上缴时，应先由会计、出纳部门账实核对相符。

第十一条 有价单证的销毁

一、已经兑付、停止使用或注销作废的有价单证，应作出明显作废标记后缴送出纳库房登记保管。

二、有价单证需要销毁时，应由出纳部门造具清单，经会计部门核对报主管领导批准后统一销毁。

第三章　重要空白凭证的管理

第十二条 重要空白凭证是指无面额的经银行（或其他金融机构，下同）或单位填写金额并签章后即具有支付效力的空白凭证，包括：存单、存折、支票、信用卡（证）、限额结算凭证、汇票、联行报单、债券收款单证以及其他重要空白凭证等。

第十三条 重要空白凭证的保管

一、建立重要空白凭证保管库（柜）及保管登记簿，如实登记保管、领用、使用情况。重要空白凭证必须指定专人负责管理。

二、银行签发的重要空白凭证，应做到"证印分管，证押分管"。

第十四条 重要空白凭证的出入库

一、重要空白凭证凭供货单位发货票或上级调拨单清点验收入库，并及时登记。

二、重要空白凭证须凭上级调拨单或本单位使用部门加盖预留印鉴并经会计主管人员签章的领用单出库，并及时登记。

第十五条 重要空白凭证的领用

一、业务柜组领用重要空白凭证时，应办理领用手续，及时登记，并记载起讫号码。对柜组内所领用的重要空白凭证，要在登记簿上签收。

二、开户单位领用支票等重要空白凭证时，应填写领用单，加盖全部预留印鉴。银行应根据领用单将起讫号码及时记入该单位存款账户的账页上，并登记重要空白凭证领用登记簿。

第十六条 重要空白凭证的签发

一、经办人员签发重要空白凭证时，应进行销号控制。填错的重要空白凭证，加盖"作废"戳记后作有关科目传票的附件。

二、属于银行签发的重要空白凭证，严禁由客户签发，并不得预先盖好印章备用。

三、使用计算机打印重要空白凭证时，只能在原有重要空白凭证上填空打印，不得自行打印凭证格式。

第十七条　重要空白凭证的核算

重要空白凭证一律纳入表外科目核算。成本装订的，以一本一元的假定价格记账；非成本装订的，以一份一元的假定价格记账。各业务柜组内部使用的重要空白凭证控制到份数，定期进行账实核对。

第十八条　重要空白凭证的注销与销毁

一、单位销户时，应将剩余支票和其他重要空白凭证全部交回开户银行登记注销。单位对领用的重要空白支票和其他重要空白凭证负全部责任，如遗失或未交，由此而产生的一切经济损失，由领用单位负责。

二、银行对单位交回的以及停止使用的重要空白凭证应作明显作废标记，造具清单，妥善保管，经主管领导批准后集中销毁。

第四章　其他管理规定

第十九条　有价单证及重要空白凭证上应印具号码，按号码顺序发售和使用，不得跳号。

第二十条　有价单证及重要空白凭证应由中国人民银行或经其授权后由各总行（总部）指定厂家印制。属于区域内使用的有价单证和重要空白凭证，应冠有地区简称，以区分和控制使用范围。对多次出现印制质量问题的厂家应取消其指定印制厂家资格。

第二十一条　对印刷厂发运的有价单证和重要空白凭证，应认真核对样本，抽验质量后入库。

第二十二条　有价单证和重要空白凭证登记簿的格式由各总行（总部）确定。登记簿、调拨清单、领用凭证、销毁清单等应作为会计档案妥善保管。

第二十三条　会计（出纳）主管人员每月应至少检查一次有价单证及重要空白凭证库存、保管情况和领用手续，核对账实，并在登记簿作出记录，签章备查。主管行长（主任）对各部门保管的有价单证及重要空白凭证应进行定期或不定期的检查。

第二十四条　非业务人员不得领用有价单证和重要空白凭证；严禁将有价单证及重要空白凭证移作他用。

第五章　附　　则

第二十五条　各金融机构可根据本办法自行制定实施细则。

第二十六条　本办法由中国人民银行负责解释、修改。

第二十七条　本办法自 1997 年 6 月 1 日起实行。

银发〔1997〕163 号

学习任务二　日初业务处理

【学生的任务】

◇要求学生掌握银行柜员营业前准备工作的流程和内容

◇要求学生掌握现金出库业务的处理

◇要求学生掌握重要空白凭证领用业务的处理

【教师的任务】

◇讲解银行柜员营业前准备工作的流程和具体内容

◇指导学生进行现金出库业务、重要空白凭证领用业务的处理

◇指导学生完成活动练习

教学活动1　营业前准备

【活动目标】

掌握营业前准备工作的基本流程及业务要点。

【知识准备】

一、营业前准备工作的流程

营业前准备工作流程如图1-2-1所示。

图1-2-1　营业前准备工作流程

二、营业前准备工作的业务步骤

1. 安全检查。

营业网点柜台人员每日营业前应提前到达上班场所，双人同时进入营业场所，检查营业机构安全情况，撤除自动报警装置，检查报警铃等安全防卫器具是否正常、完好，检查二道门锁是否完好，安全员开启监控录像。

2. 清洁整理。

（1）打扫卫生，清洁机具。

打扫营业柜台内外的卫生，清理ATM及各种计算机、机器设备等机具。

（2）检查、整理日常用具。

整理营业厅及柜台摆放的各类存取款凭证和宣传资料，检查客户用的笔、墨、老花镜等各类便民服务设施是否齐全；整理柜面物品，做到整齐有序，不摆放与办公无关的任何物品及资料；检查利率牌及日历牌的内容是否正确。

（3）检查自身着装。

检查自身着装，自身携带物品是否符合规定，佩戴工号牌。

3. 钱箱交接。

（1）钱箱交接时必须先验证运钞车牌号、押运人员身份。

（2）营业网点在办理钱箱交接时，必须双人在有效监控下全程办理。

（3）交接时应检查钱箱是否完好，如完好，与保安公司押运人员办理交接手续；如有异常或单锁、漏铅封的，均应拒收，并及时上报相关部门。

（4）钱箱交接必须通过出纳综合管理系统完成。

4. 主管开机。

每日办理业务开始前，先由网点业务主管开机，并对柜员进行操作权限认定，柜员才能进行签到操作。

5. 柜员签到。

主机开启成功后，柜员用自己的权限卡刷卡，登录签到界面，柜员输入柜员号、钱箱号、操作密码后，签到即告完成，系统进入交易界面。

柜员号是柜员在一个中心范围内的唯一标识，也是柜员进入综合应用系统的唯一合法身份，通常为4位字符（字母或数字），由系统运行中心按营业机构编码分配。

每个业务人员首次使用权限卡时或权限卡处于待启用状态时，由会计结算部门负责人在计算机上为其启用权限卡，设定初始密码。操作密码的设置可使用数字或英文字母进行组织，但不得使用初始密码或简单的重复数字、顺序数字，并要严格保密，防止泄露，且每月至少要更换一次操作密码。

【知识链接】权限卡管理规定

权限卡是指业务人员在办理业务时所必须持有的，表明、控制其业务处理权限范围的磁卡。权限卡是实现会计业务处理"事权划分、事中控制"的重要手段之一。权限卡实行严格管理，具体规定如下：

1. 已签发正在使用的权限卡由持卡人自行随身携带或入柜（屉）保管，自负其责，严禁随意摆放或转交他人使用。

2. 业务人员调动工作时，如仍从事全功能银行系统上机操作工作，且调动范围在其权限卡签发行的管辖范围内，则由权限卡签发行的人事部门对其权限卡内容进行调整；如调动范围在其权限卡签发行的管辖范围外，则应交回权限卡，在新的工作单位领取新的权限卡。

3. 因人员变动、临时离岗、学习休假、岗位变动等原因引起的暂时离岗3天以上情况，要于变动当日（最迟2日内）在《业务人员信息调整申请表》中填明原因，经业务主管批准，权限卡改为待启用状态，双人签封后，统一入库保管。

4. 已签发启用的权限卡以及权限卡信息变动均需在《柜员登记簿》上登记。

5. 丢失后又找回的权限卡视同作废的权限卡处理。

6. 因保管、使用不当或其他原因作废的权限卡应于下一个工作日前在《柜员登记簿》上登记，注明原因，并逐级上缴至二级分行或直属分行会计结算部门统一保管。

【活动练习】

银行营业前准备工作的基本流程是什么？请模拟银行柜员按照操作规范进行营业前的各项准备工作。

教学活动2　现金与重要空白凭证的出库

【活动目标】

掌握现金与重要空白凭证出库业务的处理。

【知识准备】

临柜柜员在办理日间业务操作前，必须领取一定量的现金、重要空白凭证。此外，还要将上日封存入库的"尾箱"从业务库中领出，可以把以上这些业务统称为办理出库。

一、现金出库

在现金业务管理中，综合应用系统要求每个营业机构都要设一个"现金库房"，用于记录库房现金的总数和各券别的数量，并控制库房现金实物的出入库。每个办理现金业务的临柜柜员，必须由主管为其按币种建立"现金箱"，并设定一定的限额，否则柜员无法办理现金业务。现金出库的业务流程如图1-2-2所示。

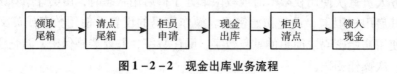

图1-2-2　现金出库业务流程

1. 领取尾箱。

临柜柜员经主管授权后领取实物尾箱，并在计算机综合业务系统当中领取电子尾箱。

2. 清点尾箱。

临柜柜员对实物尾箱与电子尾箱中现金的币种、券别张数分别进行清点核对。清点时若发现实物尾箱与电子尾箱不一致，必须及时报告主管查实处理。

3. 柜员申请。

每个办理现金业务的临柜柜员，在每天进行日间业务操作前，需匡算当天所需现金数，从现金库房中提取相应现金。当柜员需要从库房领入款项时，需填制"现金出库单"交予管库柜员。

4. 现金出库。

管库员收到出库单后，按以下顺序配款：先大数，后小数；先主币，后辅币。配款时要考虑适合主辅币流通比例的需要。

5. 柜员清点。

柜员收到管库员的现金后，要当面点清大数。先查点捆数，逐捆卡把，验明每捆是否10把，再检查封签与券别是否一致，封签和绳索有无破损和异常。无误后将券别捆数、金额与出库单逐项核对相符。清点时应做到操作定型、用具定位、手续严密、有疑必复。

6. 领入现金。

柜员选择"柜员领入现金"交易操作，录入各券别数量，完成现金领入业务。

二、重要空白凭证领用

重要空白凭证是指银行印制的、经银行或客户填写金额并签章后即具有支付效力的空白凭证，如支票、银行汇票、商业汇票、不定额银行本票、存折、存单、国债凭证、银行卡、印鉴卡、内部往来划收（付）款凭证、电子清算划收（付）专用凭证等。

在计算机综合业务系统中，每个营业网点都有一个虚拟"凭证库房"，每个柜员都有一个虚拟"凭证箱"，虚拟"凭证库房"、虚拟"凭证箱"的重要空白凭证数量和号码要与实物"凭证库房"、实物"凭证箱"相符。重要空白凭证的使用要遵循"先领用，再使用"这一操作流程。重要空白凭证领用的业务流程如图1-2-3所示。

```
┌──────┐   ┌──────┐   ┌──────┐   ┌──────┐
│ 柜员 │ → │ 凭证 │ → │柜员清│ → │ 凭证 │
│ 申请 │   │ 出库 │   │点、签收│   │ 入库 │
└──────┘   └──────┘   └──────┘   └──────┘
```

图1-2-3　重要空白凭证领用流程

1. 柜员申请。

柜员根据业务量的情况，决定所要领取的空白重要凭证的数量、种类，填写两联"重要空白凭证出库单"，经主管同意后交管库柜员（如图1-2-4所示）。

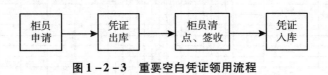

模拟银行重要单证出/入库单

出(入)库单位：　　　　2012年4月8日　　　　第　　号

凭证种类	凭证号码		单位	面额	数量	金额										
	起	止				千亿	百	十	万	千	百	十	元	角	分
存折	3 215 001	3 215 020	本		20							2	0	0	0
储蓄存单	4 157 005	4 157 035	本		30							3	0	0	0

业务部门签章　[方征]　　　　保管　[李丽]　　　　经办　[局虹]

图1-2-4　重要空白凭证出库单

2. 凭证出库。

管库柜员根据"重要空白凭证出库单"所填凭证种类、数量登记"重要空白凭证保管领用登记簿"（如图1-2-5所示），填写凭证起讫号码，交领入柜员。

3. 柜员清点、签收。

柜员领取空白凭证后，逐份清点，核对正确无误后在"重要空白凭证保管领用登记簿"签收。

4. 凭证入库。

柜员选择"柜员领入重要空白凭证"交易操作，录入相关信息，完成凭证入库。

【活动练习】

1. 两名同学一组，分别扮演柜员和管库员，进行现金出库业务的处理。模拟柜员从现金库房领入现金30万元的业务步骤。

重要空白凭证保管领用登记簿

第 页

凭证种类：

年		摘要	起止号码	作废号码	发出额											结存额						实物交接		核对实物		检查实物	
					收入					付出												发出人	领入人	保管人	复核人	日期	数量
月	日				十	万	千	百	十	元	十	万	千	百	十	元	十	万	千	百	十	元					
			——																								
			——																								
			——																								
			——																								
			——																								
			——																								
			——																								
			——																								
			——																								
			——																								
			——																								
			——																								
			——																								
			——																								
			——																								
			——																								
			——																								

图 1-2-5 重要空白凭证保管领用登记簿

2. 请模拟银行柜员按照规范流程向管库柜员领取下列重要空白凭证：现金支票一本（凭证编号 2014001~2014025），转账支票一本（凭证编号 3014001~3014025），储蓄存折10 本（凭证编号 10140001~10140010）。

教学项目二　储蓄存款业务处理

【学习目标】

◇掌握储蓄存款种类、特点和相关规定

◇清楚各种储蓄存款业务的科目设置与使用方法

◇各种储蓄存款业务的操作流程和处理手续

◇掌握各种储蓄存款的利息计算方法

【技能目标】

◇能够熟悉各种存款业务的凭证填制及凭证处理方法

◇能够掌握各项存款业务的核算程序及处理手续

◇能够掌握存款业务利息计算方法及相应的账务处理方法

◇熟悉各种存款业务上机操作流程

学习任务一　活期储蓄存款业务处理

【学生的任务】

◇熟悉活期储蓄存款业务的凭证格式，掌握凭证的填写方法

◇能按照储蓄存款业务规定准确进行活期储蓄存款账户开立、现金存入、现金支取、销户等各环节的操作处理

◇熟练掌握活期储蓄存款的利息计算方法

◇熟练进行活期储蓄存款业务的上机操作

【教师的任务】

◇讲解存款的概念、分类、特点及活期存款业务处理方法和利息计算方法等主要知识点

◇指导学生学习并总结活期存款业务的基本规定

◇指导学生完成各个环节的活动练习

【知识准备】

存款是存款人基于对银行的信任而将资金存入银行，并可以随时或按约定时间支取款项的一种信用行为，是银行的传统业务。存款是银行对存款人的负债，是银行信贷资金的主要来源，也是银行办理转账结算的前提。

按照不同的分类方式可以将存款产品分为不同种类：按存款人划分对公存款、个人储蓄存款；按照期限不同可划分为活期存款、定期存款。

一、储蓄存款的概念

储蓄存款是商业银行通过信用方式动员和吸收城乡居民暂时闲置和节余货币资金的一种存款业务。国家对居民储蓄实行鼓励和保护的政策。为了正确贯彻执行国家鼓励和保护人民储蓄的政策，对个人储蓄存款实行"存款自愿，取款自由，存款有息，为储户保密"的原则。

二、储蓄存款的种类

根据储户与储蓄机构的契约关系不同，储蓄业务可以分为活期储蓄和定期储蓄。我国人民币储蓄存款是从期限和功能角度进行分类的，主要有活期储蓄、定期储蓄、定活两便储蓄和通知存款。

三、活期储蓄存款的概念和特点

1. 概念。

活期储蓄存款是指开户时不约定期限、存取金额和存取次数不受限制、储户可随时存取的一种储蓄存款。

目前客户使用最多的存款产品，在客户存入时不约定存期，由银行发给存折或储蓄卡等存款凭证，凭证和密码存入、支取现金，可以挂失；利息每季结算一次，并计入本金起息，起存金额为1元，多存不限。

2. 特点。

（1）适用于个人生活待用款和暂时不用款。

（2）不受金额和存期限制，通存通兑。客户可以随时随地存、取款，能够让资金保持适度流动性。

（3）客户在银行开立活期储蓄账户后，可以享受银行提供的结算、代收代付、自助服务、金融信息等全方位服务，灵活理财。

（4）活期储蓄存款是付息账户。

（5）活期储蓄灵活方便，存取频繁，客户此存彼取的时间差在银行账户中形成了稳定的资金余额，成为商业银行资金来源的重要途径之一。

【知识链接】个人存款账户实名制规定

　　第一条　为了保证个人存款账户的真实性，维护存款人的合法权益，制定本规定。

　　第二条　中华人民共和国境内的金融机构和在金融机构开立个人存款账户的个人，应当遵守本规定。

　　第三条　本规定所称金融机构，是指在境内依法设立和经营个人存款业务的机构。

　　第四条　本规定所称个人存款账户，是指个人在金融机构开立的人民币、外币存款账户，包括活期存款账户、定期存款账户、定活两便存款账户、通知存款账户以及其他形式的个人存款账户。

　　第五条　本规定所称实名，是指符合法律、行政法规和国家有关规定的身份证件上使用的姓名。

下列身份证件为实名证件：

（一）居住在境内的中国公民，为居民身份证或者临时居民身份证；

（二）居住在境内的 16 周岁以下的中国公民，为户口簿；

（三）中国人民解放军军人，为军人身份证件；中国人民武装警察，为武装警察身份证件；

（四）香港、澳门居民，为港澳居民往来内地通行证；台湾居民，为台湾居民来往大陆通行证或者其他有效旅行证件；

（五）外国公民，为护照。

前款未作规定的，依照有关法律、行政法规和国家有关规定执行。

第六条　个人在金融机构开立个人存款账户时，应当出示本人身份证件，使用实名。代理他人在金融机构开立个人存款账户的，代理人应当出示被代理人和代理人的身份证件。

第七条　在金融机构开立个人存款账户的，金融机构应当要求其出示本人身份证件，进行核对，并登记其身份证件上的姓名和号码。代理他人在金融机构开立个人存款账户的，金融机构应当要求其出示被代理人和代理人的身份证件，进行核对，并登记被代理人和代理人的身份证件上的姓名和号码。不出示本人身份证件或者不使用本人身份证件上的姓名的，金融机构不得为其开立个人存款账户。

第八条　金融机构及其工作人员负有为个人存款账户的情况保守秘密的责任。金融机构不得向任何单位或者个人提供有关个人存款账户的情况，并有权拒绝任何单位或者个人查询、冻结、扣划个人在金融机构的款项；但是，法律另有规定的除外。

第九条　金融机构违反本规定第七条规定的，由中国人民银行给予警告，可以处 1 000 元以上 5 000 元以下的罚款；情节严重的，可以并处责令停业整顿，对直接负责的主管人员和其他直接责任人员依法给予纪律处分；构成犯罪的，依法追究刑事责任。

第十条　本规定施行前，已经在金融机构开立的个人存款账户，按照本规定施行前国家有关规定执行；本规定施行后，在原账户办理第一笔个人存款时，原账户没有使用实名的，应当依照本规定使用实名。

第十一条　本规定由中国人民银行组织实施。

第十二条　本规定自 2000 年 4 月 1 日起施行。

教学活动 1　活期储蓄存款开户

【活动目标】

理解活期储蓄存款的性质与特点；熟悉活期储蓄存款的办理手续；掌握活期储蓄存款现金开户业务的操作流程和操作方法，能按照业务规程完成开户的上机操作。

【知识准备】

一、活期储蓄存款开户业务的操作流程

活期储蓄存款开户业务操作流程如图 2-1-1 所示。

存款业务受理
审核
点收现金
交易处理
打印、签章
递交客户
后续处理

图 2-1-1　活期储蓄存款开户业务操作流程

二、活期储蓄存款开户的操作步骤

1. 存款业务受理。

首先由客户填写开立个人银行结算账户申请书或储蓄存款凭条（如图 2-1-2 所示），然后接收客户的有效身份证件和现金。如果他人代理开户，还应接收代理人的身份证件。

世格银行 Desunsoft Bank　　储蓄开户凭条 Account Application & Deposit Slip

科目：（贷） Subject :Credit　　2011 年05 月10 日 Year Month Date

客户必填 To be filled in necessarily by the customer

户名 张海菊 Name of Account Holder　性别 女 Sex　证件类型 个人身份证 Type of ID Document　证件号码 231083198405032722 Number of ID Document

常住地址 沈阳市沈北新区建设南一路 Address of the Account Holder　联系电话 83495655 Telephone No.

邮编 210000 Postal code　币种 美元 Currency　存期＿＿ Deposit Term　现钞 ☑ Cash　现汇 □ Foreign Exchange

留密 ☑ PIN　留证 ☑ Seal　存入金额（小写）2600.00 Amount in figures

储种选择：Category of Deposit　活期 ☑ Current　整存整取 □ Lump De. & Dr.　零存整取 □ Odd De. & Lump Dr.　储蓄卡 □ Savings Card

教育储蓄 □ Education　定活两便 □ Savings/Time　通知存款 □ Call　存本取息 □ Renewal & Int. Dr.

活期一本通 □ Current One for al　定期一本通 □ Lump One for all　其他＿＿ Others

客户选填 To be filled in voluntarily by the customer

拼音/英文名＿＿ English Name　户籍地/国籍＿＿ Nationality　学历＿＿ Eductaion　年收入＿＿ Annual Earnings

电子邮箱＿＿ E-mail　您正在使用的世格银行金融产品 Banking Product DSB. You Are Using

职业：Profession:　公务员 □ Official　教师医生 □ Teacher or Doctor　工程师等专业人士 □ Specialist such as Engineer　个体及私营业主 □ Entrepreneur

企业行政人员 □ Enterprise Manager　其他 □ Others

提示：请客户提交本凭条前认真阅读背面的“客户须知”。

银行记录 For Bank's Record

会计主管：　授权：　复核：　录入：

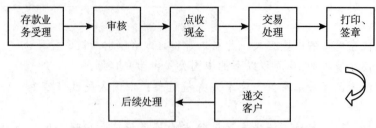

图 2-1-2　活期储蓄存款开户申请书

2. 审核。

柜员审核客户身份证件是否有效，并确定是否为本人（对身份证、户口簿等可以通过身份证联网系统进行核查的，必须核查）。若为代理他人开户的，还需审核代理人证件。若开立个人结算账户的，还应审核其填写的开立个人结算账户申请书内容的完整性和正确性。

3. 点收现金。

柜员收到客户递交的现金后：①先询问客户存款金额。②在监控下和客户视线内的柜台上清点。清点时柜员一般需在点钞机上正反清点两次，金额较小时，也可手工清点，但要注意假币的识别，再次与客户唱对金额。③完成后应将现金放置于桌面上，待开户业务办理结束后再予以收存。

4. 进行开户交易。

柜员输入开户交易代码，进入个人活期存款现金开户界面，输入储户姓名、证件类型、证件号码、电话号码、邮政编码及地址。需凭密码支取的，请客户设置密码，确认无误后提交，由系统自动记账。

活期储蓄开户时的会计分录为：

借：现金

　　贷：活期储蓄存款——××户

5. 打印、签章。

（1）柜员根据系统提示打印存折（打印前需划折）以及存款凭证。

（2）请客户在存款凭证上签名确认。

（3）柜员在存折上加盖储蓄专用章或业务专用章，在申请书留存联和客户联加盖业务公章，在存款凭证上加盖现金收讫章或业务清讫章，最后在上述所有凭证上加盖柜员名章。

6. 递交客户。

柜员将身份证件、存折、开立个人银行结算账户申请书客户联交给客户。

7. 后续处理。

柜员将现金放入钱箱，并将申请书记账联（或存款凭证）作贷方凭证整理存放。

教学活动2　活期储蓄存款续存

【活动目标】

掌握活期储蓄存款现金续存业务的处理流程和操作方法，能按照业务规程正确进行活期储蓄存款续存的上机操作。

【知识准备】

一、活期储蓄存款续存业务的操作流程

活期储蓄存款续存业务操作流程如图2-1-3所示。

二、活期储蓄存款续存的操作步骤

1. 存款业务受理。

柜员根据客户的存款要求，接收客户的储蓄存折和现金。若为有折续存，客户可免填单，只需提供存折和现金；若为无折续存，则客户需填写个人业务（卡/无折）存款凭证，按汇款业务处理。对于续存金额大于 20 万元（含），应提供存款人身份证件，他人代理的，还应提供代理人身份证件。

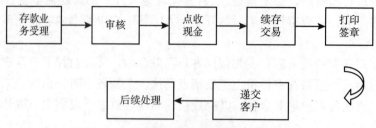

图 2-1-3　活期储蓄存款续存业务操作流程

2. 审核。

需提供身份证件的，柜员应审核身份证件的真实有效性。无折续存的，柜员应审核其填写的个人业务（卡/无折）存款凭证的内容是否完整、正确。

3. 点收现金。

柜员需先询问客户存款金额，而后要在监控和客户视线内的柜台上，按照现金清点：要先点大数（卡捆卡把），后点细数；先点主币，后点辅币；先点大面额票币，后点小面额票币的程序点收现金。

4. 续存交易。

（1）有折续存：柜员输入交易码，进入活期存款续存交易界面，划折后系统自动反馈账号、户名、凭证号等信息，柜员根据系统提示录入存款金额等。

（2）无折续存：柜员输入交易码，进入"无折续存"界面，柜员根据客户提交的个人业务（卡/无折）存款凭证上的信息录入相关内容，然后经营业经理授权确认后按系统提示操作。

活期储蓄存款续存时的会计分录：

借：现金

　　贷：活期储蓄存款——××户

5. 打印、签章。

续存交易成功后，若为有折续存，打印存折和存款凭证。若为无折续存，打印个人无折存款凭证。完成后，柜员进行核对，无误后，银行柜员提示客户在存款凭证（如图 2-1-4 所示）上签字确认。

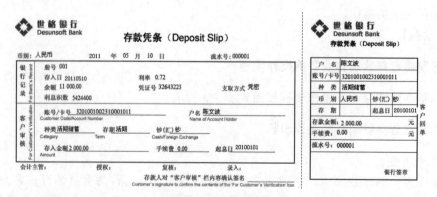

图 2-1-4　存款凭证

6. 递交客户。

柜员在存款凭证上加盖现金收讫章或业务清讫章和柜员名章，将存折或无折存款凭证客户联交给客户。

7. 后续处理。

柜员将现金放入钱箱，并将存款凭证记账联按规定整理存放。

教学活动3 活期储蓄存款支取

【活动目标】

掌握活期储蓄存款取款业务的处理流程和操作方法，能按照业务规程正确进行活期储蓄存款支款的上机操作。

【知识准备】

一、活期储蓄存款支取业务操作流程

活期储蓄存款支取业务操作流程如图2-1-5所示。

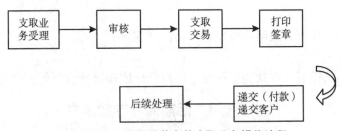

图2-1-5 活期储蓄存款支取业务操作流程

二、活期储蓄存款支取的操作步骤

1. 业务受理。

客户提出支取要求，递交凭证（卡或折），支取金额超过5万元（含）时，需提交身份证件。代理支取则需同时递交户主与代理人的有效身份证件。

2. 审核。

柜员与客户确认取款数额。审核客户存折的真实性和有效性；取款金额超过人民币5万元（含）的还应审核客户身份证件，并在待打印的个人业务取款凭证上摘录证件名称、号码、发证机关等信息。

3. 支取交易。

（1）柜员输入交易码，进入个人活期存款取款交易界面。

（2）系统提示划折后，系统自动反馈账号、户名、凭证号等信息，柜员输入取款金额，客户输入正确的取款密码，系统要求配款操作，然后进行电子配款和实物配款。现金人民币取款自复平衡，大额（超柜员权限）或外币取款的，需经有权人卡把复点，授权办理。配款结束后柜员确认提交。支取时的会计分录为：

借：活期储蓄存款——××户

贷：现金

4. 打印、签章。

交易成功后，柜员根据系统提示打印存折和取款凭证，核对后请客户在取款凭证（如图2-1-6所示）上签名确认，并加盖现金付讫章或业务清讫章和柜员名章。

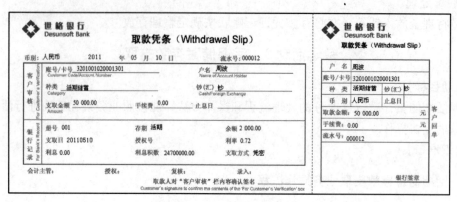

图2-1-6　取款凭证

5. 递交客户。

柜员与客户唱对金额，无误后将现金和存折交客户。

6. 后续处理。

柜员整理、归档凭证：取款凭证作现金付出凭证或作当日机制凭证附件。

教学活动4　活期储蓄存款销户

【活动目标】

掌握活期储蓄存款销户业务的操作流程和操作方法，能按照业务规程正确进行活期储蓄存款销户的上机操作。

【知识准备】

一、活期储蓄存款销户业务操作流程

活期储蓄存款销户业务操作流程如图2-1-7所示。

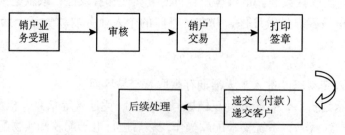

图2-1-7　活期储蓄存款销户业务操作流程

二、活期储蓄存款销户的操作步骤

1. 业务受理。

柜员根据客户要求，接收客户提交的储蓄存折等。若客户销户本息超过人民币5万元（含）的，还应接收客户的身份证件，属于他人代理的业务，还应接收代理人的身份证件。

2. 审核。

（1）柜员应审核客户是否符合销户条件，核查客户的有效身份证件，并批注在取款凭证上；凭印鉴支取的，客户需回开户行办理。

（2）若为个人结算账户销户，审核申请书填写是否完整，核对存折和申请书上的账号是否一致。

（3）若需提供身份证件的，应审核身份证件是否真实、有效，在待打印的取款凭证上摘录其身份证件名称、号码、发证机关等信息。

3. 销户交易。

（1）柜员输入交易码，进入个人活期存款销户交易界面。

（2）柜员根据系统提示划折后，界面反馈账号、户名和凭证号等信息，柜员录入取款金额进行配款操作；完成后，经营业经理授权确认提交。

活期储蓄存款销户时的会计分录为：

借：活期储蓄存款——××户

利息支出——活期储蓄存款利息支出户

贷：现金

代扣代缴利息所得税

4. 送别客户。

柜员与客户唱对金额后，将现金（本息）、利息清单客户联（如图2-1-8所示）和申请书客户联交给客户。

图 2-1-8　利息清单

5. 后续处理。

柜员将有关凭证按规定存放，结束该笔交易。

教学活动5   储蓄存款计息

【活动目标】

了解银行储蓄存款计息的基本规定，熟悉存款计息的基本方法，能够灵活运用积数计息法计算活期储蓄存款的利息。

【知识准备】

一、存款计息的一般规定

1. 基本公式为：

$$利息 = 本金（存款金额）\times 存期 \times 利率$$

2. 本金：存款本金以元为起息点，元以下不计息。

3. 存期：从款项存入之日起，算至支付的前一日止，即"算头不算尾"。

活期储蓄存款存期按实际天数计算。计算定期储蓄存款的存期时，整年或整月可按对年对月对日计，也可按实际天数计，不满整月的零头天数按实际天数计。

4. 利率：一般分为年利率（%）、月利率（‰）、日利率（‱）三种。它们之间的换算是：

$$年利率 \div 12 = 月利率$$
$$月利率 \div 30 = 日利率$$
$$年利率 \div 360 = 日利率$$

5. 计息结果保留到分位，分位以下四舍五入。

二、活期储蓄存款利息计算的基本规定

采用积数计息法。积数计息法便于对计息期内账户余额可能会发生变化的储蓄存款计算利息。因此，银行主要对活期性质的储蓄存款账户采用积数计息法计算利息，包括活期储蓄、零存整取、通知储蓄。活期储蓄存款按季结息，每季末月的 20 日为结息日，按结息日挂牌活期储蓄存款利率计息，每季末月的 21 日为利息的入账日。对未到结息日办理销户的，其利息应随本金一同结清，利息算至销户的前一天止。

三、利息所得税的计算规定

我国规定：自 1999 年 11 月 1 日起滋生的储蓄存款利息，由银行代扣代缴储蓄存款个人利息所得税。

从 1999 年 11 月 1 日起至 2007 年 8 月 14 日止滋生的个人利息所得按照 20% 的税率计征个人利息所得税。

从 2007 年 8 月 15 日起至 2008 年 10 月 8 日止个人利息所得应按照 5% 计征。

从 2008 年 10 月 9 日起免征个人利息所得税。

四、积数计息法

积数计息法就是按实际天数每日累计账户余额，以累计积数乘以日利率计算利息的方法。积数计息法的计息公式为：

$$利息 = 累计计息积数 \times 日利率$$

其中：

$$累计计息积数 = 账户每日余额合计数$$

如果需要代扣代缴利息所得税，则：

$$应付利息 = 累计日积数 \times 结息日或销户日挂牌公告的活期储蓄存款日利率$$

$$实付利息 = 应付利息 - 应付利息 \times 利息所得税税率$$

【应用举例】

【例】储户高达于 2013 年 1 月 2 日开立活期储蓄存款存折户，其活期储蓄存款账如下，销户日的利息计算如下所示。

高达活期储蓄存款账

利率：0.36%

日期	摘要	存入	支取	存款余额	计息期	天数	计息积数	积数余额
13.1.2	开户	5 000		5 000	11.1.2～11.2.14	43	215 000	215 000
13.2.14	支取		3 000	2 000	11.2.14～11.3.6	21	42 000	257 000
13.3.6	续存	4 000		6 000	11.3.6～11.3.20	14	84 000	341 000
13.3.20	销户		6 000	—0—				

$$银行应付利息 = 341.000 \times 0.36\% \div 360 = 3.41$$

【知识专栏】

参照中国人民银行规定人民币活期储蓄存款按年利率执行。客户开立活期储蓄存折，银行免费办理；客户若要求开立借记卡账户，大部分开户银行收取年费，一般为 10 元（如下表所示）。

各大银行收费标准一览表

银行名称	银行卡名称	年费	挂失手续费	损坏换卡手续费
中国银行	长城电子借记卡	10 元	10 元	5 元
工商银行	牡丹灵通卡	10 元	10 元	5 元
建设银行	龙卡储蓄卡	10 元	10 元	5 元
农业银行	龙卡储蓄卡	10 元	10 元	5 元
交通银行	太平洋借记卡	10 元	10 元	5 元
招商银行	一卡通	免费	10 元	免费
浦发银行	东方借记卡	免费	10 元	免费
兴业银行	兴业借记卡	免费	10 元	免费
广东发展银行	广发借记卡	免费	10 元	免费
华夏银行	华夏卡	免费	10 元	免费
光大银行	阳光卡	免费	10 元	3 元

【知识链接】关于银行业金融机构免除部分服务收费的通知

中国银监会　中国人民银行

国家发展和改革委员会关于银行业金融机构免除部分服务收费的通知

银监发〔2011〕22号

各银监局，中国人民银行上海总部，各分行、营业管理部，省会（首府）城市中心支行，各省、自治区、直辖市、计划单列市发展改革委、物价局，各国有商业银行、股份制商业银行，邮政储蓄银行：

为提高银行业金融机构服务效率，提升服务水平，在坚持市场化原则的同时，进一步履行社会责任，决定免除部分服务收费。现就有关事项通知如下：

一、从2011年7月1日起，银行业金融机构免除人民币个人账户的以下服务收费：

（一）本行个人储蓄账户的开户手续费和销户手续费；

（二）本行个人银行结算账户的开户手续费和销户手续费；

（三）同城本行存款、取款和转账手续费（贷记卡账户除外）；

"同城"范围不应小于地级市行政区划，同一直辖市、省会城市、计划单列市列入同城范畴。

（四）密码修改手续费和密码重置手续费；

（五）通过本行柜台、ATM机具、电子银行等提供的境内本行查询服务收费；

（六）存折开户工本费、存折销户工本费、存折更换工本费；

（七）已签约开立的代发工资账户、退休金账户、低保账户、医保账户、失业保险账户、住房公积金账户的年费和账户管理费（含小额账户管理费）；

（八）向救灾专用账户捐款的跨行转账手续费、电子汇划费、邮费和电报费；

（九）以电子方式提供12个月内（含）本行对账单的收费；

（十）以纸质方式提供本行当月对账单的收费（至少每月一次），部分金融消费者单独定制的特定对账单除外；

（十一）以纸质方式提供12个月内（含）本行对账单的收费（至少每年一次），部分金融消费者单独定制的特定对账单除外。

二、银行业金融机构未经客户以书面、客户服务中心电话录音或电子签名方式单独授权，不得对客户强制收取短信服务费。

三、银行业金融机构代理国家有关部门或者其他机构的收费，应在办理业务前，明确告知客户，尊重客户对相关服务的自主选择权。

四、各银行业金融机构应根据自身业务发展实际情况，主动承担社会责任，不断加强内部管理，提高服务质量和水平。

五、各银行业金融机构要做出统一部署，抓紧开展相关制度、流程、业务系统、账务系统和账户标记的调整和调试工作，做好应急预案和柜台人员解释口径的准备工作，保障各项业务安全、稳定和持续运行。

请各银监局将本通知转发至辖内银监分局和银行业金融机构，督促辖内银行业金融机构执行各项规定。各地银监局、中国人民银行分支机构、政府价格主管部门应加强信息共享，遇特殊情况及时向银监会、中国人民银行和发展改革委报告。

中国银行业监督管理委员会

中国人民银行

国家发展和改革委员会

二〇一一年三月九日

【活动练习】

1. 思考题：简述活期储蓄存款的概念、特点。

2. 实训练习：为客户李涛开立活期储蓄存折账户。

3. 计算利息：

（1）储户吴鹏于 2003 年 1 月 2 日开立活期储蓄存折户，其存款账如下，计算结息日和销户日的利息。

吴鹏活期储蓄存款账

日期	摘要	存入	支取	存款余额	计息期	天数	计息积数	积数余额
2003.1.2	开户	10 000.00						
2003.2.3	支取		4 000.00					
2003.3.11	续存	3 000.00						
2003.3.21	利息入户							
2003.5.10	销户							

（2）储户周丽于 2013 年 4 月 21 日开立活期储蓄存折户，其存款账如下，计算结息日和销户日的利息。

周丽活期储蓄存款账

日期	摘要	存入	支取	存款余额	计息期	天数	计息积数	积数余额
2013.4.21	开户	6 000.00						
2013.5.15	支取		2 500.00					
2013.6.21	利息入账							
2013.8.29	续存	2 000.00						
2013.9.15	销户							

学习任务二　定期储蓄存款——整存整取业务处理

【学生的任务】

◇熟悉定期储蓄存款业务的概念及定期储蓄存款的种类及特点

◇熟悉整存整取存款业务的凭证格式，掌握凭证的填写方法

◇能按照整存整取定期储蓄存款业务规定准确地进行整存整取定期储蓄存款开户、支取、销户等各环节的操作处理

◇熟练掌握整存整取定期储蓄存款的利息计算方法

◇熟练进行整存整取定期储蓄存款业务的上机操作

【教师的任务】

◇讲解定期存款的概念、分类、特点及整存整取定期存款业务的处理方法和利息计算方法等主要知识点

◇指导学生学习并总结定期整存整取存款业务的基本规定

◇指导学生完成各个环节的活动练习

【知识准备】

一、定期储蓄存款的概念

定期储蓄存款是客户约定存款期限，一次或在存期内分次存入本金，整笔或分期、分次支取本金或利息的一种储蓄。它适用于居民个人生活节余款和有计划积累或有计划地使用款项的存储。

二、定期储蓄存款的分类及特点

1. 整存整取定期储蓄存款。

人民币整存整取定期储蓄是指个人将其所有的人民币存入银行储蓄机构，约定存期、整笔存入，储蓄机构开具存单作为凭证，到期一次性支取本息的一种储蓄存款。整存整取定期储蓄50元起存，多存不限。存期分为三个月、半年、一年、二年、三年和五年。它是银行储蓄存款中最重要的一个基本储蓄种类。

整存整取定期储蓄存款的特点在于：第一，它的利率高，是所有存款产品中同档次期限利率最高的品种；第二，它可以根据客户的意愿约定自动转存，并且不限次数；第三，虽然事先约定好了存期，但当储户急需资金时，可以办理部分或全部提前支取；第四，储户可以将整存整取定期储蓄存单作为动产抵押品，获得银行贷款。

2. 零存整取。

零存整取储蓄存款是开户时约定期限，存期内按月存入，中途漏存，仍可续存，未存月份应在次月补存，到期一次支取本金和利息的储蓄存款，起存金额为5元，存期为一年、三年和五年。零存整取定期储蓄存款是为适应客户将零星小额节余款积零成整的需要而设置的存款，起存金额较低，能够促进客户积累，计划性强，适应面广，适应各类客户参加存储，尤其适合低收入客户群体生活节余款积零成整的需要。

3. 存本取息。

存本取息储蓄存款是一次存入本金，存期内分次支取利息，到期一次支取本金的储蓄存款。起存金额为5 000元，存期为一年、三年和五年，利息凭存单分期支取，一个月或几个月取息一次均可，由储户与银行协商确定。其适用于储户有整笔收入，不动本金，而按期支取利息以安排生活的储蓄。

4. 整存零取。

整存零取储蓄存款是一次存入，约定期限，存期内分次提取本金，到期一次计付利息的储蓄存款。1 000元起存，存期分一年、三年和五年，由银行发给存单，凭存单分次支取本金，支取期分别为一个月、三个月、半年，由储户与银行协商确定。其适用于储户有较大数额收入，而需分期陆续使用的储蓄。

教学活动1　整存整取定期储蓄存款开户

【活动目标】

熟悉整存整取定期储蓄存款开户的办理手续；掌握整存整取定期储蓄存款开户业务的操作流程和操作方法，能按照业务规程完成相应业务的上机操作。

【知识准备】

一、整存整取定期储蓄存款开户业务的操作流程

整存整取定期存款开户业务操作流程如图2-2-1所示。

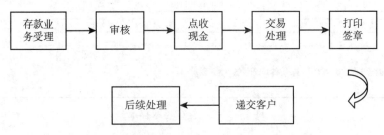

图2-2-1　整存整取定期存款开户业务操作流程

二、整存整取定期储蓄存款开户的操作步骤

1. 业务受理。

柜员根据客户的开户要求，请客户填写储蓄存款凭条；同时客户需提交有效身份证件，正确填写储蓄存款凭条，交存一定金额。若他人代理开户，还应提交代理人的身份证件。

2. 审核。

柜员审核客户身份证件是否有效，并确定是否为本人。若为代理他人开户的，还需审核代理人证件。

3. 点收现金。

（1）柜员收到客户递交的现金后，先询问客户存款金额。

（2）柜员在监控下和客户视线内的柜台上清点。清点时柜员一般需在点钞机上正反清点两次，金额较小时，也可手工清点，但要注意假币的识别，并再次与客户核对金额。

（3）正确清点后，应将现金放置于桌面上，待开户业务办理结束后再予以收存。

4. 开户交易。

（1）柜员输入开户交易代码，进入整存整取开户交易界面。

（2）根据系统提示输入储户姓名、证件类型、证件号码、电话号码、邮政编码及地址。

（3）需凭密码支取的，请客户设置密码（一般要求输入两遍），确认无误后提交，发送主机记账。整存整取定期储蓄开户的会计分录为：

借：现金

　　贷：整存整取定期储蓄存款——××户

5. 打印、签章。

交易成功后，柜员根据系统提示依次打印存款凭证和存单（如图 2-2-2 所示），并请客户在存款凭证上签名确认。

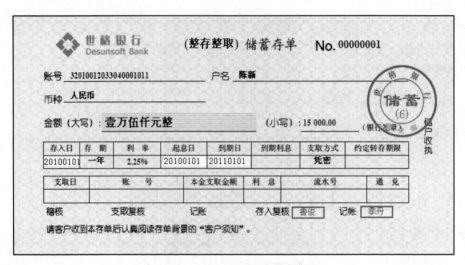

图 2-2-2　整存整取存单

6. 递交客户。

柜员将身份证件、存单交给客户后。

7. 后续处理。

将现金放入钱箱，并将存款凭证作贷方凭证整理存放。

教学活动 2　整存整取定期储蓄存款支取

【活动目标】

熟悉整存整取定期储蓄存款支取的办理手续；掌握整存整取定期储蓄存款支取业务的操作流程和操作方法，能按照业务规程完成相应业务的上机操作。

【知识准备】

一、整存整取定期储蓄存款支取业务的操作流程

整存整取定期储蓄存款支取业务操作流程如图 2-2-3 所示。

二、整存整取定期储蓄存款部分提前支取的操作步骤

1. 支取业务受理。

柜员根据客户取款要求，接收客户的储蓄定期存单和客户的有效身份证件，如凭印鉴支取的还需提交印鉴，如他人代理的还应接收代理人的身份证件。

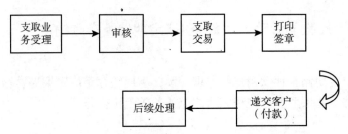

图2-2-3　整存整取定期储蓄存款支取业务操作流程

2. 审核。

（1）柜员审核客户存折（单）是否为本行签发，是否挂失，身份证件是否合法有效，如凭印鉴支取的，要审核印鉴是否与预留银行印鉴相符，审核无误后，向客户确认部提取金额。

（2）在待打印的取款凭证或存单背面上摘录证件名称、号码、发证机关等信息。

3. 交易。

（1）柜员输入交易码，进入整存整取定期储蓄存款部提交易界面。手工录入账户、原凭证号、本金、部提金额、证件类型、证件号码和新凭证号，超限额取款需经营业经理授权。

（2）客户输入密码无误后，系统要求配款操作，配款结束柜员确认提交。

4. 打印、签章。

（1）柜员根据系统提示依次打印旧存单背面、存款凭证、储蓄存款利息清单和新存单。

（2）柜员核对上述存单、凭证和清单后，对免填单业务请客户在存款凭证上签名确认。

（3）柜员在旧存单上加盖现金付讫章或业务清讫章和结清章、储蓄存款利息清单上加盖现金付讫章、存款凭证上加盖业务清讫章，在新存单上加盖储蓄专用章或业务专用章；并在上述所有凭证上加盖柜员名章。

5. 递交客户。

柜员与客户核对金额后，将现金、身份证件、新存单和利息清单客户联交给客户，与客户道别。

6. 后续处理。

柜员将旧存单、利息清单记账联和存款凭证按规定整理存放。

【知识链接】提前支取

如果客户急需资金，可持本人有效身份证件办理提前支取和部分提前支取。未到期的定期存款，全部提前支取的，按支取日挂牌公告的活期存款利率计付利息；部分提前支取的，提前支取的部分按支取日挂牌公告的活期存款利率计付利息，剩余部分到期时按开户日挂牌公告的定期储蓄存款利率计付利息。

教学活动3 整存整取定期储蓄存款销户

【活动目标】

熟悉整存整取定期储蓄存款销户的办理手续；掌握整存整取定期储蓄存款销户业务的操作流程和操作方法，能按照业务规程完成相应业务的上机操作。

【知识准备】

一、整存整取存款业务销户的操作流程

整存整取存款业务销户的操作流程如图2-2-4所示。

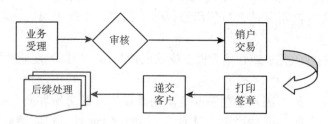

图2-2-4 整存整取存款业务销户的操作流程

二、整存整取定期储蓄存款销户的操作步骤

1. 业务受理。

柜员根据客户取款要求，接收客户的储蓄存单等；若客户提前支取或销户本息超过人民币5万元（含）的，还应接收客户的身份证件，他人代理的还应接收代理人的身份证件。

2. 审核。

（1）柜员审核客户存单是否为本行签发并已到期（若未到期，还需审核身份证件）。

（2）审核该账户是否挂失、止付等。若需提供身份证件的，应审核身份件是否真实有效，如用印鉴支取的，要核对客户提供的印鉴是否与预留银行印鉴相符。

（3）在待打印的取款凭证或存单上摘录客户身份证件名称、号码、发证机关等信息。

3. 销户交易。

（1）审查无误选择销户交易，柜员输入交易码，进入整存整取储蓄存款销户交易界面，手工录入账号、凭证号、证件类型、证件号码和取款金额。

（2）根据系统要求，进行配款操作并核对相符，完成后授权提交。整存整取储蓄销户的会计分录为：

借：整存整取定期储蓄存款——××户（本金）

利息支出或应付利息——定期储蓄存款利息支出户（利息）

贷：现金   （本金＋税后利息）

代扣代缴利息所得税   （利息税）

4. 打印、签章。

交易成功后，柜员根据系统提示依次打印存单背面和储蓄存款利息清单，并加盖现金付

讫章或业务清讫章和柜员名章。

5. 送客。

柜员与客户唱对金额后，将现金（本息）、利息清单客户联、提前支取等原因交验的身份证交给客户。

6. 后续处理。

柜员将存单、利息清单等凭证按规定存放，结束该笔交易。

教学活动4　整存整取定期储蓄存款利息计算

【活动目标】

熟悉整存整取定期储蓄存款利息计算方法，能根据具体业务正确进行整存整取定期储蓄存款的利息计算。

【知识准备】

基本规定

1. 定期储蓄存款的利息采用逐笔计息法计算利息，一般采用利随本清的方法。即在客户存款到期时一并支付本息。

2. 利息按照存款开户日挂牌公布的同档次利率计算。

3. 存期内遇利率调整，不分段计息。

4. 全部或部分提前支取的，支取部分按支取日挂牌公告的活期储蓄存款利率计息，未提前支取部分仍按原存单利率计息。

5. 逾期支取的，超过存单约定存期部分，除约定自动转存外，按支取日挂牌公告的活期储蓄存款利率计息。

【应用举例】

【例1】 田宇于2013年3月30日存入一年期整存整取定期储蓄存款10 000元，存入日利率为3.36%。于2014年3月30日支取，请计算应付利息。

解：其利息计算为：

应付利息 = 10 000 × 1 × 3.36% = 336（元）

【例2】 王浩于2013年1月8日存入一年期整存整取定期储蓄存款30 000元，存入日利率为3.36%。该储户于2013年5月8日部分提前支取4 000元，支取日活期储蓄存款利率为0.36%。请计算应付利息。

解：其利息计算为：

应付利息 = 4 000 × 4 × 0.36% ÷ 12 = 48（元）

【例3】 赵亮于2013年12月31日存入期限为3个月的整存整取定期储蓄存款60 000元，存入日利率为1.71%。该储户于2014年4月12日过期支取。假设支取日活期储蓄存款利率为0.36%。请计算应付利息。

解：其利息计算为：

应付到期利息 = 60 000 × 3 × 1.71% ÷ 12 = 256.5（元）

过期部分应付利息 = 60 000 × 12 × 0.36% ÷ 360 = 7.2（元）

应付利息合计 = 256.5 + 7.2 = 263.7（元）

【活动练习】

1. 储户田宇于2010年2月10日存入3 000元整存整取定期储蓄存款，存期6个月，年利率为2.25%。若储户田宇于2010年8月30日逾期支取（支取日挂牌公告的活期储蓄存款年利率为0.81%），计算实付利息。

2. 储户崔刚于2010年1月21日存入的50 000元三年期整存整取储蓄存款，于2011年10月3日支取4 000元后，于2013年1月21日销户，计算实付利息。

3. 储户满月于2013年11月30日存入的50 000元三个月期整存整取储蓄存款，于2014年1月15日支取20 000元后，于2014年2月28日销户，计算实付利息。

4. 储户李明于2013年10月9日存入的20 000元一年期整存整取储蓄存款，于2014年2月15日支取10 000元后，于2014年10月9日销户，计算实付利息。

学习任务三　定期储蓄存款——零存整取业务处理

【学生的任务】

◇熟悉零存整取存款业务的凭证格式，掌握凭证的填写方法

◇能按照零存整取定期储蓄存款业务规定准确地进行零存整取定期储蓄存款开户、续存、销户等各环节的操作处理

◇熟练掌握零存整取定期储蓄存款的利息计算方法

◇熟练进行零存整取定期储蓄存款业务的上机操作

【教师的任务】

◇零存整取定期存款业务处理方法和利息计算方法等主要知识点

◇指导学生学习并总结零存整取定期存款业务的基本规定

◇指导学生完成各个环节的活动练习

【知识准备】

1. 开户：客户凭有效身份证件办理开户。申请开户时，客户要正确填写储蓄存款凭条，与银行约定每月存储金额和存期，交存一定金额，柜员审核无误后开具存款凭证。

2. 续存：在约定的存期内，客户需每月固定存入一定的金额，中途如有漏存，须在下月补存，未补存或漏存次数超过一次者，视同违约，对违约后存入的部分，支取时按活期存款利率计付利息。

3. 自动续存：客户可以约定零存整取账户进行自动供款，即在开立零存整取存款时，由客户指定某一活期存款账户，系统自动按月从该活期账户扣划相应金额至零存整取账户。

4. 支取：存款到期时，客户凭存折和有效身份证件到银行营业机构支取本息。人民币零存整取定期存款采用积数计息法计算利息，按存入日挂牌公告的相应期限档次零存整取定期储蓄存款利率计息，利随本清。如遇利率调整，不分段计息。客户可根据需求凭有效身份证件办理全部提前支取，但不办理部分提前支取。

教学活动 1　零存整取定期储蓄存款开户

【活动目标】

熟悉零存整取定期储蓄存款开户的办理手续；掌握零存整取定期储蓄存款开户业务的操作流程和操作方法，能按照业务规程完成开户的上机操作。

【知识准备】

一、零存整取存款业务开户的操作流程

零存整取存款业务开户的操作流程如图 2-3-1 所示。

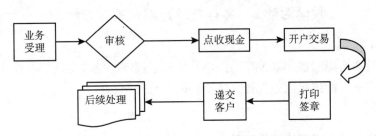

图 2-3-1　零存整取存款业务开户的操作流程

二、零存整取定期储蓄存款开户的操作步骤

1. 业务受理。

（1）柜员根据客户的开户要求，约定每月存储金额和存期，由客户填写储蓄存款凭条。

（2）柜员接收客户提交的现金、储蓄存款凭条、有效身份证件，若他人代理开户，还应接收代理人的身份证件。

2. 审核。

柜员审核客户身份证件是否有效，并确定是否为本人。若为代理他人开户的，还需审核代理人的身份证件。

3. 点收现金。

（1）柜员收到客户递交的现金后，先询问客户存款金额。

（2）柜员在监控下和客户视线内的柜台上清点。清点时柜员一般需在点钞机上正反清点两次，金额较小时，也可手工清点，但要注意假币的识别，并再次与客户核对金额。

（3）正确清点后，应将现金放置于桌面上，待开户业务办理结束后再予以收存。

4. 进行开户交易。

（1）柜员输入开户交易代码，进入零存整取定期储蓄存款开户交易界面。

（2）根据系统提示输入储户姓名、证件类型、证件号码、电话号码、邮政编码及地址。

（3）需凭密码支取的，请客户设置密码（一般要求输入两遍），确认无误后提交。

整存整取定期储蓄开户的会计分录为：

借：现金

　　贷：零存整取定期储蓄存款——××户

5. 打印、签章。

（1）交易成功后，柜员根据系统提示打印存折以及存款凭证，并请客户在存款凭证上签名确认。

（2）柜员在存折上加盖储蓄专用章或业务专用章和柜员名章，在存款凭证上加盖现金收讫章和柜员名章。

6. 送别客户。

柜员将身份证件、存折交给客户。

7. 后续处理。

将现金放入钱箱，并将存款凭证作贷方凭证整理存放。

教学活动2   零存整取定期储蓄存款续存

【活动目标】

熟悉零存整取定期储蓄存款续存的办理手续；掌握零存整取定期储蓄存款续存业务的操作流程和操作方法，能按照业务规程完成续存的上机操作。

【知识准备】

零存整取存款业务续存的操作流程

零存整取存款业务续存的操作流程如图2-3-2所示。

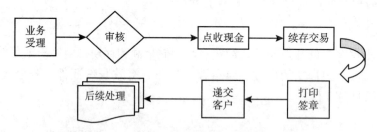

图2-3-2   零存整取存款业务续存的操作流程

零存整取定期储蓄存款续存的操作步骤：

1. 业务受理。

柜员根据客户的存款要求，接收客户提交的现金、储蓄存折或存款凭证等。他人代理的，还应接收代理人身份证件。

2. 审核。

柜员审核客户存折是否本行签发，是否漏存。需提供身份证件的，柜员应审核身份证件的真实有效性。

3. 点收现金。

（1）柜员收到客户递交的现金后，先询问客户存款金额。

（2）柜员在监控下和客户视线内的柜台上清点。清点时柜员一般需在点钞机上正反清点两次，金额较小时，也可手工清点，但要注意假币的识别，并再次与客户唱对金额。

（3）正确清点后，应将现金放置于桌面上，待续存业务办理结束后再予以收存。

4. 续存交易。

柜员输入交易码,进入零存整取存款续存交易界面,划折后系统自动反馈账号、户名、凭证号等信息,柜员录入存款金额,经确认后发送主机记账。零存整取定期储蓄续存的会计分录为:

借:现金

  贷:零存整取定期储蓄存款——××户

5. 打印、签章。

(1)交易成功后,柜员根据系统的提示打印存款凭证、存折或客户回单(无折续存)。

(2)柜员进行核对无误后请客户在存款凭证上签名确认。

(3)柜员在存款凭证上加盖现金收讫章和柜员名章。

6. 递交客户。

柜员将存折或客户回单交予客户。

7. 后续处理。

柜员将现金放入钱箱,并将存款凭证记账联按规定整理存放。

教学活动3　零存整取定期储蓄存款销户

【活动目标】

熟悉零存整取定期储蓄存款销户的办理手续;掌握零存整取定期储蓄存款销户业务的操作流程和操作方法,能按照业务规程完成销户的上机操作。

【知识准备】

一、零存整取存款业务销户的操作流程

零存整取存款业务销户的操作流程如图2-3-3所示。

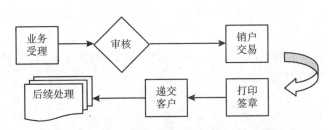

图2-3-3　零存整取存款业务销户的操作流程

二、零存整取定期储蓄存款续存的操作步骤

1. 业务受理。

(1)柜员根据客户的取款要求,接收客户的储蓄存折。

(2)若提前支取或销户本息超过人民币5万元(含)的零存整取存款账户,需接收存款人身份证件,他人代理的,还应接收代理人身份证件。

(3)若为教育储蓄销户,柜员应接收客户一式三联的学校出具的由税务局统一印制的

"正在接受非义务教育学生的身份证明"。

2. 审核。

（1）柜员审核客户存折是否为本行签发并已到期（若未到期，还需审核身份证件）。

（2）审核该账户是否挂失、止付。

（3）接收身份证件的，应审核身份件是否真实、有效，在待打印的取款凭证或存折上摘录其身份证件名称、号码、发证机关等信息。

（4）教育储蓄销户，应审核"正在接受非义务教育学生的身份证明"的真实性。

3. 销户交易。

（1）柜员输入交易码，进入零存整取定期储蓄存款销户交易界面。

（2）柜员根据系统提示划折后，界面反馈账号、户名和凭证号等信息，柜员录入取款金额。

（3）根据系统提示进行配款操作，完成经确认后，提交主机记账。零存整取定期储蓄销户的会计分录为：

借：零存整取定期储蓄存款——××户（每月存额×存期）

利息支出或应付利息——定期储蓄利息支出户（税前利息）

贷：现金 （本金＋税后利息）

代扣代缴利息所得税

4. 打印、签章。

（1）交易成功后，柜员根据系统提示依次打印取款凭证、存折、储蓄存款利息清单。

（2）核对无误后，请客户在取款凭证上签名确认。

（3）柜员在取款凭证、利息清单上加盖现金付讫章及柜员名章，在已销户的存折加盖业务清讫章后剪角或加盖附件章，取款凭证和利息清单作银行记账凭证，存折作取款凭证的附件。

5. 递交客户。

柜员与客户唱对金额后，将现金（本息）、利息清单客户联交给客户。

6. 后续处理。

柜员将取款凭证（所附销户存折）、利息清单等凭证按规定存放，结束该笔交易。

【知识专栏】

1. 存本取息。

（1）开户：客户凭有效身份证件办理开户，开户时由银行按本金和约定的存期计算出每期应向储户支付的利息数，签发存折，储户凭存折分期取息。

（2）分期付息：存期内储户按约定时间来银行支取利息时，应持存单并按每次应支取利息数填交一联"定期存本取息储蓄取息凭条"，银行柜员审核无误后进行支付。到期后本金一次性支取。不得提前支取利息，如到取息日而未取息，以后可随时取息，但不计算复息。

（3）支取：存款到期时，客户凭存折和有效身份证件到银行营业机构支取本金。若客户在存期内如有急需，可持存款凭证及有效身份证件办理全部提前支取，利息按支取日当天挂牌公布的活期储蓄存款利率计算，银行已经支付的利息，应从计算的应支付利息中扣除。

2. 整存零取。

（1）开户：客户凭有效身份证件办理开户，开户时客户与银行协商确定支取期限和每次支取的金额。

（2）分期支取本金：客户按照开户时的约定凭存款凭证分次支取本金。

（3）提前支取：客户在存期内如有急需，可持存款凭证及有效身份证件办理全部提前支取，提前支取时，按照支取日当天活期储蓄存款利率计息。

（4）销户：存款到期，银行按存入日挂牌公告的相应期限档次整存零取储蓄存款利率计息，利随本清。如遇利率调整，不分段计息。

【知识链接】关于中国工商银行教育储蓄的相关说明

1. 服务对象。

适合于在校的小学四年级（含）以上学生。六年期教育储蓄适合小学四年级以上的学生开户，三年期教育储蓄适合初中以上的学生开户，一年期教育储蓄适合高二以上的学生开户。这样，接受非义务教育储蓄时（即升入高中以后），就可以在教育储蓄到期时享受优惠利率并及时使用该存款。

2. 功能简介。

（1）教育储蓄属零存整取定期储蓄存款，最低起存金额为 50 元，本金合计最高限额为 2 万元。存期分一年、三年、六年三种。开户时储户与银行约定每月固定存入的金额，分月存入，中途如有漏存，应在次月补存，否则视为违约。教育储蓄在存期内至少要存储两次。

（2）教育储蓄到期后，凭存折和学校提供的接受非义务教育的学生身份证明，一次性支取本金和利息。

（3）教育储蓄实行优惠利率，存款到期后储蓄能提供有效证明的，按同档次整存整取定期储蓄存款利率计息，并免征利息税。

（4）只限办理人民币。可同城通存通兑，将账户挂在灵通卡内，可凭卡存款。

3. 申请手续。

持学生本人户口簿或居民身份证、现金到任一网点办理开户手续。

4. 收费标准。

免费办理。

5. 完成时间。

立等可取。

6. 特别提示。

（1）教育储蓄存款违约后的存款支取时按活期储蓄存款利率计息。

（2）教育储蓄到期支取时，不能提供学校开具的正在接受非义务教育的学生身份证明的，按普通零存整取定期利率计息，且征收利息税。

教学活动4　零存整取定期储蓄存款利息计算

【活动目标】

熟悉零存整取定期储蓄存款利息计算方法，能根据具体业务正确进行零存整取定期储蓄存款的利息计算。

【知识准备】

一、零存整取定期储蓄存款利息计算相关规定

1. 存期内按存入日（开户日）利率计息。
2. 存期内遇利率调整不分段计算。
3. 提前支取应按支取日挂牌公告的活期储蓄存款利率计息。
4. 逾期支取的逾期部分按支取日公告的活期储蓄存款利率计息。

二、计息方法

1. 日积数计息法。

零存整取定期储蓄存款利息计算一般采用日积数计息法，其计算公式为：

$$应付利息 = 累计日积数 \times 利率（日）$$

$$利息税 = 应付利息 \times 税率$$

$$实付利息 = 应付利息 - 利息税$$

2. 固定基数计息法。

固定基数计息法适用于储户每月存入固定本金，中途不漏存，并到期支取的零存整取定期储蓄利息计算，其计算公式为：

$$应付利息 = 每月固定存款额 \times 固定基数 \times 利率（月）$$

1 年期固定基数 $= 12 \times (12 + 1) \div 2 = 78$（元）

3 年期固定基数 $= 36 \times (36 + 1) \div 2 = 666$（元）

5 年期固定基数 $= 60 \times (60 + 1) \div 2 = 1\,830$（元）

$$利息税 = 应付利息 \times 税率$$

$$实付利息 = 应付利息 - 利息税$$

零存整取定期储蓄存款逾期支取应付利息计算公式为：

应付利息 = 存款余额（月存金额 × 存入次数）× 逾期天数 × 支取日活期储蓄存款利率（日）

【应用举例】

【例1】 储户孙静于 2013 年 6 月 8 日开立 1 年期零存整取定期储蓄存款账户，每月定期存入 1 000 元，于 2014 年 6 月 8 日到期支取，假设存款利率为 1.71%，请计算实付利息。

解：其利息计算（可直接使用固定基数计息法）为：

应付利息 $= 1\,000 \times 78 \times 1.71\% \div 12 = 111.15$（元）

【例2】 储户马红的零存整取定期储蓄存款账户如下：

零存整取定期储蓄存款分户账

账号：00103000000808

期限：1 年

户名：马红

利率：1.8%

日期	摘要	存入	余额	天数	日积数	累计日积数
2013.9.10	开户	100.00	100.00	23	2 300	2 300
2013.10.3	续存	100.00	200.00	43	8 600	10 900
2013.11.15	续存	100.00	300.00	23	6 900	17 800
2013.12.8	续存	100.00	400.00	28	11 200	29 000
2014.1.5	续存	100.00	500.00	41	20 500	49 500
2014.2.15	续存	100.00	600.00	48	28 800	78 300
2014.4.4	·续存	200.00	800.00	31	24 800	103 100
2014.5.5	续存	100.00	900.00	34	30 600	133 700
2014.6.8	续存	100.00	1 000.00	28	28 000	161 700
2014.7.6	续存	100.00	1 100.00	40	44 000	205 700
2014.8.16	续存	100.00	1 200.00	26	31 200	236 900

若该储户于 2014 年 9 月 10 日到期支取，请计算支付给储户的利息。

解：利息计算为：

含税应付利息 $= 236\,900 \times 1.8\% \div 360 = 11.845 \approx 11.85$（元）

【活动练习】

1. 储户张玉于 2013 年 7 月 18 日开立 1 年期零存整取定期储蓄存款账户，1 年内每月定期存入 1 000 元，于 2014 年 7 月 28 日支取，假设零存整取定期利率为 1.71%。活期利率为 0.81%，请计算实付利息。

2. 储户田宇于 2013 年 8 月 28 日开户 1 年期零存整取定期储蓄账户，每月 28 日定期存入 1 000 元，于 2014 年 3 月 8 日提前支取，假设活期利率为 0.4%，请计算实付利息。计算实付利息。

零存整取定期储蓄分户账

日期	摘要	存入	余额	天数	日积数	累计日积数
2007.8.28	开户	1 000.00	1 000.00			
2007.9.28	续存	1 000.00	2 000.00			
2007.10.28	续存	1 000.00	3 000.00			
2007.11.28	续存	1 000.00	4 000.00			
2007.12.28	续存	1 000.00	5 000.00			
2008.1.28	续存	1 000.00	6 000.00			
2008.2.28	续存	1 000.00	7 000.00			

学习任务四　定活两便储蓄存款业务的处理

【学生的任务】

◇熟悉定活两便储蓄存款业务的凭证格式，掌握凭证的填写方法

◇能按照定活两便储蓄存款业务规定准确地进行定活两便储蓄存款开户、销户等各环节的操作处理

◇熟练掌握定活两便储蓄存款的利息计算方法

◇熟练进行定活两便储蓄存款业务的上机操作

【教师的任务】

◇讲解定活两便储蓄存款的概念、特点及定活两便储蓄存款业务的处理方法和利息计算方法等主要知识点

◇指导学生学习并总结定活两便储蓄存款业务的基本规定

◇指导学生完成各个环节的活动练习

【知识准备】

1. 定义。

定活两便储蓄存款既有定期之利又有活期之便，可在存期较长的情况下按规定获得利息，又可享受活期储蓄支取之便的储蓄形式。客户在存款时不约定存期，银行根据客户存款的实际存期按规定计息。一般50元起存，由银行发给存单，方便灵活，收益较高；手续简便，利率合理。存款期限不受限制，适合存款期限不确定的客户。

2. 特点。

（1）存款数额不定，适宜于各种类型的储户。

（2）既可以随时支取，又可以享受高于活期储蓄的利率水平。

（3）该储蓄产品的凭证只能作为提款凭证，不能代替具有转账和流通功能的支票。

（4）利率不定，在基本期限之内提取，按活期储蓄计息，超过基本期限取款的，按实际存期计息。根据人民银行现行规定，定活两便储蓄存款按一年以内整存整取定期储蓄存款同档次利率打六折执行。

教学活动1　定活两便储蓄存款开户

【活动目标】

熟悉定活两便储蓄存款开户的办理手续；掌握定活两便储蓄存款开户业务的操作流程和操作方法，能按照业务规程完成开户的上机操作。

【知识准备】

一、定活两便储蓄存款业务开户的操作流程

定活两便储蓄存款业务开户的操作流程如图2-4-1所示。

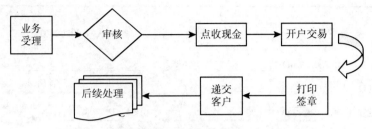

图 2 – 4 – 1　定活两便储蓄存款业务开户操作流程

二、定活两便储蓄存款开户的操作步骤

1. 业务受理。

（1）柜员根据客户的开户要求（即开立何种存款账户和存入现金的数量），请客户填写储蓄存款凭条。

（2）柜员接收客户提交的现金、储蓄存款凭条、有效身份证件，若他人代理开户，还应接收代理人的身份证件。

2. 审核。

柜员审核客户身份证件是否有效，并确定是否为本人，若为代理他人开户的，还需审核代理人证件。

3. 点收现金。

（1）柜员收到客户递交的现金后，先询问客户存款金额。

（2）柜员在监控下和客户视线内的柜台上清点。清点时柜员一般需在点钞机上正反清点两次，金额较小时，也可手工清点，但要注意假币的识别，并再次与客户核对金额。

（3）正确清点后，应将现金放置于桌面上，待开户业务办理结束后再予以收存。

4. 开户交易。

（1）柜员输入开户交易代码，进入定活两便储蓄存款开户交易界面。

（2）根据系统提示输入储户姓名、证件类型、证件号码、电话号码、邮政编码及地址。

（3）需凭密码支取的，请客户设置密码（一般要求输入两遍），确认无误后提交。

定活两便储蓄存款开户时的会计分录为：

借：现金

　　贷：定活两便储蓄存款——××户

5. 打印、签章。

（1）柜员根据系统提示打印存单以及存款凭证，并请客户在存款凭证上签名确认。

（2）柜员在存单上加盖储蓄专用章或业务专用章和柜员名章，在存款凭证上加盖现金收讫章和柜员名章。

6. 递交客户。

柜员将身份证件、存单（如图 2 – 4 – 2 所示）交给客户。

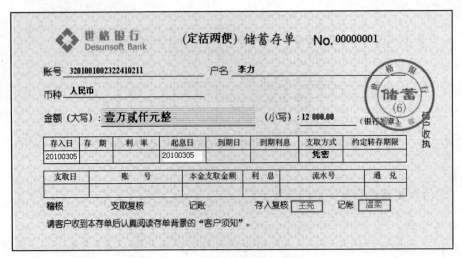

图 2 - 4 - 2　定活两便储蓄存单

7. 后续处理。

将现金放入钱箱，并将存款凭证作贷方凭证整理存放。

教学活动 2　定活两便储蓄存款销户

【活动目标】

熟悉定活两便储蓄存款销户的办理手续；掌握定活两便储蓄存款销户业务的操作流程和操作方法，能按照业务规程完成开户的上机操作。

【知识准备】

一、定活两便储蓄存款业务销户的操作流程

定活两便储蓄存款业务销户的操作流程如图 2 - 4 - 3 所示。

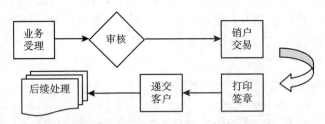

图 2 - 4 - 3　定活两便储蓄存款业务销户的操作流程

二、定活两便储蓄存款销户的操作步骤

1. 业务受理。

（1）柜员根据客户取款要求，接收客户的储蓄存单等。

（2）若销户本息超过人民币 5 万元（含）的，还应接收客户的身份证件，他人代理的还应接收代理人的身份证件。

2. 审核。

（1）柜员审核客户存单是否为本行签发并已到期（若未到期，还需审核身份证件）。

（2）审核该账户是否挂失、止付等。若需提供身份证件的，应审核身份证件是否真实有效，如用印鉴支取的，要核对客户提供的印鉴是否与预留银行印鉴相符。

（3）在待打印的取款凭证或存单上摘录客户身份证件名称、号码、发证机关等信息。

3. 销户交易。

（1）审查无误选择销户交易，柜员输入交易码，进入定活两便储蓄存款销户交易界面，手工录入账号、凭证号、证件类型、证件号码和取款金额。

（2）根据系统要求，进行配款操作并核对相符，完成后授权提交主机记账。定活两便储蓄存款销户的会计分录为：

借：定活两便储蓄存款——××户（本金）

利息支出或应付利息——定期储蓄存款利息支出户（利息）

贷：现金 （本金＋税后利息）

代扣代缴利息所得税 （利息税）

4. 打印、签章。

柜员根据系统提示依次打印存单和储蓄存款利息清单，并加盖现金付讫章或业务清讫章和柜员名章。

5. 递交客户。

柜员与客户核对金额后，将现金（本息）、利息清单客户联交给客户。

6. 后续处理。

柜员将取款凭证和利息清单等凭证按规定存放，结束该笔交易。

教学活动3　定活两便储蓄存款利息计算

【活动目标】

熟悉定活两便储蓄存款利息计算方法，能根据具体业务正确进行定活两便储蓄存款的利息计算。

【知识准备】

一、定活两便储蓄存款利息计算的相关规定

1. 定活两便储蓄存款存期不满3个月的，按支取日挂牌公告的活期储蓄存款利率计付利息。

2. 存期满3个月不满6个月的，按支取日挂牌公告的3个月整存整取定期储蓄存款利率打6折计息。

3. 存期满6个月不满1年的，按支取日挂牌公告的6个月整存整取定期储蓄存款利率打6折计息。

4. 存期在1年以上（含1年）的，无论存期有多长，一律按支取日挂牌公告的1年期整存整取定期储蓄存款利率打6折计算利息。

5. 当支取日挂牌公告的相应档次整存整取定期储蓄存款利率打6折后的利率小于支取日挂牌公告的活期储蓄存款利率时按支取日挂牌公告的活期存款利率计付利息。

二、计息公式

$$应付税前利息 = 本金 \times 存期 \times 利率 \times 60\%$$
$$应付利息税 = 应付税前利息 \times 所得税率$$
$$实付利息 = 应付税前利息 - 应付利息税$$

【应用举例】

【例1】储户王宏于 2013 年 9 月 20 日存入一笔定活两便储蓄存款 4 000 元，于 2014 年 2 月 8 日支取，假设整存整取定期储蓄存款 3 个月利率（年利率 3.3%），请计算其实付利息。

解：该笔存款实际存期为 141 天，超过 3 个月但不满 6 个月，故应按支取日整存整取定期储蓄存款 3 个月利率打 6 折计算利息。其利息计算为：

$$应付税前利息 = 4\,000 \times 141 \times 3.33\% \div 360 \times 60\% = 15.651 \approx 31.30（元）$$

【例2】储户刘洋于 2013 年 9 月 21 日存入一笔定活两便储蓄存款 10 000 元，若该储户于 2014 年 3 月 28 日支取，请计算其实付利息（支取日挂牌公告的利率，3 个月整存整取定期储蓄存款利率为 3.3%，6 个月整存整取定期储蓄存款利率为 3.78%，1 年整存整取定期储蓄存款利率为 4.14%）。

解：该笔存款实际存期为 189 天，超过 6 个月但不到 1 年，故应按支取日整存整取定期储蓄存款 6 个月利率（年利率 3.78%）打 6 折计算利息。其利息计算为：

$$应付税前利息 = 10\,000 \times 189 \times 3.78\% \div 360 \times 60\% = 119.07（元）$$

【活动练习】

1. 储户田宇于 2013 年 4 月 6 日存入一笔定活两便储蓄存款 1 000 元，于 2013 年 8 月 26 日支取，假设 3 个月利率（年利率 2.61%），请计算其实付利息。

2. 储户康佳于 2013 年 10 月 20 日存入一笔定活两便储蓄存款 20 000 元，若储户于

（1）2013 年 12 月 15 日支取。

（2）2014 年 3 月 10 日支取。

（3）2014 年 5 月 2 日支取。

分别计算上述三种情况下的实付利息。

3. 储户周刚于 2012 年 12 月 18 日存入一笔定活两便储蓄存款 5 000 元，若储户于

（1）2013 年 3 月 15 日支取。

（2）2013 年 4 月 10 日支取。

（3）2013 年 12 月 25 日支取。

分别计算上述三种情况下的实付利息。

（假设以上各题利率：活期利率为 0.4%；3 个月利率为 2.61%；6 个月利率为 2.91%；1 年利率为 3.3%）

学习任务五　个人通知存款开户业务处理

【学生的任务】

◇理解通知储蓄存款的性质与特点

◇熟悉个人通知储蓄存款业务的凭证格式，掌握凭证的填写方法

◇能按照个人通知储蓄存款业务规定准确地进行定活两便储蓄存款开户、支取、销户等各环节的操作处理

◇熟练掌握个人通知储蓄存款的利息计算方法

◇熟练进行个人通知储蓄存款业务的上机操作

【教师的任务】

◇讲解个人通知存款的概念、特点及个人通知存款业务处理方法和利息计算方法等主要知识点

◇指导学生学习并总结个人通知存款业务的基本规定

◇指导学生完成各个环节的活动练习

【知识准备】

1. 定义。

通知储蓄存款是指客户存款时不约定存期，支取时需提前通知银行，约定支取存款日期和金额方能支取的一种存款方式。存款需一次性存入，支取可分一次或多次，适用于大额、存取较频繁的存款。

2. 分类及特点。

（1）不论实际存期多长，按存款人提前通知的期限长短划分为1天通知存款和7天通知存款两个品种。1天通知存款必须提前1天通知银行约定支取；7天通知存款必须提前7天通知约定支取。

（2）通知存款提供自动转存服务，以1天或7天（1天通知存款为1天，7天通知存款为7天）为一个存款周期转存通知存款，每存满1天或7天储蓄业务处理系统自动进行一次结息，次日将本息和自动转入下一个存款周期复利计息，为您节省时间和提高资金利用率。

（3）便于大额资金管理：开户及取款起点较高。通知存款的最低起存金额为5万元；最低支取金额为5万元。每次通知支取金额，通知后剩余的未通知金额必须不低于最低起存金额5万元。

（4）利率高于活期储蓄利率。存期灵活、支取方便，能获得较高收益。

（5）通知储蓄存款为记名式存款，可以办理挂失。

教学活动1　个人通知储蓄存款开户

【活动目标】

熟悉个人通知储蓄存款开户的办理手续；掌握个人通知储蓄存款开户业务的操作流程和操作方法，能按照业务规程完成开户的上机操作。

【知识准备】

一、个人通知储蓄存款业务开户的操作流程

个人通知储蓄存款业务开户的操作流程如图2－5－1所示。

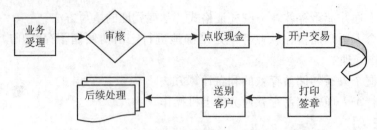

图 2 - 5 - 1　个人通知储蓄存款业务开户的操作流程

二、通知储蓄存款开户的操作步骤

1. 业务受理。

（1）柜员根据客户的开户要求（即开立何种存款账户和存入现金的数量），请客户填写储蓄存款凭条。

（2）柜员接收客户提交的现金、储蓄存款凭条、有效身份证件，若他人代理开户，还应接收代理人的身份证件。

2. 审核。

柜员审核客户身份证件是否有效，并确定是否为本人，若为代理他人开户的，还需审核代理人证件。

3. 点收现金。

（1）柜员收到客户递交的现金后，先询问客户存款金额。

（2）柜员在监控下和客户视线内的柜台上清点。清点时柜员一般需在点钞机上正反清点两次，金额较小时，也可手工清点，但要注意假币的识别，并再次与客户核对金额。

（3）正确清点后，应将现金放置于桌面上，待开户业务办理结束后再予以收存。

4. 开户交易。

（1）柜员输入开户交易代码，进入零存整取定期储蓄存款开户交易界面。

（2）根据系统提示输入储户姓名、证件类型、证件号码、电话号码、邮政编码及地址。

（3）需凭密码支取的，请客户设置密码（一般要求输入两遍），确认无误后提交，发送主机记账。个人通知存款开户的会计分录为：

借：现金

　　贷：个人通知存款——××户

5. 打印、签章。

（1）交易成功后，柜员根据系统提示打印存折或存单和存款凭证，并请客户在存款凭证上签名确认。

（2）柜员在存折上加盖储蓄专用章或业务专用章和柜员名章，在存款凭证上加盖现金收讫章或业务清讫章和柜员名章。

6. 递交客户。

柜员将身份证件、存折（单）（如图 2 - 5 - 2 所示）交给客户。

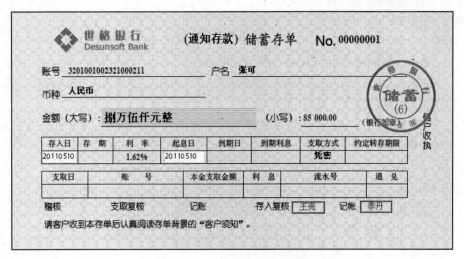

图 2 - 5 - 2　通知存款储蓄存单

7. 后续处理。

柜员将现金放入钱箱，并将存款凭证作贷方凭证整理存放。

教学活动 2　个人通知储蓄存款支取

【活动目标】

熟悉个人通知储蓄存款支取的办理手续；掌握个人通知储蓄存款支取业务的操作流程和操作方法，能按照业务规程完成上机操作。

【知识准备】

一、个人通知储蓄存款业务支取的操作流程

个人通知储蓄存款业务支取的操作流程如图 2 - 5 - 3 所示。

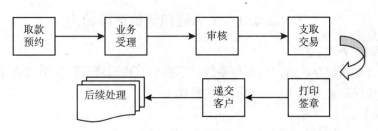

图 2 - 5 - 3　个人通知储蓄存款业务支取的操作流程

二、通知储蓄存款支取的操作步骤

1. 取款预约。

个人通知存款取款前 1 天或前 7 天，柜员根据客户的申请进行取款预约登记。

2. 业务受理。

柜员根据客户口述取款要求，接收客户的储蓄存单（或存折）和客户的身份证件，他

人代理的还应接收代理人的身份证件。

3. 审核。

（1）柜员确认客户取款数额及是否按约定取款。

（2）柜员审核客户存单（或存折）的真实性和有效性，审核客户身份证件，若为他人代理的还应审核代理人的身份证件。

（3）柜员在待打印的个人业务取款凭证上摘录证件名称、号码、发证机关等信息。

4. 支取交易。

柜员输入交易码，进入个人通知存款取款交易界面后根据系统提示操作，经完成确认后，提交主机记账，个人通知存款支取时的会计分录为：

借：个人通知存款——××户（不能低于起存金额）

　　利息支出或应付利息——定期储蓄利息支出户（税前利息）

　　贷：现金　　　　（本金＋税后利息）

　　　　代扣代缴利息所得税

5. 打印、签章。

（1）交易成功后，柜员根据系统提示打印旧存单、支取部分的利息清单、取款凭证和新存单，核对后请客户在取款凭证上签名确认。

（2）柜员在旧存单上加盖现金付讫章或业务清讫章和结清章，在储蓄存款利息清单上加盖现金付讫章、取款凭证上加盖业务清讫章，在新存单上加盖储蓄专用章或业务专用章；并在上述所有凭证上加盖柜员名章。

6. 递交客户。

柜员与客户核对金额后，柜员将现金（部分支取的本息）、存折（或新存单）、利息清单客户联和身份证交给客户，并请客户核对，无误后送别客户。

7. 后续处理。

柜员将取款凭证、利息清单作现金付出凭证或作当日机制凭证附件，按规定整理存放，结束该笔交易。

教学活动 3　个人通知储蓄存款销户

【活动目标】

熟悉个人通知储蓄存款销户的办理手续；掌握个人通知储蓄存款销户业务的操作流程和操作方法，能按照业务规程完成开户的上机操作。

【知识准备】

一、个人通知储蓄存款业务销户的操作流程

个人通知储蓄存款业务销户的操作流程如图 2-5-4 所示。

二、通知储蓄存款销户的操作步骤

1. 业务受理。

柜员根据客户口述取款要求，接收客户的储蓄存单（或存折）和客户的身份证件，他人代理的还应接收代理人的身份证件。

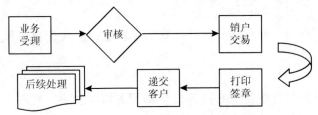

图 2-5-4 个人通知储蓄存款业务销户的操作流程

2. 审核。

（1）柜员确认客户取款数额及是否按约定取款。

（2）柜员审核客户存单（或存折）的真实性和有效性，审核客户身份证件，若为他人代理的还应审核代理人的身份证件。

（3）柜员在待打印的个人业务取款凭证上摘录证件名称、号码、发证机关等信息。

3. 销户交易。

柜员输入交易码，进入个人通知存款销户交易界面后，根据系统提示操作，经完成确认后，提交主机记账，个人通知存款销户时的会计分录为：

借：个人通知存款——××户（剩余本金）

　　利息支出或应付利息——定期储蓄利息支出户（税前利息）

　　贷：现金　　　（剩余本金＋税后利息）

　　　　代扣代缴利息所得税（利息税）

4. 打印、签章。

（1）交易完成后，柜员根据系统提示依次打印存单、取款凭证、储蓄存款利息清单。核对无误后，请客户在取款凭证和利息清单记账联上签名确认。

（2）柜员在取款凭证和利息清单上加盖现金付讫章或业务清讫章及柜员名章，将已销户的存单加盖现金付讫章或业务清讫章、结清章和柜员名章。

5. 递交客户。

柜员与客户核对金额后，将现金（本息）、利息清单客户联、身份证件等交给客户，送别客户。

6. 后续处理。

柜员将取款凭证和利息清单作银行记账凭证，存折（或存单）作取款凭证的附件，并按规定存放，结束该笔交易。

教学活动4　个人通知储蓄存款利息计算

【活动目标】

熟悉个人通知储蓄存款利息计算方法，能根据具体业务正确进行个人通知储蓄存款的利息计算。

【知识准备】

1. 个人通知存款利息计算公式为：

$$应付利息 = 本金 \times 存期 \times 利率$$
$$利息税 = 应付利息 \times 利息所得税税率$$
$$实付利息 = 应付利息 - 利息税$$

2. 存期的规定。

个人通知存款的存期，按实际天数计，算头不算尾，存入日起息算至支取日前一天为止，支取日不计息。

3. 利率的规定。

①个人通知存款的利息按支取日挂牌公告的相应档次利率、支取本金额、实存期限计算，利随本清。

②对已办理通知手续而不支取或通知期限内取消通知的，通知期限内不计息，即实际存期需剔除通知期限，7天通知存款存期剔除7天，1天通知存款存期剔除1天。

③下列情况，按活期储蓄存款利率计息：

实际存期不足通知期限的按活期储蓄利率计息；

未提前通知而支取存款的，支取部分按活期储蓄利率计息；

已办理通知手续而提前支取或逾期支取的，支取部分按活期储蓄存款利率计息；

支取金额不足或超过约定金额的，不足或超过部分按活期储蓄存款利率计息；

支取金额不足最低支取金额的，按活期储蓄存款利率计息。

【应用举例】

【例】 储户康佳于2013年4月10日存入个人通知存款12万元，约定办理7天通知存款，利率为1.71%。

（1）该储户于2013年4月15日约定取款5万元，并于2013年4月22日支取5万元，求储户实得利息。

（2）该储户于2013年4月25日约定取款7万元，并于2013年5月2日支取7万元，求储户实得利息。

解：（1）计算2013年4月10日至2013年4月22日12天，储户5万元本金利息

应付利息 $= 50\,000 \times 12 \times 1.71\% \div 360 = 28.5$ （元）

（2）计算2013年4月10日至2013年5月2日22天，储户7万元本金利息

应付利息 $= 70\,000 \times 22 \times 1.71\% \div 360 = 73.15$ （元）

【活动练习】

储户田宇于2013年1月5日存入个人通知存款15万元，约定办理7天通知存款，若该储户：（假设活期利率为0.72%；7天通知存款为1.71%）

（1）未提前约定取款，于2013年1月16日支取15万元，求储户实得利息。

（2）于2013年1月8日约定取款15万元，并于2013年1月15日支取15万元，求储户实得利息。

（3）于2013年1月10日约定取款15万元，并于2013年1月15日支取15万元，求储户实得利息。

（4）于2013年1月15日约定取款15万元，并于2013年1月25日支取15万元，求储户实得利息。

（5）于2013年1月10日约定取款15万元，但一直未来取，于2013年2月2日又约定取款15万元，并于2013年2月9日支取15万元，求储户实得利息。

（6）于2013年1月8日约定取款5万元，但于2013年1月15日支取了10万元，求储户10万元的实得利息。

教学项目三　个人贷款业务处理

【学习目标】

◇ 个人贷款的概念和分类

◇ 个人贷款业务的有关规定

◇ 个人质押贷款、个人住房贷款、个人汽车消费贷款、个人教育贷款的基本内容和业务流程

◇ 个人质押贷款的利息计算方法

◇ 个人住房贷款的月还款额计算方法

【技能目标】

◇ 能按具体业务操作流程规范办理个人质押贷款的发放和收回等业务操作

◇ 能按具体业务操作流程规范办理个人住房贷款的发放和收回等业务操作

◇ 能按具体业务操作流程规范办理个人汽车消费贷款的发放和收回等业务操作

◇ 能按具体业务操作流程规范办理国家助学贷款和商业性助学贷款的发放和收回等业务操作

学习任务一　个人贷款业务基础知识

【学生的任务】

◇ 要求学生掌握个人贷款业务的概念和意义

◇ 要求学生了解个人贷款业务的特征和分类方法

◇ 要求学生掌握个人贷款业务的基本规定

【教师的任务】

◇ 讲解个人贷款业务的概念、分类等主要知识点

◇ 指导学生学习并总结个人贷款业务的基本规定

◇ 指导学生完成活动练习

教学活动1　认识个人贷款

【活动目标】

理解个人贷款的概念和意义；掌握个人贷款业务的特征和分类。

【知识准备】

一、个人贷款的概念和意义

个人贷款是指商业银行等金融机构向个人客户发放贷款资金，以满足其资金需求，个人

客户在约定期限内还本付息的贷款行为。它是银行贷款业务的一部分，即面向个人客户的贷款业务，贷款发放以收取利息为盈利模式。

个人贷款对于金融机构和宏观经济都具有重要的意义。从金融机构的角度看，个人贷款的意义在于：一是开展个人贷款业务可以为商业银行带来新的收入来源和资金来源。商业银行从个人贷款业务中除了获得正常利息收入外，通常还会得到一些相关服务的服务费收入。同时，个人贷款业务的开展有利于商业银行吸引更多客户带来新的资金来源。二是个人贷款业务可以帮助银行分散风险。出于风险控制的目的，商业银行最忌讳的是资金运用的集中，因而个人贷款不同于传统的工商企业贷款，可以成为商业银行分散风险的资金运用方式。

从宏观经济角度来看，个人贷款业务的发展，对实现城乡居民的有效消费需求，极大地满足广大消费者的购买欲望起到了融资的作用；对启动、培育和繁荣消费市场起到了催化和促进的作用；对扩大内需、推动生产，支持国民经济持续、快速、健康、稳定发展起到了积极的作用；对带动众多相关产业的发展，从而促进整个国民经济的快速发展都具有十分重要的意义；也对商业银行调整信贷结构、提高信贷或资产质量、增加经营效益、繁荣金融业起到了促进作用。

商业银行的个人贷款业务不但有利于满足城乡居民的有效消费需求，促进国民经济的健康发展，而且有助于增加商业银行对个人客户的吸引力，提高市场知名度，从而增强竞争力。

二、个人贷款的特征

1. 贷款品种多、用途广。

这实际上是相对于公司贷款而言的。目前，个人贷款的品种丰富，既有个人消费类贷款，也有个人经营类贷款；既有自营性个人贷款，也有委托性个人贷款；既有单一性个人贷款，也有组合性个人贷款。

2. 贷款便利。

目前，客户可以通过个人贷款服务中心、声讯电话、网上银行、电话银行等多种方式了解、咨询银行的个人贷款业务；还可以在银行所辖营业网点、网上银行、个人贷款服务中心或金融超市办理个人贷款业务。这为个人贷款客户提供了极大的便利。

3. 还款方式灵活。

目前，各商业银行的个人贷款可以采取灵活多样的还款方式，如等额本息还款法、等额本金还款法、等比累进还款法、等额累进还款法及组合还款法等多种方式，而且客户还可以根据自己的需求和还款能力的变化情况，与贷款银行协商后改变还款方式。关于各种还款方式的特点，在个人贷款产品的要素一节中会有详细的介绍。

三、个人贷款的分类

1. 按产品用途分类。

个人贷款根据不同的标准可以有不同的分类，例如按照期限长短，可分为短期贷款和中长期贷款。若按照产品用途的不同，个人贷款产品可以分为个人住房贷款、个人消费贷款和个人经营类贷款等。

（1）个人住房贷款。

个人住房贷款是指贷款人向借款人发放的用于购买自用普通住房的贷款。贷款人发放个人住房贷款时，借款人必须提供担保。借款人到期不能偿还贷款本息的，贷款人有权依法处理其抵押物或质物，或由保证人承担偿还本息的连带责任。个人住房贷款的用途是贷款人用于支持居民个人在中国大陆境内城镇购买、建造、大修各类型住房。个人住房贷款包括自营性个人住房贷款、公积金个人住房贷款和个人住房组合贷款。

自营性住房贷款，也称商业性个人住房贷款，是指银行运用信贷资金向在城镇购买、建造或大修各类型住房的个人发放的贷款。公积金个人住房贷款也称委托性住房公积金贷款。该贷款不以营利为目的，实行"低进低出"的利率政策，带有较强的政策性，贷款额度受到限制。因此，它是一种政策性个人住房贷款。个人住房组合贷款是指按时足额缴存住房公积金的职工在购买、建造或大修房屋时，可以同时申请公积金个人住房贷款和自营性个人住房贷款，从而形成特定的个人住房贷款组合。从以上可见，申请个人住房贷款并非一定是在买房的情况下，建造和大修住房也同样可以申请个人住房贷款。

（2）个人消费贷款。

个人消费贷款是指银行向个人发放的用于消费的贷款。个人消费贷款具有贷款品种多、消费用途广泛、贷款额度贷款期限灵活、担保形式多样、贷款风险分散等特点。个人消费贷款包括：个人汽车贷款、个人教育贷款、个人耐用消费品贷款、个人消费额度贷款、个人旅游消费贷款和个人医疗贷款等。

①个人汽车贷款。个人汽车贷款是指银行向个人发放的用于购买汽车的贷款。个人汽车贷款所购车辆按用途可以划分为自用车和商用车，购买商用车也可以申请汽车贷款；按照注册登记情况可以划分为新车和二手车。二手车是指从办理完成机动车注册登记手续到规定报废年限一年之前进行所有权变更并依法办理过户手续的汽车。二手车一定是需要进行所有权变更并依法办理过户手续的。

个人汽车消费贷款分为"直客式"和"间客式"两种模式。间客式是指借款人到贷款银行特约汽车经销商处选购汽车，提交有关贷款申请资料，并由汽车经销商转交贷款银行提出贷款申请的申请模式。直客式是指借款人直接向贷款银行提交有关汽车贷款申请资料，银行贷款调查审批同意后，签订借款合同、担保合同；贷款人再到贷款银行特约的汽车经销商处选购汽车；个人汽车消费贷款由贷款银行以转账方式直接划入汽车经销商的账户。

②个人教育贷款。个人教育贷款是银行向在读学生或其直系亲属、法定监护人发放的用于满足其就学资金需求的贷款。根据贷款性质的不同将个人教育贷款分为国家助学贷款、商业助学贷款。国家助学贷款是由国家指定的商业银行面向在校的全日制高等学校经济确实困难的本专科学生（含高职学生）、研究生以及第二学士学位学生发放的，用于帮助他们支付在校期间的学费和日常生活费，并由教育部门设立"助学贷款专户资金"给予财政贴息的贷款。国家助学贷款实行"财政贴息、风险补偿、信用发放、专款专用和按期偿还"的原则。商业助学贷款是指银行按商业原则自主向个人发放的用于支持境内高等院校困难学生学费、住宿费和就读期间基本生活费的商业贷款。商业助学贷款实行"部分自筹、有效担保、专款专用和按期偿还"的原则。二者的区别在于国家助学贷款是一种完全的政策性贷款，而商业助学贷款则是商业银行基于商业原则进行的。

③个人耐用消费品贷款。个人耐用消费品贷款是指银行向个人发放的用于购买大额耐用

消费品的人民币担保贷款。该类贷款通常由银行与特约商户合作开展，即借款人需要在银行指定的商户处购买特定商品。

④个人消费额度贷款。个人消费额度贷款是指银行向个人发放的用于消费的、可在一定期限和额度内循环使用的人民币贷款。个人消费额度贷款主要用于满足借款人的消费需求，客户可先向银行申请有效额度，必要时才使用，不用时贷款不收取利息。在额度有效期内，客户可以随时向银行申请使用。也就是说在申请获得消费额度贷款以后，个人可以随时在额度内使用贷款进行消费，而不需要对每一笔贷款进行单独的申请。通过这种方式既方便了借款人，也帮助贷款银行扩大了业务范围和维护了优质客户资源。

⑤个人旅游消费贷款。个人旅游消费贷款是指银行向个人发放的用于该个人及其家庭成员参加银行认可的各类旅行社组织的国内、国际旅游所需费用的贷款。个人旅游消费贷款通常并不会为自助游提供贷款，而是必须通过银行认可的旅行社，这是控制贷款风险的措施。

⑥个人医疗贷款。个人医疗贷款是指银行向个人发放的用于解决市民以及其配偶或直系亲属伤病时资金短缺问题的贷款。个人医疗贷款一般由贷款银行和保险公司联合当地特约合作医院办理，由贷款人到特约医院领取并填写经特约医院签章认可的贷款申请书，持医院出具的诊断证明及住院证明到开展此业务的银行申办贷款，获批准后持个人持有的银行卡和银行贷款申请书及个人身份证到特约医院就医、结账。

（3）个人经营类贷款。

个人经营贷款是指银行对从事合法生产经营的个人发放的，用于个人控制的企业（包括个体工商户）生产经营的流动资金需求，以及租赁商铺、购置机械设备和其他合理资金需求的人民币贷款业务。根据贷款用途的不同，个人经营类贷款可以分为个人经营专项贷款和个人经营流动资金贷款。

专项贷款是指银行向个人发放的用于定向购买或租赁商用房和机械设备，且其主要还款来源是由经营产生的现金流获得的贷款。专项贷款主要包括个人商用房贷款和个人经营设备贷款。商用房贷款主要用于商铺贷款（销售商品或提供服务的场所）。

流动资金贷款是指银行向从事合法生产经营的个人发放的、用于满足个人控制的企业（包括个体工商户）生产经营流动资金需求的贷款。流动资金贷款按照有无担保的贷款条件分为有担保流动资金贷款和无担保流动资金贷款。在这里需要注意流动资金贷款和公司贷款的区别，公司贷款是面向公司法人，而流动资金贷款是向个人发放的用于个人控制的企业（包括个体工商户）生产经营资金需要的贷款。

2. 按担保方式分类。

根据担保方式的不同，个人贷款可以分为个人抵押贷款、个人质押贷款、个人保证贷款和个人信用贷款。其中个人抵押贷款、个人质押贷款和个人保证贷款相对于个人信用贷款有本质的区别，它们都属于非信用贷款。

（1）个人抵押贷款。

个人抵押贷款是各商业银行最普遍的个人贷款品种之一，它是指贷款银行以借款人或第三人提供的、经贷款银行许可的、符合规定条件的财产作为抵押物而向个人发放的贷款。根据《中华人民共和国担保法》的规定，下列财产可以抵押：①抵押人所有的房屋和其他地上定着物；②抵押人所有的机器、交通运输工具和其他财产；③抵押人依法有权处分的国有的土地使用权、房屋和其他地面定着物；④抵押人依法有权处分的国有的机器、交通运输工具和其他财产；⑤抵押人依法承包并经发包方同意抵押的荒山、荒沟、荒丘、荒滩等荒地的土地使用权；⑥依法可以抵押的其他财产。对于第一和第二项需要注意的是一定是抵押人所有的财产而不能是租用的财产；对于第三和第四项需要注意的是对于国有财产若抵押人有权处分也可以作为抵押；对于第五项需要注意的是各种土地抵押人拥有的是使用权而并非所有权，我国的土地所有权属于国家和集体。

（2）个人质押贷款。

个人质押贷款是指个人以合法有效的、符合银行规定条件的质物出质。向银行申请取得一定金额的人民币贷款，并按期归还贷款本息的个人贷款业务，根据《中华人民共和国物权法》的规定，可作为个人质押贷款的质物主要有：①汇票、支票、本票；②债券、存款单；③仓单、提单；④可转让的基金份额、股权；⑤可转让的注册商标专用权、专利权、专著权等知识产权中的财产权；⑥应收账款；⑦法律、行政法规规定的可以出质的其他财产权利。质押物大多是一种方便转移的财产权利，而不是"固定"的财产生。这是因为质押和抵押的显著区别是质押需要转移对财产的占有，而上述各种财产权利是很方便进行转移的。而房屋、机器等财产则不可以轻易地移动，银行也难以实现对其的占有。

（3）个人保证贷款。

个人保证贷款是指银行向以银行认可的并具有代为清偿债务能力的法人、其他经济组织或自然人作为保证人的个人发放的贷款。个人保证贷款手续简便，只要保证人愿意提供保证，银行经过核保认定保证人具有保证能力，签订保证合同即可，整个过程涉及银行、借款人和保证人三方，贷款办理时间短、环节少。个人保证贷款的显著特点在于涉及三个主体，除贷款人（银行）和借款人之外，还需有保证人，而保证人可以是法人也可以是自然人。

（4）个人信用贷款。

个人信用贷款是指银行向个人发放的、无须提供任何担保的贷款。在这种情况下，个人在不需要财产作为抵押或者质押以及保证人的担保的条件下就可以取得贷款。个人信用贷款主要依据是借款申请人的个人信用记录和个人信用等级确定贷款额度，信用等级越高，信用额度越大，反之越小。我们日常接触的信用卡在没有余额的条件下的支付就是一种银行对个人的信用贷款。

【活动练习】

1. 什么是个人贷款业务，它有哪些特征？

2. 如何按照不同的分类方法对个人贷款进行分类？

教学活动2　个人贷款业务的基本规定

【活动目标】

理解并掌握银行关于个人贷款业务的对象、额度、期限、利率等方面的基本规定。

【知识准备】

一、贷款对象

个人贷款对象仅限于自然人，而不包括法人。合格的个人贷款申请者必须是具有完全民事行为能力的自然人。具体而言，一般贷款对象应满足如下条件：

1. 在贷款银行所在地有固定住所、有常住户口或有效居住证明、年龄在65周岁（含）

以下、具有完全民事行为能力的中国公民。

2. 有正当职业和稳定的收入，具有按期偿还贷款本息的能力。

3. 具有良好的信用记录和还款意愿，无不良信用记录。

4. 能提供银行认可的合法、有效、可靠的担保。

5. 有明确的贷款用途，且贷款用途符合相关规定。

6. 在银行开立个人结算账户。

7. 银行规定的其他条件。

二、贷款额度

贷款额度是指银行向借款人提供的以货币计量的贷款产品数额。个人贷款的额度根据申请人抵（质）押、保证和信用情况确定。

三、贷款期限

贷款期限是指从具体贷款产品发放到约定的最后还款或清偿的期限。贷款期限根据相关法律规定和银行与个人的协商而定。不同的个人贷款品种的贷款期限也各不相同。例如，个人住房抵押贷款的期限最长可达 30 年，而在个人经营类贷款中，个别流动资金的贷款期限仅为 6 个月。

四、贷款利率

贷款利率是指借款人为取得货币资金的使用权而支付给银行的价格，或者说是货币所有者因暂时让渡货币资金使用权而从借款人那里获得的一定报酬。国务院批准和授权中国人民银行指定的各种利率作为法定利率。贷款银行根据法定贷款利率和中国人民银行规定的浮动额度，经与借款人共同商定，并在借款合同中载明的某一笔具体贷款的利率称为合同利率。

个人贷款的利率按中国人民银行规定的同档次贷款利率和浮动利率执行，可根据贷款产品的特征，在一定区间内浮动。一般来说，贷款期限在 1 年以内的执行合同利率，遇法定利率调整不分段计息，执行原合同利率；贷款期限在 1 年以上的，合同期间遇法定利率调整时，可由借贷双方按商业原则确定，可在合同期间按月、按季、按年调整，也可采用固定利率的确定方式。可见超过 1 年以上的贷款利率可以采用固定的合同利率也可以采用浮动利率，采取浮动利率的时候可以按月、按季度和按年进行调整，也就是分段计息。

五、还款方式

各商业银行的个人贷款产品有多种多样的还款方式。客户还可以根据自己的收入情况，与银行协商，转换不同的还款方式。通常有以下几种。

1. 到期一次还本付息法。

到期一次还本付息法又称期末清偿法，指借款人需在贷款到期日还清贷款本息，利随本清。此种方式一般适用于期限在 1 年以内的贷款。也就是借款人需要在约定的还款日一次性的还清贷款的本金和贷款的利息。

2. 等额本息还款法。

等额本息还款法是指在贷款期内每月以相等的额度平均偿还贷款本息。等额本息还款法是每月以相等的额度偿还贷款本息，其中归还的本金和利息的配给比例是逐月变化的，利息逐月递减，本金逐月递增。

3. 等额本金还款法。

等额本金还款法是指在贷款期内每月等额偿还贷款本金，贷款利息随本金逐月递减。等额本金还款法的特点是定期、定额还本，也就是在贷款后，每期借款人除了缴纳贷款利息外，还需要定额摊还本金。由于等额本金还款法每月还本额固定，所以其贷款余额以定额逐月减少，每月付款及每月贷款余额也定额减少。

4. 等比累进还款法。

借款人在每个时间段以一定比率累进的金额偿还贷款，其中每个时间段归还的金额包括该时间段应还利息和本金，按还款间隔逐期归还，在贷款截止日期全部还清本息。需要注意的是等比累进还款法并不可按"累进"的字面意思，认为采用此种方式每期的还款额会逐次递增。实际上此种方法可分为等比递增法和等比递减法，采用等比递减法每期的还款额是逐期减少的，但经计算后的任意一期还款计划中的本金和利息不得小于零。通常此种方法与借款人对于自身收入状况的预期相关，如果预期未来收入呈递增趋势，则可选择等比递增法，减少提前还款的麻烦，因为在等比递增法下，在前期的还款额较少，随着期数的逐渐增加，还款额开始增加，所以实际上会推迟还款。如果预期未来收入呈递减趋势，则可选择等比递减法，减少利息支出，因为在等比递减法下，前期的还款额较多，贷款的本金大幅减少，所以总体而言贷款的利息支出较少。

5. 等额累进还款法。

等额累进还款法和等比累进还款法类似，不同之处就是将在每个时间段约定还款的"固定比率"改为"固定额度"。同样需要注意的是等额累进还款法也不可按"累进"的字面意思，认为采用此种方式每期的还款额会逐次递增。实际上此种方法又分为等额递增还款法和等额递减还款法。等额累进还款法和等比累进还款法相似的特点是当借款人还款能力发生变化时，可通过调整累进额或间隔期来适应客户还款能力的变化。如对收入增加的客户，可采取增大累进额、缩短间隔期等办法，使借款人分期还款额增多，从而减少借款人的利息负担；对收入水平下降的客户，可采用减少累进额、扩大累进间隔期等办法使借款人分期还款额减少，以减轻借款人的还款压力。

6. 组合还款法。

组合还款法是一种将贷款本金分段偿还，根据资金的实际占用时间计算利息的还款方式。根据借款人未来的收入情况，首先将整个贷款本金按比例分成若干偿还阶段，然后确定每个阶段的还款年限。还款期间，每个阶段约定偿还的本金在规定的年限中按等额本息计算的方式计算每个月的偿还额，未归还的本金部分按月计息，两部分相加即形成每月的还款金额。在组合还款法下，每月的还款额是包括多个部分的，既有本阶段的本金和利息，还有后面阶段在本期的利息额。

六、担保方式

个人贷款可采用多种担保方式，主要有抵押担保、质押担保和保证担保三种形式。

抵押担保是指借款人或第三人不转移对法定财产的占有，将该财产作为贷款的担保。质押担保是指借款人或第三人转移对法定财产的占有，将该财产作为贷款的担保。

质押担保分为动产质押和权利质押。区别抵押和质押最主要、最简单的方法是判断是否转移对法定财产的占有，若银行需要借款人或第三人的财产转移到银行的控制下则是质押担保，否则就是抵押担保。

保证担保是指保证人和贷款银行约定，当借款人不履行还款义务时，由保证人按照约定履行或承担还款责任的行为。保证人是指具有代为清偿债务能力的法人、其他经济组织或自然人。简单来说保证人就是对银行的一种"保证"，保证当借款人无法偿还贷款时，保证人去承担还款的责任，使银行不至于遭受损失。根据《中华人民共和国担保法》的规定，下列单位或组织不能担任保证人：国家机关、学校、幼儿园、医院等以公益为目的的事业单位、社会团体；企业法人的分支机构、职能部门。企业法人的分支机构如果有法人书面授权，可以在授权范围内提供担保。

【活动练习】

客户小李工作稳定，月收入 5 000 元，因突发特殊情况急需使用资金 6 万元，可是目前小李手中的现金及活期存款不足 1 万元，另有一张 10 万元 3 年期定期整存整取存单，还差 4 个月到期。请运用所学知识为小李提出解决方案。

学习任务二　个人质押贷款业务处理

【学生的任务】
◇要求学生了解个人质押贷款业务的含义和特征
◇要求学生熟悉个人质押贷款业务的基本规定
◇要求学生能按具体业务操作流程规范办理个人质押贷款的发放和收回等业务操作
◇要求学生了解个人质押贷款的利息计算方法

【教师的任务】
◇讲解个人质押贷款业务的含义、特征和基本规定等主要知识点
◇指导学生按业务操作规程办理个人质押贷款的发放和收回
◇对学生练习活动完成情况进行点评

教学活动1　认识个人质押贷款

【活动目标】
理解个人质押贷款的含义和特点，熟悉个人质押贷款业务的基本规定。

【知识准备】

一、个人质押贷款含义

个人质押贷款是借款人以合法有效、符合银行规定条件的质物出质，向经中国银行业监督管理委员会批准开办个人信贷业务的银行业金融机构申请取得的人民币贷款。

按照《中华人民共和国物权法》第二百三十条规定，可作为个人质押贷款的质物主要有：

1. 汇票、支票、本票。

2. 债券、存款单。

3. 仓单、提单。

4. 可以转让的基金份额、股权。

5. 可以转让的注册商标专用权、专利权、著作权等知识产权中的财产权。

6. 应收账款。

7. 法律、行政法规规定可以出质的其他财产权利。

日常业务中应用最多的是个人存单质押贷款，它是指储户以未到期的定期储蓄存款作质押，向银行申请一定金额的贷款业务。开展个人抵质押贷款主要是为解决储户短期资金周转困难，通过向银行贷款周转，避免因提取未到期的定期存款而蒙受利息损失。

二、个人质押贷款特点

1. 质物广泛多样。

按照《中华人民共和国物权法》规定，个人有权处分的很多权利都可以出质，包括存单、国债、理财产品、黄金、人寿保险单、个人外汇买卖资金等均可作为质押物。

2. 办理手续简便。

个人质押贷款通常是用于解决客户临时急用资金需求，因此办理手续简便，效率高，用款周期也短。个人质押贷款一般在柜台办理，部分质押物可通过个人网上银行办理个人质押贷款，办理时间短，手续简便。

3. 贷款门槛低。

中华人民共和国境内居民，凡是具有完全民事行为能力、年龄在 18 周年以上的自然人，均可以凭手中银行认可的有效质物作质押担保向银行申请办理个人质押贷款。

4. 贷款风险较低，担保方式相对安全。

由于借款人需将具有充足价值和变现性的权利凭证质押给银行，例如将未到期的定期存单等作为质押品，且可获得的贷款额度不超过质押品面额的 90%，因此担保方式可靠，变现能力强，风险较低，担保方式相对安全。

三、个人质押贷款的基本规定

1. 贷款对象。

个人质押贷款的对象主要满足以下两个条件：

（1）在中国境内居住，具有完全民事行为能力的自然人。

（2）提供银行认可的有效质物作质押担保。

2. 贷款额度。

各家银行对个人质押贷款额度的规定不尽相同，对于质物不同的个人抵押贷款，其贷款额度也有所区别，按照《中华人民共和国物权法》规定，一般为质押物的 90%。

3. 贷款期限。

个人质押贷款的贷款期限，一般规定个人质押贷款的贷款期限不超过质物的到期日。用多项质物作质押的，贷款到期日不能超过所质押质物的最早到期的日期。

4. 贷款利率。

个人质押贷款利率按中国人民银行规定的同期同档次期限贷款利率执行，各银行可在人民银行规定的范围内上下浮动。

个人质押贷款发生逾期时，凡逾期在 1 个月以内（含 1 个月）的，按罚息利率计收罚息。逾期超过 1 个月时，贷款行处理质押存单或凭证，用于抵偿贷款本息。

5. 还款方式。

个人质押贷款还款方式包括等额本息还款法，等额本金还款法，任意还本、利随本清法、按月还息、分次任意还本法，到期一次还本付息法等还款方式，各银行规定略有差别，具体还款方式由经办行与借款人协商并在借款合同中约定。

【活动练习】

个人质押贷款关于贷款的对象、期限、额度等有哪些基本规定？

教学活动 2   个人质押贷款发放

【活动目标】

掌握个人质押贷款发放的业务流程，能按照业务规定正确进行个人质押贷款的发放操作。

【知识准备】

一、个人质押贷款发放业务的操作流程

个人质押贷款发放业务的操作流程如图 3-2-1 所示。

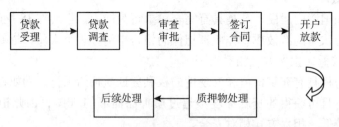

图 3-2-1   个人质押贷款发放业务的操作流程

二、个人质押贷款发放业务的操作步骤

1. 贷款受理。

借款人提出贷款申请，填写个人质押贷款申请审批表（如图 3-2-2 所示）、质押凭证清单；提交充当质物的质押凭证和本人有效身份证件，经办柜员受理业务。

2. 贷款调查。

贷款调查责任人对借款申请人的资格及权利质物的真实性、合法性进行调查。调查的内容主要有以下几个方面。

（1）借款人提供的有价权利凭证是否真实有效，是否到期，是否挂失、冻结、止付，有无争议或法律纠纷。

（2）借款人填写的个人情况是否属实，贷款金额是否符合规定，贷款用途是否正当合法。

模拟银行个人质押贷款申请审批表

编号:

	借款申请人	出 质 人	出 质 人	出 质 人
姓 名				
身份证件名称				
身份证件号码				
家庭地址				
工作单位				
联系电话				

模拟银行:_____:
本人申请借款金额_____元,期限____个月,用途_____,
并以_____份总金额_____元的_____作为质押担保。
申请人(签字)
年 月 日

以 下 内 容 由 银 行 填 写			
贷款金额		期 限	
基准利率		利率浮动幅度	

调查意见:	审查意见:	审批意见:
调查责任人:	审查责任人:	审批责任人:
年 月 日	年 月 日	年 月 日

图 3 - 2 - 2 个人质押贷款申请审批表

(3)借款人是否以他人的权利凭证办理质押贷款,借款人、出质人是否提供了有效身份证件,是否具有完全民事行为能力。

调查责任人认定上述调查内容属实后,在申请审批表上签注明确意见,连同有关证明材料交贷款审查责任人审查。

3. 审查、审批。

贷款审批责任人对调查人提交的借款人材料和内容进行认真审核,并尽快做出明确答复。同意贷款的要在审批表中签署审批意见,通知贷款调查责任人办理质押凭证的止付手续。

4. 签订合同。

审批通过后,通知客户来到银行签订贷款合同。进入电脑交易系统,选择贷款业务——个人贷款——个人贷款合同签订,录入贷款相关信息,确认无误后提交系统。贷款审批责任人(或授权代理人)同借款人、出质人共同签订个人质押借款合同,由贷款行、借款人、出质人各执一份。

5. 开户放款。

签订合同成功后,经办柜员进入电脑交易系统,选择贷款业务——个人贷款——个人贷款放款,录入合同编号及账号,进行贷款发放交易处理,并打印个人质押贷款借款凭证(如图 3 - 2 - 3 所示)、盖章。贷款发放的会计分录为:

借:个人质押贷款——××借款人户

贷:活期储蓄存款——××存款人户

模拟银行 个人(质押)贷款借款凭证

2013 年 11 月 18 日

借 款 人	孙 丽		收款人账号	468952307854077			
借款凭证号码	4589675		委托扣款账号	099910100745643			
借款用途	房屋装修	借款种类	短期借款	借款月利率‰	0.5		
借款日期	2013 年 11月18 日	到期日期	2014年 2月18日	还款方式	一次性归还		
借款金额 (人民币大写)	玖万元整			千 百 十 万 千 百 十 元 角 分 ￥ 9 0 0 0 0 0 0			

银行打印确认栏：

    孙丽　　468952307854077　　20131118
    个贷　　90000.00　　　　　　人民币
    个人质押贷款　　　　　　　　0075

上列贷款已按合同约定转入收款人存款账户

           中国模拟银行
            021752
            转讫章
       银行会计部门转讫章

上列贷款按合同号（　）农银_____字（　）第（　）号借款合同执行

第一联　回单作借款人债务凭证

图 3-2-3　个人质押贷款借款凭证

6. 质押物处理。

填制表外科目收入凭证，进行质押物登记。

收入：质押物——人民币整整定期存单

7. 后续处理。

表外科目记账后，经办人员将质押权利凭证交管库员入库保管，同时出具个人质押贷款质押品收据交予客户。整理归档凭证，结束业务。

【活动练习】

2013 年 7 月 15 日，客户王红来到模拟银行辽金支行，持 1 张存期为 2 年的 60 000.00 元面额整存整取定期储蓄存单（开户日为 2012 年 3 月 15 日的本行开户存单）申请个人质押贷款，贷款金额为 50 000.00 元，期限 6 个月。要求以模拟银行工作人员身份受理该笔贷款业务。

教学活动3　个人质押贷款的收回

【活动目标】

掌握个人质押贷款收回业务处理，能按照业务规定正确进行个人质押贷款的收回操作。

【知识准备】

一、个人质押贷款收回业务的操作流程

个人质押贷款收回业务的操作流程如图 3-2-4 所示。

图 3-2-4　个人质押贷款收回业务的操作流程

二、个人质押贷款收回业务的操作步骤

1. 业务受理。

借贷人归还贷款时，必须凭借款人身份证（如代理还款的，还须出示代理人身份证）、质押借款合同、个人质押贷款质押品收据和个人质押贷款借款凭证到网点办理还贷事宜。

2. 资料审核。

收到借款人提交的资料后，调借款凭证和贷款管理卡进行审核：有无质押品收据回单联；核对借款人姓名、贷款账号和借据编号；核对借款人有无逾期贷款，一般应先归还逾期贷款，再办理到期或提前还款。

3. 还贷交易。

使用还贷交易，收回贷款本息，并打印还贷凭证（如图 3 - 2 - 5 所示）和利息凭证。贷款收回会计分录为：

借：活期储蓄存款——××存款人户（或借：现金）

贷：个人质押贷款——××借款人户

利息收入——××账户

图 3 - 2 - 5　还贷凭证

4. 质押物销户。

填制表外科目付出凭证进行质押物的销户处理。

付出：质押物——人民币整整定期存单

5. 质押物出库。

柜员凭质押品收据回单联向管库员领取质押物。管库员使用质押品出库交易办理质押物的出库，并将质押物交柜员。

6. 后续处理。

经办柜员在还款凭证上签章后，将质押物、还款凭证回单联交借款人，借款人在《个人质押权证出/入库单》签收后，收回质押的存单（折）。柜员还需办理质押物的解除止付手续，然后将相关凭证资料整理归档。

【活动练习】

2014 年 1 月 15 日，客户王红来到模拟银行办理其 2013 年 7 月 15 日本行 50 000.00 元质押贷款的归还。

1. 请问王红申请办理个人质押贷款的归还需准备哪些证件、材料？

2. 请模拟银行柜员为王红进行个人质押贷款归还的业务处理。

教学活动 4　个人质押贷款的利息计算

【活动目标】

掌握个人质押贷款的利息计算方法。

【知识准备】

一、个人质押贷款计息规定

1. 个人质押贷款利率按中国人民银行规定的同期同档次期限贷款利率执行，各银行可在中国人民银行规定的范围内上下浮动。

2. 提前还款按原定利率和实际借款天数计算。在贷款期限内如遇利率调整，按原定的利率计算。

3. 若贷款逾期，逾期 1 个月以内（含 1 个月）的，自逾期之日起，贷款机构按法定罚息利率向借款人计收罚息。

4. 若贷款逾期超过 1 个月，贷款机构有权处理质押的凭证，抵偿贷款本息。贷款机构在处理逾期的凭证质押贷款时，如凭证尚未到期，贷款机构可按提前兑付的正常程序办理兑付，在抵偿了贷款本息及罚息后，应将剩余款项退还借款人。

二、利息计算

1. 计息公式。

$$利息 = 本金 \times 存期 \times 利率$$

2. 计息举例。

2013 年 8 月 20 日，客户刘明以 1 张存期 3 年，面额 50 000.00 元，开户日期为 2012 年 1 月 5 日的整存整取定期储蓄存单从模拟银行获得 3 个月个人质押贷款 35 000.00 万元，请计算该笔质押贷款的到期日是什么时候，并计算该笔个人质押贷款的利息（个人质押贷款年利率为 5.6%）。

（1）该笔质押贷款到期日为 2013 年 11 月 20 日

（2）利息计算

利息 = 本金 × 存期 × 利率

$$= 35\,000.00 \times 3 \times 5.6\% / 12 = 533.75（元）$$

【活动练习】

2013 年 9 月 6 日，客户赵娜来到模拟银行归还个人质押贷款 30 000.00 元。经查该笔贷款为张红于 2013 年 4 月 6 日以面额 60 000.00 元的整存整取定期储蓄存单从模拟银行申请获得的 6 个月个人质押贷款（贷款年利率 5.6%）。赵娜的贷款归还属于提前还款情况，请为客户计算贷款利息。

学习任务三　个人住房贷款的发放与收回

【学生的任务】

◇ 要求学生了解个人住房贷款业务的概念和分类

◇ 要求学生熟悉个人住房贷款业务的基本规定

◇ 要求学生能按具体业务操作流程规范办理个人住房贷款的发放和收回等业务操作

◇ 要求学生了解个人住房贷款的每月还款额计算方法

【教师的任务】

◇ 讲解个人住房贷款业务的概念、分类和基本规定等主要知识点

◇ 指导学生按业务操作规程办理个人住房贷款的发放和收回

◇ 对学生练习活动完成情况进行点评

教学活动1　认识个人住房贷款

【活动目标】

理解个人住房贷款的概念；掌握个人住房贷款产品的分类和基本业务规定。

【知识准备】

一、个人住房贷款的概念

个人住房贷款是指银行或银行接受委托向在中国大陆境内城镇购买、建造、大修各类型房屋的自然人发放的贷款。

个人住房贷款的借款人将房屋作为抵押物抵押给银行，在抵押期间借款人不得随意处理受押房地产，是一种以抵押为前提建立的借贷关系。具有金额大、期限长，风险相对集中的特点。

二、个人住房贷款的分类

按照不同的分类标准，个人住房贷款可分为以下类别：

按照贷款利率确定方式，可以分为固定利率贷款和浮动利率贷款。

按照贷款房屋权属，可以分为个人一手房贷款和个人二手房贷款。

按照资金来源的不同，可以分为自营贷款、委托贷款和组合贷款三种。个人住房自营贷款是以银行信贷资金来源向购房者个人发放的贷款。个人住房委托贷款指银行根据住房公积金管理部门的委托，以住房公积金存款为资金来源，按规定的要求向购买普通住房的个人发放的贷款。个人住房组合贷款指以住房公积金和信贷资金为来源向购买同一自用普通住房的个人发放的贷款，是个人住房委托贷款和自营贷款的组合。

三、个人住房贷款的基本规定

1. 贷款对象。

根据中国人民银行制定的《个人住房贷款管理办法》规定：个人住房贷款的贷款对象

是具有完全民事行为能力的自然人。并对借款人所应具备的其他条件进行了详细的规定。申请个人住房贷款需同时具备以下条件：

（1）具有城镇常住户口或有效居留身份。

（2）有稳定的职业和收入，信用良好，有偿还贷款本息的能力。

（3）具有购买房屋的合同或协议。

（4）不享受住房补贴的以不低于所购住房全部价款的30%作为购房首期付款；享受住房补贴的以个人承担部分的30%作为购房的首期付款。

（5）有贷款办认可的资产作为抵押或质押，或有足够代偿能力的单位或个人作为保证人。

（6）贷款银行规定的其他条件。

2. 贷款用途。

只能用于支持个人在中国大陆境内城镇购买、建造、大修住房。

3. 贷款额度。

个人住房贷款的贷款额度最高为所购（建造、大修）住房全部价款或评估价值的70%。

4. 贷款期限。

贷款期限最长不能超过30年。个人二手房贷款的期限不能超过所购住房的剩余使用年限。对于借款人已离退休或即将离退休的，贷款期限不宜过长，一般男性自然人的还款期限不超过65岁，女性自然人的还款年限不超过60岁。

5. 贷款利率。

按照中国人民银行等有关规定执行。一般来说，个人住房贷款的期限在1年以内（含1年）的贷款，实行合同利率，遇法定利率调整不分段计息；贷款期限在1年以上的，遇法定利率调整时，应于次年1月1日起按相应的利率档次执行新的利率规定。

6. 还款方式。

个人住房贷款可采取多种还款方式进行还款：一次本息还款法、等额本息还款法、等额本金还款法、等比累进还款法、等额累进还款法及减按还款法、组合还款法等多种方法。其中，以等额本息还款法和等额本金还款法最为常用。一笔借款合同只能选择一种还款方法，贷款合同签订后，未经贷款银行同意，不得更改还款方式。

【活动练习】

1. 个人住房贷款按照资金来源不同可以分为哪几类贷款？

2. 个人住房贷款关于贷款对象、额度、期限等有哪些基本规定？

【知识链接】个人住房贷款管理办法

第一章   总   则

第一条   为支持城镇居民购买自用普通住房，规范个人住房贷款管理，维护借贷双方的合法权益，根据《中华人民共和国商业银行法》、《中华人民共和国担保法》和《贷款通则》，制定本办法。

第二条　个人住房贷款（以下简称贷款）是指贷款人向借款人发放的用于购买自用普通住房的贷款。贷款人发放个人住房贷款时，借款人必须提供担保。借款人到期不能偿还贷款本息的，贷款人有权依法处理其抵押物或质物，或由保证人承担偿还本息的连带责任。

第三条　本办法适用于经中国人民银行批准设立的商业银行和住房储蓄银行。

第二章　贷款对象和条件

第四条　贷款对象应是具有完全民事行为能力的自然人。

第五条　借款人须同时具备以下条件：

一、具有城镇常住户口或有效居留身份；

二、有稳定的职业和收入，信用良好，有偿还贷款本息的能力；

三、具有购买住房的合同或协议；

四、不享受购房补贴的以不低于所购住房全部价款的30%作为购房的首期付款；享受购房补贴的以个人承担部分的30%作为购房的首期付款；

五、有贷款人认可的资产作为抵押或质押，或有足够代偿能力的单位或个人作为保证人；

六、贷款人规定的其他条件。

第六条　借款人应向贷款人提供下列资料：

一、身份证件（指居民身份证、户口本和其他有效居留证件）；

二、有关借款人家庭稳定的经济收入的证明；

三、符合规定的购买住房合同意向书、协议或其他批准文件；

四、抵押物或质物清单、权属证明以及有处分权人同意抵押或质押的证明；有权部门出具的抵押物估价证明；保证人同意提供担保的书面文件和保证人资信证明；

五、申请住房公积金贷款的，需持有住房公积金管理部门出具的证明；

六、贷款人要求提供的其他文件或资料。

第三章　贷款程序

第七条　借款人应直接向贷款人提出借款申请。贷款人自收到贷款申请及符合要求的资料之日起，应在三周内向借款人正式答复。贷款人审查同意后，按照《贷款通则》的有关规定，向借款人发放住房贷款。

第八条　贷款人发放贷款的数额，不得大于房地产评估机构评估的拟购买住房的价值。

第九条　申请使用住房公积金贷款购买住房的，在借款申请批准后，按借款合同约定的时间，由贷款人以转账方式将资金划转到售房单位在银行开立的账户。住房公积金贷款额度最高不得超过借款家庭成员退休年龄内所缴纳住房公积金数额的2倍。

第四章　贷款期限与利率

第十条　贷款人应根据实际情况，合理确定贷款期限，但最长不得超过20年。

第十一条   借款人应与贷款银行制订还本付息计划，贷款期限在 1 年以内（含 1 年）的，实行到期一次还本付息，利随本清；贷款期限在 1 年以上的，按月归还贷款本息。

第十二条   用信贷资金发放的个人住房贷款利率按法定贷款利率（不含浮动）减档执行。即，贷款期限为 1 年期以下（含 1 年）的，执行半年以下（含半年）法定贷款利率；期限为 1 年至 3 年（含 3 年）的，执行 6 个月至 1 年期（含 1 年）法定贷款利率；期限为 3 年至 5 年（含 5 年）的，执行 1 年至 3 年期（含 3 年）法定贷款利率；期限为 5 年至 10 年（含 10 年）的，执行 3 年至 5 年（含 5 年）法定贷款利率；期限为 10 年以上的，在 3 年至 5 年（含 5 年）法定贷款利率基础上适当上浮，上浮幅度最高不得超过 5%。

第十三条   用住房公积金发放的个人住房贷款利率在 3 个月整存整取存款利率基础上加点执行。贷款期限为 1 年至 3 年（含 3 年）的，加 1.8 个百分点；期限为 3 年至 5 年（含 5 年）的，加 2.16 个百分点；期限为 5 年至 10 年（含 10 年）的，加 2.34 个百分点；期限为 10 年至 15 年（含 15 年）的，加 2.88 个百分点；期限为 15 年至 20 年（含 20 年）的，加 3.42 个百分点。

第十四条   个人住房贷款期限在 1 年以内（含 1 年）的，实行合同利率，遇法定利率调整，不分段计息；贷款期限在 1 年以上的，遇法定利率调整，于下年初开始，按相应利率档次执行新的利率规定。

第五章　抵　押

第十五条   贷款抵押物应当符合《中华人民共和国担保法》第三十四条的规定。《中华人民共和国担保法》第三十七条规定不得抵押的财产，不得用于贷款抵押。

第十六条   借款人以所购自用住房作为贷款抵押物的，必须将住房价值全额用于贷款抵押。

第十七条   以房地产作抵押的，抵押人和抵押权人应当签订书面抵押合同，并于放款前向县级以上地方人民政府规定的部门办理抵押登记手续。抵押合同的有关内容按照《中华人民共和国担保法》第三十九条的规定确定。

第十八条   借款人对设定抵押的财产在抵押期内必须妥善保管，负有维修、保养、保证完好无损的责任，并随时接受贷款人的监督检查。对设定的抵押物，在抵押期届满之前，贷款人不得擅自处分。

第十九条   抵押期间，未经贷款人同意，抵押人不得将抵押物再次抵押或出租、转让、变卖、馈赠。

第二十条   抵押合同自抵押物登记之日起生效，至借款人还清全部贷款本息时终止。抵押合同终止后，当事人应按合同的约定，解除设定的抵押权。以房地产作为抵押物的，解除抵押权时，应到原登记部门办理抵押注销登记手续。

第六章　质押和保证

第二十一条   采取质押方式的，出质人和质权人必须签订书面质押合同，《中华人民共和国担保法》规定需要办理登记的，应当办理登记手续。质押合同的有关内容，按照《中华人民共和国担保法》第六十五条的规定执行。生效日期按第七十六条至第七十九条的规定执行。质押合同至借款人还清全部贷款本息时终止。

第二十二条　对设定的质物，在质押期届满之前，贷款人不得擅自处分。质押期间，质物如有损坏、遗失，贷款人应承担责任并负责赔偿。

第二十三条　借款人不能足额提供抵押（质押）时，应有贷款人认可的第三方提供承担连带责任的保证。保证人是法人的，必须具有代为偿还全部贷款本息的能力，且在银行开立有存款账户。保证人为自然人的，必须有固定经济来源，具有足够代偿能力，并且在贷款银行存有一定数额的保证金。

第二十四条　保证人与债权人应当以书面形式订立保证合同。保证人发生变更的，必须按照规定办理变更担保手续，未经贷款人认可，原保证合同不得撤销。

第七章　房屋保险

第二十五条　以房产作为抵押的，借款人需在合同签订前办理房屋保险或委托贷款人代办有关保险手续。抵押期内，保险单由贷款人保管。

第二十六条　抵押期内，借款人不得以任何理由中断或撤销保险；在保险期内，如发生保险责任范围以外的因借款人过错的毁损，由借款人负全部责任。

第八章　借款合同的变更和终止

第二十七条　借款合同需要变更的，必须经借贷双方协商同意，并依法签订变更协议。

第二十八条　借款人死亡、宣告失踪或丧失民事行为能力，其财产合法继承人继续履行借款人所签订的借款合同。

第二十九条　保证人失去担保资格和能力，或发生合并、分立或破产时，借款人应变更保证人并重新办理担保手续。

第三十条　抵押人或出质人按合同规定偿还全部贷款本息后，抵押物或质物返还抵押人或出质人，借款合同终止。

第九章　抵押物或质物的处分

第三十一条　借款人在还款期限内死亡、失踪或丧失民事行为能力后无继承人或受遗赠人，或其法定继承人、受遗赠人拒绝履行借款合同的，贷款人有权依照《中华人民共和国担保法》的规定处分抵押物或质物。

第三十二条　处分抵押物或质物，其价款不足以偿还贷款本息的，贷款人有权向债务人追偿；其价款超过应偿还部分，贷款人应退还抵押人或出质人。

第三十三条　拍卖划拨的国有土地使用权所得的价款，在依法缴纳相当于应缴纳的土地使用权出让金的款项后，抵押权人有优先受偿权。

第三十四条　借款合同发生纠纷时，借贷双方应及时协商解决，协商不成的，任何一方均可依法申请仲裁或向人民法院提起诉讼。

第三十五条 借款人有下列情形之一的，贷款人按中国人民银行《贷款通则》的有关规定，对借款人追究违约责任：

一、借款人不按期归还贷款本息的；

二、借款人提供虚假文件或资料，已经或可能造成贷款损失的；

三、未经贷款人同意，借款人将设定抵押权或质押权财产或权益拆迁、出售、转让、赠与或重复抵押的；

四、借款人擅自改变贷款用途，挪用贷款的；

五、借款人拒绝或阻扰贷款人对贷款使用情况进行监督检查的；

六、借款人与其他法人或经济组织签订有损贷款人权益的合同或协议的；

七、保证人违反保证合同或丧失承担连带责任能力，抵押物因意外损毁不足以清偿贷款本息，质物明显减少影响贷款人实现质权，而借款人未按要求落实新保证或新抵押（质押）的。

第十章 附 则

第三十六条 个人住房贷款不得用于购买豪华住房。城镇居民修房、自建住房贷款，参照本办法执行。

第三十七条 贷款人可根据本办法制定实施细则，并报中国人民银行备案。

第三十八条 本办法由中国人民银行负责解释和修改。

第三十九条 本办法自公布之日起施行。与本办法相抵触的有关规定同时废止。

银发〔1998〕190号

教学活动 2 个人住房贷款的发放

【活动目标】

掌握个人住房贷款发放的业务流程，能按照业务规定正确进行个人住房贷款的发放操作。

【知识准备】

一、个人住房贷款发放的业务流程

个人住房贷款发放业务流程如图 3 – 3 – 1 所示。

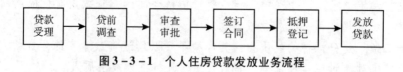

图 3 – 3 – 1 个人住房贷款发放业务流程

二、个人住房贷款发放业务步骤

1. 贷款受理。

银行受理借款申请人提交的个人住房贷款申请书（如表 3 – 3 – 1 所示）及有关资料，主要包括：

表 3 - 3 - 1　　　　　　　**银监会颁布的个人住房贷款申请书样本**

<table>
<tr><td colspan="7" align="center">××银行个人购房借款申请书</td></tr>
<tr><td colspan="7">贷款申请编号：</td></tr>
<tr><td colspan="7" align="center">申请人基本情况</td></tr>
<tr><td>申请人姓名</td><td></td><td>性别</td><td></td><td>出生日期</td><td></td><td rowspan="4" align="center">照片</td></tr>
<tr><td>文化程度</td><td></td><td>婚姻状况</td><td></td><td>证件种类及号码</td><td></td></tr>
<tr><td>户籍所在地</td><td></td><td>现居住地址</td><td colspan="3"></td></tr>
<tr><td>国籍</td><td></td><td>民族</td><td colspan="3"></td></tr>
<tr><td colspan="2">邮寄地址及邮编</td><td colspan="5"></td></tr>
<tr><td>工作单位</td><td colspan="4"></td><td>单位性质</td><td></td></tr>
<tr><td>办公电话</td><td></td><td>住宅电话</td><td></td><td>紧急联系方式</td><td colspan="2"></td></tr>
<tr><td>职业</td><td></td><td>职务</td><td></td><td>职称</td><td colspan="2"></td></tr>
<tr><td colspan="2">单位地址及邮编</td><td colspan="5"></td></tr>
<tr><td>配偶姓名</td><td>如为未婚人士则相关各项不填</td><td>职务</td><td></td><td>证件种类及号码</td><td colspan="2"></td></tr>
<tr><td>工作单位</td><td colspan="3"></td><td>联系方式</td><td colspan="2"></td></tr>
<tr><td>是否使用过其他贷款</td><td colspan="6"></td></tr>
<tr><td colspan="7">本人近3年工作履历：（时间段、单位名称）</td></tr>
<tr><td colspan="7" height="80"></td></tr>
<tr><td colspan="7" align="center">申请人收支情况</td></tr>
<tr><td>主要经济来源</td><td></td><td>其他经济来源</td><td></td><td>供养人数</td><td colspan="2"></td></tr>
<tr><td>申请人月收入</td><td></td><td>家庭月收入</td><td></td><td>家庭月支出</td><td colspan="2"></td></tr>
<tr><td colspan="7" height="40"></td></tr>
<tr><td colspan="7" align="center">借款人资产表</td></tr>
<tr><td>个人资产</td><td>金额（万元）</td><td>个人负债</td><td>金额（元）</td><td>月还款金额（元）</td><td>起止时间</td><td>负债类型</td></tr>
<tr><td>房产</td><td></td><td>购房所欠贷款</td><td></td><td></td><td></td><td></td></tr>
<tr><td>汽车</td><td></td><td>购车所欠贷款</td><td></td><td></td><td></td><td></td></tr>
<tr><td>债券</td><td></td><td>其他所欠贷款</td><td></td><td></td><td></td><td></td></tr>
<tr><td>股票</td><td></td><td>其他负债</td><td></td><td></td><td></td><td></td></tr>
<tr><td>银行存款</td><td></td><td rowspan="2">合计</td><td rowspan="2"></td><td rowspan="2"></td><td rowspan="2"></td><td rowspan="2"></td></tr>
<tr><td>合计</td><td></td></tr>
<tr><td colspan="7" height="80"></td></tr>
</table>

续表

申请人现住房情况					
现住房情况					
租住请填：（租住时间、地址、月付租金）					
申请人购房贷款资料					
售房者全称	××房地产开发有限公司	房屋详址			
销售面积	平方米	单价	元	总价（元）	
借款金额（元）		借款期限	年	借款种类	商业贷款
首付金额（元）		首付比例		首付款来源	
还款方式	等额本息月均/等额本金（月还）	物业费	㎡/月	购房目的	A 自住 B 投资
房屋形式		房屋类别	A. 经济适用房　B. 普通商品住房 C. 别墅　D. 商业用房　E. 其他		
商品房买卖合同编号		销售许可证编号			

担保方式			
抵押物名称		抵押物所有人	抵押物价值（元）
质押物名称		质押物所有人	质押物价值
保证人名称		与被保证人关系	
保证人联系方式及地址			

备注

借款申请人声明

欢迎您申请××银行个人住房贷款，请用蓝（黑）色墨水钢笔或签字笔在本申请书上签字，已填写内容不得涂改。

××银行，本人在此郑重声明：

1）本人承认以此申请书及其他所附资料作为贵行借款的依据；
2）上述各项材料属实，且随本申请书报送的资料复印件可留存贵行作为备查凭证，如资料失实或虚假，本人愿承担相应的民事及法律责任；
3）经贵行审查不符合规定的借款条件而未予受理时，本人无异议；
4）本人保证在取得贵行贷款后，按时足额偿还贷款本息。

申请人签名：　　　　　　　　　　　　　　　日期：　　年　　月　　日

（1）合法有效的身份证件（居民身份证、户口簿或其他有效居留证件）。

（2）婚姻状况证明（已婚的提供结婚证或婚姻登记机关出具的夫妻关系证明书；未婚的提供未婚证明）。

（3）首付款付款凭证。

（4）房地产主管部门统一印制的、具有法律效力的商品房买卖合同；共有权人同意以所购住房作为抵押物的证明。

（5）借款人家庭财产和经济收入证明（包括由借款人所在单位人事部门出具的个人收入证明或纳税凭证、银行存单、不动产证明、有价证券等）；如果属于借款人家庭成员共同还款，则各方要签订共同还款责任确认书，明确在一方无力偿还贷款的情况下，其他方仍要继续承担还款责任。

（6）经办行要求提供的其他文件或资料。

2. 贷前调查。

贷前调查是对住房楼盘项目和借款人提供的全部文件材料的真实性、合法性、完整性、可行性以及对借款人的品行、信誉、偿债能力、担保手段落实情况等进行的调查和评估。通过贷前调查，认为符合贷款条件，准备报批。

3. 审查、审批。

贷款审查人负责对借款申请人提交的材料进行合规性审查，对贷前调查人提交的《个人住房贷款调查审批表》、面谈记录以及贷前调查的内容是否完整进行审查。贷款审查人审查完毕后，应对贷前调查人提出的调查意见和贷款建议是否合理、合规等在《个人住房贷款调查审查表》上签署审查意见，连同申请材料、面谈记录、《个人住房贷款调查审批表》等一并送交贷款审批人进行审批。

贷款审批人依据银行各类个人住房贷款办法及相关规定，结合国家宏观调控政策或行业投向政策，从银行利益出发提出审批意见。

4. 签订合同。

经银行审批同意的，与借款申请人签订《个人住房贷款借款合同》、担保合同及其他法律文件，办理房屋保险、公证等手续。

5. 抵押登记。

以所购住房为抵押物的，经办行和借款人凭借款合同到当地房地产管理部门办理房地产抵押登记。

6. 发放贷款。

借款及担保合同生效后，银行按规定发放贷款，将贷款资金划入开发商售房账户。会计分录为：

借：个人住房贷款——××借款人户

　　贷：活期存款——××开发商存款人户

【活动练习】

2014 年 3 月 4 日，客户张军来到模拟银行咨询贷款事宜，他想要购买自住商品房一套售价 70 万元，张先生 32 岁，工作收入稳定，本人手中已有房款 35 万元，还差 35 万元想申请个人商业住房贷款。请分析张先生是否符合贷款的基本条件？符合的话请模拟银行柜员按照业务规程为张先生办理业务。

教学活动 3   个人住房贷款的收回与还款额计算

【活动目标】

掌握个人住房贷款收回的业务流程，能按照业务规定正确进行个人住房贷款的收回操作。

【知识准备】

一、个人住房贷款收回的业务流程

个人住房贷款收回业务流程如图 3 – 3 – 2 所示。

图 3 – 3 – 2   个人住房贷款收回业务流程

二、个人住房贷款收回的业务步骤

1. 贷后管理。

贷款发放后，经办行要加强贷后管理，定期进行贷款检查。对影响个人住房贷款资产质量的因素进行持续跟踪调查、分析，并采取相应的补救措施，判断借款人的风险状况，提出相应的预防或补救措施。检查的内容主要有：

（1）按时归还贷款本息情况。

（2）借款人有无骗取银行信用的行为。

（3）借款人职业、收入和住所等影响还款能力的因素变化情况。

（4）保证人的保证资格和保证能力变化情况。

（5）抵押物保管及其价值变化情况。

（6）项目工程进度（限于期房贷款）。

（7）有关合同及相关资料的完整性与有效性，有无与法律、法规和制度相抵触，需要变更、修改和补充之处。

（8）其他贷款人债权实现和保障的内容。

2. 贷款收回。

借款合同生效后，借款人需要按照合同约定的还款计划、还款方式偿还贷款本息。银行贷款收回方式有以下两种：

（1）委托扣款方式：借款人应与贷款行签订委托扣款协议。会计分录为：

借：活期储蓄存款——××存款人户

　　贷：个人住房贷款——××借款人户

　　　　利息收入——××账户

（2）柜台还款方式：借款人将现金或信用卡、储蓄卡交柜台经办人办理。会计分录为：

借：活期储蓄存款——××存款人户

或：现金

贷：个人住房贷款——××借款人户

利息收入——××账户

在贷款收回过程中，借款人可以申请部分或全部提前还款，部分提前还款后可以采取月还款额不变，缩短还款期限；或者还款期限不变，减少月还款额的方式。

3. 清户撤押。

当借款人按期还清全部借款本息后，信贷部门应销记"抵（质）押物及权证登记簿"，同时填制"抵押物、质押物转出通知书"，通知会计部门和抵（质）押物保管部门。会计部门、保管部门审核无误后据此办理清户撤押手续。

4. 后续处理。

信贷经办人员办妥每笔贷款后，定期将收集齐全的有关资料整理，将合同正本交档案专管员，并办理有关移交手续。合同副本留信贷部门专人保管以备日常管理。贷款本息结清后信贷部门应通知档案专管员将档案正式归档。

三、个人住房贷款还款额的计算方法

贷款期限在一年以上的房屋贷款还款方式一般有等额本金还款和等额本息还款两种，月还款额计算方法也有所不同。

1. 等额本金还款法。

在还款期内把贷款总额等分，每月偿还同等数额的本金和剩余贷款在该月所产生的利息。由于每月的还款本金额固定，而利息越来越少，因而每月偿还金额逐渐减少，贷款人起初还款压力较大，但是随时间的推移每月还款数也越来越少。每月还款额度的计算公式为：

每月还款金额 = （贷款本金 ÷ 还款月数）+（本金 – 已归还本金累计额）× 每月利率

2. 等额本息还款法。

在还款期内，每月偿还同等数额的贷款（包括本金和利息）。该方法每月的还款额固定，可以有计划地控制家庭收入的支出，也便于每个家庭根据自己的收入情况，确定还贷能力。可是相对于等额本金还款法，该还款方式支出的利息较多。每月还款额度的计算公式为：

每月还款金额 = ［贷款本金 × 月利率 ×（1 + 月利率）^还款月数］÷［（1 + 月利率）^还款月数 – 1］

（注：公式中^表示指数）

3. 两种还款方式举例。

假定借款人从银行获得 100 000 元的个人住房贷款，贷款期限为 5 年，贷款年利率为 6.4%（月利率为 0.53%）。

（1）等额本金还款法每月还款额经计算如下表所示。

月次	每月还款额（元）
1	2 200
2	2 191.11
3	2 182.22
…	…
60	1 675.56
总还款额	116 266.67

（2）等额本息还款法。

每月还款金额 ＝ ［贷款本金×月利率×（1＋月利率）^还款月数］÷［（1＋月利率）^还款月数 － 1］

　　　　　　 ＝ ［100 000×0.53%×（1＋0.53%）^60］÷［（1＋0.53%）^60 － 1］

　　　　　　 ＝ 1 951.93（元）

　　　　　　　　总还款额 ＝ 1 951.93×60 ＝ 117 115.8（元）

【活动练习】

1. 个人住房贷款常见的还款方式有哪几种？

2. 贷款合同中约定了还款方式后，贷款人是否可以提前归还贷款，应如何处理？

学习任务四　个人汽车消费贷款的发放与收回

【学生的任务】

◇要求学生了解个人汽车消费贷款业务的概念和运行模式

◇要求学生熟悉个人汽车消费贷款业务的基本规定

◇要求学生能按具体业务操作流程规范办理个人汽车消费贷款的发放和收回等业务操作

【教师的任务】

◇讲解个人汽车消费贷款业务的概念、运行模式和基本规定等主要知识点

◇指导学生按业务操作规程办理个人汽车消费贷款的发放和收回

◇对学生练习活动完成情况进行点评

教学活动1　认识个人汽车消费贷款

【活动目标】

理解个人汽车消费贷款的内容；掌握个人汽车消费贷款的分类和基本规定。

【知识准备】

一、个人汽车消费贷款的概念及意义

个人汽车消费贷款是指银行向个人客户发放的用于购买汽车的贷款。

这种贷款产生的意义主要在两方面。其一，它帮助汽车工业快速发展，刺激国民消费，推动国家经济增长。据统计，在全球汽车销量中，70%的新车是通过贷款销售的。其二，它对金融行业业务创新、分散风险都起到积极作用。传统的信贷经营体制使商业银行过分依赖企业贷款，风险相对集中。资产负债管理原则中的分散化原理要求金融资产应尽可能地分散到各种不同的具体形态上，而汽车消费贷款正是这一原理的具体应用。同时，随着汽车消费贷款的发展，专业化的汽车金融公司孕育而生，丰富了金融行业的构成，降低了整体行业的风险性。

二、个人汽车消费贷款的运行模式

目前个人汽车贷款最主要的运行模式就是"间客式"与"直客式"两种。

1. "间客式"模式。

"间客式"运行模式是指由购车人直接到经销商处挑选车辆，然后通过经销商办理贷款手续。汽车经销商或第三方（如保险公司、担保公司）负责对贷款购车人的资信情况进行调查，帮助购车人办理申请贷款手续，提供代办车辆保险等一系列服务，部分经销商以自身资产为借款人按时还款向银行进行连带责任保证和全程担保。

2. "直客式"模式。

"直客式"汽车贷款模式是客户先到银行申请个人汽车贷款，由银行直接面对客户，对客户资信情况进行调查审核，在综合评定后授予该客户一定的贷款额度，并与之签订贷款协议。客户在得到贷款额度后即可到市场上选购自己满意的车辆。在选定车型之后，到银行交清首付款，并签署与贷款有关的其他合同，由银行代客户向经销商付清余款，客户提车，之后就是借款人按月向银行还款了。

三、个人汽车消费贷款的基本规定

1. 申请汽车消费贷款的个人应具备的条件：

（1）年满十八周岁，具有完全民事行为能力的自然人。

（2）具有当地常住户口或有效居留身份，有固定住所和详细住址。

（3）具有稳定的职业和按期偿还贷款本息的能力，个人社会信用良好。

（4）在经办行开立个人账户，并能够支付规定的首期付款。

（5）持有贷款人认可的购车合同或协议。

（6）能够提供经办行认可的有效担保。

（7）贷款人规定的其他条件。

2. 贷款期限。

所购车辆为自用车，最长贷款期限不超过 5 年；所购车辆为商用车，贷款期限不超过 3 年。

3. 贷款额度。

个人汽车消费贷款的最高贷款限额应当控制在所购车辆全部价款的 80% 以内。一般所购车辆为自用车的，贷款金额不超过所购汽车价格的 80%；所购车辆为商用车的，贷款金额不超过所购汽车价格的 70%，其中，商用载货车贷款金额不得超过所购汽车价格的 60%。

4. 贷款利率。

个人汽车消费贷款利率及浮动按中国人民银行同档次贷款利率及其有关规定执行。

【活动练习】

1. 个人汽车消费贷款的运营模式有哪些？

2. 银行关于个人汽车消费贷款有哪些基本规定？

教学活动 2　个人汽车消费贷款的发放与收回

【活动目标】

掌握个人汽车消费贷款发放与收回的业务流程，能按照业务规定正确进行个人汽车消费贷款的发放与收回操作。

【知识准备】

一、个人汽车消费贷款发放与收回的业务流程

个人汽车消费贷款发放与收回的业务流程如图 3-4-1 所示。

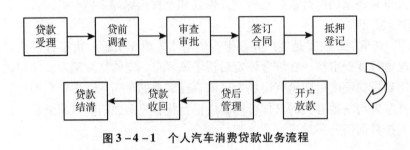

图 3-4-1   个人汽车消费贷款业务流程

二、个人汽车消费贷款的业务步骤

1. 贷款受理。

受理借款申请人提交的个人贷款申请书和以下相关材料：

（1）个人有效身份证件。包括居民身份证、户口簿、军官证、护照、港澳台湾同胞往来通行证等。借款人已婚的要提供配偶的身份证明。

（2）户籍证明或长期居住证明。

（3）个人收入证明，必要时须提供家庭收入或财产证明。

（4）由汽车经销商出具的购车意向证明。

（5）购车首期付款证明。

（6）以所购车辆抵押以外的方式进行担保的，需提供担保的有关材料。

（7）如借款所购车辆为商用车，还需提供所购车辆可合法用于运营的证明。

（8）银行所需的其他材料。

2. 贷前调查。

贷前调查是个人汽车贷款贷前处理中非常重要的环节，主要由调查经办人审核申请材料是否真实、完整、合法、有效，调查借款申请人的偿还能力、还款意愿、购车行为的真实性以及贷款担保等情况。

3. 审查、审批。

贷款审查人负责对车贷申请人提交的材料进行合规性审查，贷款审查人审查完毕后，应对贷前调查人提出的调查意见和贷款建议是否合理、合规等提出书面审查意见，连同相关材料一并送交贷款审批人进行审批，贷款审批人根据审查情况签署审批意见。

4. 签订合同。

经审批通过的，贷款银行与借款申请人签订借款合同并通知办理贷款担保及保险手续。

5. 抵押登记。

借款申请人与贷款银行按照规定到车辆管理部门进行抵押登记，领取他项权证。

6. 开户放款。

银行审批同意后，会计部门收到信贷部门审批同意、签章的借款凭证、借款合同、客户扣款授权书、首期付款收据等，经审查无误为借款人开立贷款户。按照借款凭证上的要素进行贷款发放交易处理。会计分录为：

借：个人汽车消费贷款——借款申请人户

　　贷：活期存款——××汽车经销商户

7. 贷后管理。

在贷款发放以后，银行为了保证贷款的及时偿还，通常要对贷款进行贷后跟踪检查，加强对还款的管理，以确保这些贷款本息如期全额收回。

8. 贷款收回。

贷款发放后，按合同规定方式向借款人收取借款本息。会计分录为：

借：活期储蓄存款——××存款人户

　　贷：个人汽车消费贷款——借款申请人户

　　　　利息收入——××账户

9. 贷款结清。

贷款结清包括正常结清和提前结清两种。

（1）正常结清：在贷款到期日（一次性还本付息类）或贷款最后一期（分期偿还类）结清贷款。

（2）提前结清：在贷款到期日前，借款人如提前部分或全部结清贷款，须按借款合同约定，提前向银行提出申请，由银行审批后到指定会计柜台进行还款。

贷款结清后，借款人应持本人有效身份证件和银行出具的贷款结清凭证领回由银行收押的法律凭证和有关证明文件，并持贷款结清凭证到原抵押登记部门办理抵押登记注销手续。

【活动练习】

客户王强想在模拟银行申请一笔 10 万元的个人汽车消费贷款，请按照规定程序为王强办理业务。

学习任务五　个人教育贷款的发放与收回

【学生的任务】

◇要求学生了解个人教育贷款业务的概念和分类

◇要求学生熟悉个人教育贷款业务的基本规定

◇要求学生能按具体业务操作流程规范办理国家助学贷款的发放和收回等业务操作

◇要求学生能按具体业务操作流程规范办理商业性助学贷款的发放和收回等业务操作

【教师的任务】

◇讲解个人教育贷款业务的概念、分类和基本规定等主要知识点

◇指导学生按业务操作规程办理国家助学贷款的发放和收回

◇指导学生按业务操作规程办理商业性助学贷款的发放和收回

◇对学生练习活动完成情况进行点评

教学活动1　认识个人教育贷款

【活动目标】

理解个人教育贷款的内容；掌握个人教育贷款的分类和基本规定。

【知识准备】

一、个人教育贷款的概念和分类

个人教育贷款是银行向在读学生或其系直系亲属、法定监护人发放的用于满足其就学资金需求的贷款。根据贷款性质的不同将个人教育贷款分为国家助学贷款和商业助学贷款。

国家助学贷款是由国家指定的商业银行面向在校的全日制高等学校中经济确实困难的本专科学生（含高职学生）、研究生以及第二学士学位学生发放的，用于帮助他们支付在校期间的学费和日常生活费，并由教育部门设立"助学贷款专户资金"给予财政贴息的贷款。它是运用金融手段支持教育，资助经济困难学生完成学业的重要形式。

商业性助学贷款是指贷款人向借款人发放的用于借款人本人或其法定被监护人就读国内中学、普通高等院校及攻读硕士、博士、MBA、EMBA 等学位及已获批准在境外就读中学、大学及攻读硕士、博士等学位所需学杂费和生活费用的一种人民币贷款及外汇贷款。

二、国家助学贷款的基本规定

1. 贷款对象。

国家助学贷款的贷款对象是中华人民共和国境内的（不含香港特别行政区和澳门特别行政区、台湾地区）普通高等学校中经济确实困难的全日制本专科生（含高职生）、研究生和第二学士学位学生。申请国家助学贷款须具备下列条件：

（1）具有中华人民共和国国籍，且持有中华人民共和国居民身份证。

（2）具有完全民事行为能力的自然人（未成年人须由其法定监护人出具书面同意书）。

（3）诚实守信，遵纪守法，无违法违纪行为。

（4）学习刻苦，能够正常完成学业。

（5）因家庭经济困难，在校期间所能获得的收入不足以支付完成学业所需基本费用（包括学费、住宿费、基本生活费）。

（6）贷款人规定的其他条件。

2. 贷款期限。

国家助学贷款管理办法规定借款人必须在毕业后 6 年内还清，贷款期限最长不得超过 10 年。贷款学生毕业后继续攻读研究生及第二学位的，在读期间贷款期限相应延长，贷款期限延长须经贷款银行许可。

3. 贷款额度。

国家助学贷款管理办法的贷款额度为每人每学年最高不超过 6 000 元，总额度按正常完成学业所需年度乘以学年所需金额确定，具体额度由借款人所在学校的总贷款额度，学费、住宿费和生活费标准以及学生的困难程度确定。每所院校的贷款总量根据全国和省级国家助学贷款管理中心确定的指标控制。

4. 贷款利率。

国家助学贷款利率按中国人民银行规定的同档次贷款利率执行。在贷款期内，如遇法定利率调整，贷款期限在一年以内（含一年），按合同约定利率计息；贷款期限在一年以上的，则从次年贷款发放日的对应日起按调整后的利率档次执行。

5. 贷款担保。

国家助学贷款的担保方式采用的是个人信用担保的方式。

三、商业性助学贷款的基本规定

1. 贷款对象。

商业助学贷款的贷款对象是在境内高等院校就读的全日制本专科生、研究生和第二学士学位学生。贷款银行可根据业务发展需要和风险管理能力，自主确定开办针对境内其他非义务教育阶段全日制学校在校困难学生的商业助学贷款。申请商业助学贷款须具备下列条件：

（1）借款人具有中华人民共和国国籍，并持有合法身份证件。

（2）借款人应无不良信用记录，不良信用等行为评价标准由贷款人制定。

（3）必要时需提供有效的担保。

（4）必要时需提供其法定代理人同意申请贷款的书面意见。

（5）贷款人要求的其他条件。

2. 贷款期限。

商业助学贷款的期限原则上为借款人在校学制年限加 6 年，借款人在校学制年限指从助学贷款发放至借款人毕业或中止学业的期间。对借款人毕业后继续攻读学位的，借款人在校年限和助学贷款期限可相应延长。助学贷款期限延长须经贷款人许可。

3. 贷款额度。

商业助学贷款的额度不超过借款人在校年限内所在学校的学费、住宿费和基本生活费。贷款银行可参照学校出具的基本生活费或当地生活费标准确定有关生活费用贷款额度。学费应按照学校的学费支付期逐笔发放，住宿费、生活费可按学费支付期发放，也可分列发放。贷款人可根据借款人需要发放人民币或者外币商业助学贷款。

4. 贷款利率。

商业助学贷款的利率按中国人民银行规定的利率政策执行，原则上不上浮。借款人可申请利息本金化，即在校年限内的贷款利息按年计入次年度借款本金。如遇中国人民银行调整贷款利率，执行中国人民银行的有关规定。

5. 贷款担保。

贷款人发放商业助学贷款可要求借款人提供担保，担保方式可采用抵押、质押、保证或其组合，贷款人也可要求借款人投保相关保险。借款人采用抵押、质押担保的，贷款人应要求提供本机构认可的抵质押物。采用保证担保方式的，保证人范围应符合《中华人民共和国担保法》及相关司法解释规定。贷款人在借款人满足贷款人设定条件的前提下可发放信用商业助学贷款。

【活动练习】

1. 个人教育贷款的概念。

2. 个人教育贷款的种类。

3. 国家助学贷款的基本规定。

4. 商业性助学贷款的基本规定。

教学活动2　国家助学贷款发放与收回

【活动目标】

掌握国家助学贷款发放与收回的业务受理，能按照业务规程正确进行国家助学贷款业务发放与收回的业务操作。

【知识准备】

一、国家助学贷款发放与收回的业务流程

国家助学贷款业务流程如图 3 – 5 – 1 所示。

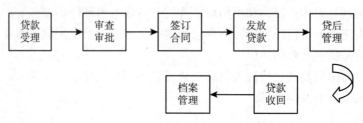

图 3 – 5 – 1　国家助学贷款业务流程

二、国家助学贷款业务步骤

1. 贷款受理。

国家助学贷款的业务受理是指从借款人向学校提出申请，学校初审，银行受理到上报审核的全过程。借款人申请国家助学贷款须向贷款人提交下列资料：

（1）国家助学贷款申请表。

（2）本人学生证和居民身份证复印件（未成年人须提供法定监护人的有效身份证明和书面同意申请贷款的证明）。

（3）本人对家庭经济困难情况的说明。

（4）乡、镇、街道民政部门和县级教育行政部门关于其家庭经济困难的证明。

（5）贷款人要求提供的其他证明文件和资料。

2. 审查、审批。

贷款人在收到学校提交的申请材料后，按要求完成审查。如有差错或遗漏，应立即要求学校进行更正或补充。贷款经银行有权批准人审批通过后，发放贷款通知书并通知签订借款合同。

3. 签订合同。

贷款申请被批准后，学校根据经办银行提供的借款学生名册，组织学生填写、签署借款合同及借据的工作，并提交经办银行。

4. 发放贷款。

贷款行按借款合同约定，将贷款转入指定账户。学费和住宿费贷款按学年发放，直接划入借款人所在学校在贷款银行开立的账户上；生活费贷款，根据合同约定定期划入借款人在贷款银行开立的活期储蓄账户。会计分录为：

借：国家助学贷款——××账户

　　贷：活期储蓄存款——××账户

5. 贷后管理。

（1）国家助学贷款贴息：国家助学贷款贴息实行借款学生在校期间100%由财政补贴。借款学生毕业后的贷款利息及罚息由其本人全额支付。经办行要按季度将经合作高校确认后填制《中央部门所属高校国家助学贷款实际发放汇总表》上报至总行，由总行统一提供给全国学生贷款管理中心。

（2）国家助学贷款风险补偿金：贷款人于每年9月底前，将上一年度（上年9月1日至当年8月31日）实际发放的国家助学贷款金额和违约率按高校进行统计汇总，将汇总结果编制《国家助学贷款风险补偿金确认书》以书面文档形式送交学校。书面文档须加盖贷款人公章。经学校确认后，填写《国家助学贷款实际发放汇总表》上报至总行，由总行统一提供给全国学生贷款管理中心。

6. 贷款收回。

（1）每年借款学生毕业离校前，学校应组织借款学生与经办银行办理还款确认手续，制订还款计划，签订还款协议。借款学生可以选择在毕业后的24个月内的任何一个月开始偿还贷款本金，但原则上不得延长贷款期限。贷款行按借款合同规定的还款时间，于到期日主动从借款人指定账户中进行扣款。会计分录为：

借：活期储蓄存款——××账户

　　贷：国家助学贷款——××账户

　　　　利息收入——××账户

（2）如借款学生在学校期间发生休学、退学、转学、出国、被开除学籍等中止学业的事件，学校应在为借款学生办理相关手续之前及时通知银行并要求学生到银行办理还清贷款手续。经办银行在得到学校通知后应停止发放尚未发放的贷款，并采取提前收回贷款本息等措施，主动为学生办理相关手续。

（3）借款学生毕业后继续攻读学位可申请办理贷款展期。借款人要在毕业前30日向原所在学校提出展期申请，并提供继续攻读学位的相关证明。原所在学校审核通过后，由经办银行为其办理展期手续。继续攻读学位的借款学生贷款展期期间的贴息，按借款学生原所在学校的隶属关系，由财政部门继续按在校生实施贴息。

（4）借款学生毕业后1年内，可以向经办银行提出一次调整还款计划的申请，包括调整还款方式，经办银行应予受理并根据实际情况和有关规定进行合理调整。

（5）借款人毕业后申请出国留学的，借款人应主动通知原经办银行并一次性还清借款，原经办银行应及时为其办理还款手续。

7. 档案管理。

银行需严格按零售贷款档案管理办法管理国家助学贷款相关档案。经办银行在与借款学生毕业前与其签订还款计划和还款协议后，需将相关信息补录入零售信贷系统。在收到借款人毕业后发回的《国家助学贷款联系方式确认函》后，应及时在系统上进行资料更新。

【活动练习】

北方大学大一在读学生李雪在模拟银行申请国家助学贷款，请模拟银行柜员按照业务规定程序办理国家助学贷款的发放与收回。

教学活动3　商业性助学贷款发放与收回

【活动目标】

掌握商业性助学贷款发放与收回的业务受理，能按照业务规程正确进行商业性助学贷款业务发放与收回的业务操作。

【知识准备】

一、商业性助学贷款发放与收回的业务流程

商业性助学贷款业务流程如图3-5-2所示。

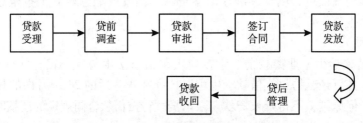

图3-5-2　商业性助学贷款业务流程

二、商业性助学贷款的业务步骤

1. 贷款受理。

借款人申请商业助学贷款时，应提交书面借款申请，填写有关申请表格，并提交下列文件、证明和资料：

（1）借款人的合法身份证件（包括：身份证、户口簿或其他有效居留证件原件），并提供以上证件的复印件。

（2）贷款人需要的借款人与其法定代理人的关系证明。

（3）借款人或其家庭成员经济收入证明。

（4）借款人为入学新生提供就读学校的录取通知书或接收函，借款人已在校的提供学生证或其他学籍证明。

（5）借款人就读学校开出的学生学习期内所需学费、住宿费和生活费总额的有关材料。

（6）以财产作抵（质）押的，应提供抵（质）押物权证和所有权人（包括财产共有人）签署的同意抵（质）押的承诺，对抵押物须提交贷款人认可的机构出具的价值评估报告，对质押物须提供权利凭证，以第三方担保的应出具保证人同意承担不可撤销连带责任担保的书面文件及有关资信证明材料。

（7）借款人和担保人应当面出具并签署书面授权，同意银行查询其个人征信信息。

（8）贷款人要求提供的其他证明文件和材料。

2. 贷前调查。

贷款受理后，经办人员着手对借款人及受教育人身份、还款能力和信誉、借款人资信等级、贷款的担保情况和借款人提供的资料进行调查核实。将有关材料送交信贷经营部门主管复核，报信贷审批部门审批。

3. 贷款审批。

贷款人根据借款人的资信、贷款用途、担保等因素进行贷款审批。贷款经审批同意后，贷款人应及时通知借款人与担保人签署助学贷款相关借款合同和担保合同，并按有关要求办理抵（质）押登记等相关手续。

4. 签订合同。

经办人员根据贷款最终审批意见，与借款人协商贷款条件，经借款人同意后办理签订《一般商业性助学贷款借款合同》，落实担保手续。

5. 贷款发放。

贷款人应根据合同约定，将贷款划入借款人在银行开立的个人结算等账户或借款人就读学校指定账户，并由贷款人监督使用。会计分录为：

借：商业性助学贷款——××账户

贷：活期储蓄存款——××账户

6. 贷后管理。

合同的有效期内，贷款行应按照贷款管理的有关规定对借款人及保证人的收入状况、贷款的使用情况、抵（质）押物价值变化及性能状况等进行监督检查，检查结果要有书面记录，并归档保存。贷款发放后，贷款行应当与受教育人所在学校和毕业后的工作单位加强联系，掌握受教育人的动态，有效防范风险。

7. 贷款收回。

（1）借贷双方应对还款方式和还款计划在借款合同中明确约定。贷款可按月、按季或按年分次偿还，利随本清，也可在贷款到期时一次性清还。借款人可以与贷款行约定还款账户定期扣款或到贷款行营业网点、通过电话银行、网上银行、异地转账等形式偿还贷款。会计分录为：

借：活期储蓄存款——××账户

贷：商业性助学贷款——××账户

利息收入——××账户

（2）对于提前偿还贷款的，借款人应按照银行的规定办理有关手续。借款人偿还贷款本息后贷款行应及时为客户办理抵押或质押登记注销手续。

（3）借款人如不能在合同规定期限内按期偿还贷款本金，应提前向贷款人申请展期，贷款展期仅限一次。申请经贷款人审查批准后，借贷双方应签订展期协议。贷款具有担保的，展期协议需经担保人书面确认。

（4）对借款人、担保人在贷款期间发生的违约行为，贷款人可根据借款合同约定：要求限期纠正违约行为；要求增加所减少的相应价值的抵（质）押物，或更换保证人；停止发放尚未使用的贷款；在原贷款利率基础上加收罚息；提前收回部分或全部贷款本息；向保证人追偿；依据有关法律及规定处分抵（质）押物；向仲裁机关申请仲裁或向人民法院起诉。

【活动练习】

客户张民同学今年参加高考，刚收到南方大学的录取通知书，由于家庭经济困难无法负担大学费用，张民同学来到模拟银行申请商业性助学贷款。请模拟银行柜员按照商业性助学贷款的规定流程为客户办理业务。

教学项目四　个人结算业务处理

【学习目标】
◇ 支付结算的业务规定
◇ 汇兑的相关操作规程
◇ 银行支票的相关操作规程
◇ 银行本票的相关操作规程
◇ 银行汇票的相关操作规程
◇ 银行卡的相关操作规程

【技能目标】
◇ 能够熟悉支付结算中结算方式的有关业务规定
◇ 能够熟悉汇兑的相关处理手续
◇ 能够熟悉委托收款的相关处理手续
◇ 能够熟悉托收承付的相关处理手续

学习任务一　汇兑业务的处理

【学生的任务】
◇ 要求学生熟悉个人汇兑业务中使用凭证的格式，掌握其具体的填写要求
◇ 要求学生熟悉个人汇兑业务中汇出款项与汇入款项的结算规定
◇ 要求学生能按个人汇兑业务规定正确进行汇出汇款业务与汇入款项业务各环节的具体操作处理
◇ 要求学生了解退汇业务环节的具体处理手续

【教师的任务】
◇ 讲解汇兑的概念、基本规定、核算环节、业务活动步骤等主要知识点
◇ 指导学生学习汇出汇款业务与汇入款项业务各环节的具体操作
◇ 指导学生完成活动练习

教学活动1　汇出行汇出款项

【活动目标】
掌握汇兑汇出业务的操作方法与基本要领，能按汇兑汇出业务规定进行汇兑汇出业务的具体操作。

【知识准备】

一、汇兑的基本规定

1. 汇兑是汇款人委托银行将其款项支付给收款人的结算方式。

2. 单位和个人异地结算各种款项，均可使用汇兑结算方式。

3. 汇款人填制汇兑凭证必须记载下列事项：

（1）表明"汇兑"的字样。

（2）无条件支付的委托。

（3）确定的金额。

（4）收款人名称。

（5）汇款人名称。

（6）汇入地点、汇入行名称。

（7）汇出地点、汇出行名称。

（8）委托日期。

（9）汇款人签章。

汇兑凭证上欠缺记载上列事项之一的，银行不予受理。汇兑凭证记载的汇款人名称、收款人名称，其在银行开立存款账户的，必须记载其账号；欠缺记载的，银行不予受理。

4. 汇兑凭证上记载收款人为个人的，收款人需要到汇入银行领取汇款，汇款人应在汇兑凭证上注明"留行待取"字样；留行待取的汇款，需要指定单位的收款人领取汇款的，应注明收款人的单位名称；信汇凭证凭收款人签章支取的，应在信汇凭证上预留其签章。汇款人确定不得转汇的，应在汇兑凭证备注栏注明"不得转汇"字样。

5. 汇款人和收款人均为个人、需要在汇入银行支取现金的，应在汇兑凭证的"汇款金额"大写栏先填写"现金"字样，后填写汇款金额。

6. 未在银行开立存款账户的收款人，凭汇兑的取款通知或"留行待取"的，向汇入银行支取款项时，必须交验本人的身份证件，在汇兑凭证上注明证件名称、号码及发证机关，并在"收款人签章"处签章；凭签章支取的，收款人的签章须与预留信汇凭证上的签章相符。银行审核无误后，以收款人名义开立应解汇款及临时存款账户，该账户只付不收，付完清户，不计利息。

7. 汇入银行对于收款人拒绝接受的汇款，应及时办理退汇。汇入银行向收款人发出取款通知后两个月无法交付的汇款，应主动办理退汇。

二、汇兑业务的核算环节

汇兑业务涉及汇款人、汇出行、汇入行和收款人。汇出行、汇入行为同系统银行的汇兑结算流程如图 4 - 1 - 1 所示。

三、汇兑汇出业务活动流程

汇兑汇出业务流程如图 4 - 1 - 2 所示。

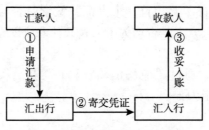

图4-1-1 银行汇兑结算流程

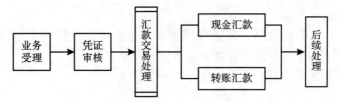

图4-1-2 汇兑汇出业务流程

四、汇兑汇出业务活动步骤

【例】 2012年6月22日祈瑞东委托模拟银行辽金支行申请将5 000.00元往来款汇给在厦门大学经济学院读书的同学刘一霖。模拟银行辽金支行工作人员按规定为其办理汇款手续。

1. 业务受理。

汇款人委托银行办理汇兑时，应向开户银行填交一式三联电子汇兑委托书（如图4-1-3所示）：第一联为借方联；第二联为贷方联；第三联为银行客户的回单。

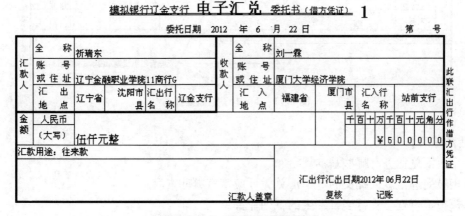

图4-1-3 电子汇兑委托书

2. 凭证审核。

银行柜员收到汇款人提交的一式三联电子汇兑委托书后，应认真审查：委托书记载的各项内容是否齐全、正确；汇款人名称是否准确；现金数额是否准确；大小写金额是否一致；

汇款人的印章是否与预留银行印鉴相符；个人汇款签章是否与汇款人一致；填明"现金"字样的，还应审查汇款人和收款人是否均为个人；其他事项按规定审查。

3. 收取现金。

填制一联现金收入传票，通过"应解汇款"科目汇出，第二联汇兑凭证作借方传票，另编转账贷方传票。会计分录为：

借：现金	5 000.00	
贷：应解汇款——祈瑞东户		5 000.00
借：应解汇款——祈瑞东户	5 000.00	
贷：清算资金往来		5 000.00

收妥现金后，汇出行根据第二联业务委托书生成电子汇兑资金汇划往账信息通知汇入行。在第三联回单上加盖转讫章或受理凭证专用章退给汇款人。

同时，按照业务规定收取业务手续费。会计分录为：

借：现金	50.00	
贷：手续费收入		50.00

4. 后续处理。

银行经办人员在相关记账凭证上加盖转讫章及经办人员名章（如图4-1-4所示），作为办理业务的凭证与其他凭证一起装订保管。

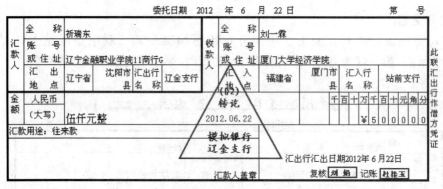

图4-1-4　电子汇兑委托书

【活动练习】

1. 个人汇兑业务有哪些基本规定？

2. 柜员受理汇款人提交的电子汇兑凭证应审查哪些内容？

3. 模拟银行辽金支行当日发生的下列业务：

（1）沈北新区的张琪慧提交电子汇兑委托书申请办理汇兑业务，金额53 000元，向在长安市的何珊支付劳务费款，本行审核后予以办理。

（2）李金羽提交电子汇兑委托书申请办理汇兑业务，金额45 000元，向在兴州市的唐昊支付差旅费，本行审核后予以办理。

要求：以模拟银行辽金支行柜员的身份进行相应业务的处理，包括凭证审核、业务数据录入、凭证盖章与凭证处理。

教学活动2　汇入行汇入款项

【活动目标】

掌握个人汇兑汇入业务的操作方法与基本要领，能按个人汇兑汇入业务的规定进行个人汇兑汇入业务的具体操作。

【知识准备】

一、汇入行汇入业务的活动流程

汇入行汇入业务的活动流程如图4-1-5所示。

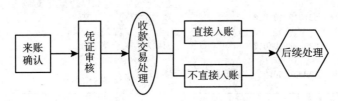

图4-1-5　汇入行汇入业务的活动流程

二、汇入行汇入业务的活动步骤

【例】 2012年6月22日模拟银行辽金支行收到一笔汇入款项，金额53 000.00元，汇款人长春华茂公司的张欢。汇出行是模拟银行长春友谊支行，收款人黎明电器有限公司王文胜。模拟银行辽金支行工作人员审核无误后进行账务处理。

1. 来账确认与凭证审核。

汇入行收到汇出行的汇款信息审核无误后打印资金汇划补充凭证（如图4-1-6所示），审核相关信息内容。

模拟银行资金汇划补充凭证

2012年6月22日

发报日期	20120617	业务种类	电子汇兑
发报流水号	320065	收报流水号	563271
发报行行号	83321	发报行名称	模拟银行长春友谊支行
收报行行号	83101	收报行名称	模拟银行辽金支行
收款人账号	8310120101028	收款人名称	王文胜
收款人地址			
付款人账号	8332120105017	付款人名称	张欢
付款人地址			
货币种类金额	RMB53 000.00　人民币伍万叁仟元整		
摘要：货款			

网点号：007	交易码 4242	流水号12402	柜员号10107

授权：　　　　　复核：　　　　　记账：

图4-1-6　资金汇划补充凭证

2. 收款交易处理。

由于收款人不在银行开户，所以属于不直接收账。不能直接入账的汇款，以一联资金汇划补充凭证作贷方传票（如图4-1-7所示），另填转账借方传票办理转账。会计分录为：

借：清算资金往来

　　贷：应解汇款——收款人户

模拟银行资金汇划补充凭证
2012年6月22日

发报日期	20120617	业务种类	电子汇兑
发报流水号	320065	收报流水号	563271
发报行行号	83321	发报行名称	模拟银行长春友谊支行
收报行行号	83101	收报行名称	模拟银行辽金支行
收款人账号	8310120101028	收款人名称	王文胜
收款人地址			
付款人账号	8332120105017	付款人名称	张欢
付款人地址			
货币种类金额	RMB53 000.00　人民币伍万叁仟元整		
摘要：货款			

（02）
转讫
2012.06.22
模拟银行
辽金支行

网点号：007	交易码 4242	流水号12402	柜员号10107
授权：韩玉蔷	复核：刘方亮		记账：杜桂玉

图4-1-7　资金汇划补充凭证

3. 登记"应解汇款登记簿"。

登记"应解汇款登记簿"并在汇兑凭证上编列应解汇款顺序号，一联资金汇划补充凭证留存专夹保管，另以便条通知收款人来银行办理取款手续。

4. 支付款项。

收款人持便条来行办理取款时，汇入行应按规定认真审查，无误后，按下列手续处理：

（1）转账支付的。

应由原收款人向银行填制支款凭证，会计分录为：

借：应解汇款——收款人户　　　　　　　　　　　　　53 000.00

　　贷：××科目　　　　　　　　　　　　　　　　　　53 000.00

同时销记"应解汇款登记簿"。

（2）支付现金的。

需要支取现金的，由汇入行按照现金管理规定审查支付。另填制一联现金借方凭证，一联资金汇划补充凭证作附件。会计分录为：

借：应解汇款——收款人户　　　　　　　　　　　　　53 000.00

　　贷：现金　　　　　　　　　　　　　　　　　　　　53 000.00

同时销记"应解汇款登记簿"。

5. 后续处理。

经办人员在相关记账凭证上加盖转讫章或付讫章及经办人员名章，作为办理业务的凭证与其他凭证一起装订保管。

【活动练习】

模拟银行辽金支行当日发生下列业务：

1. 收到南海市支行的汇兑业务资金汇划贷方报单信息，金额 56 500 元，汇款人是李闯，收款人是宋春华，审查无误，经通知，收款人当天来行办理取现手续。

2. 收到厦门站前支行的汇兑业务资金汇划贷方报单信息，金额 26 800 元。汇款人厦门的张思琪，收款人是陈明月，审查无误，经通知，收款人当天来行办理取现手续。

要求：以模拟银行辽金支行柜员的身份进行相应业务的处理，包括凭证审核、业务数据录入、凭证盖章与凭证处理。

【知识链接】退汇业务处理

一、汇款人要求退款及收款人拒收汇款退汇的规定

（一）汇款人要求退款的操作程序

汇款人对汇出款项要求退汇时，应备正式函件或本人身份证件连同原信、电汇回单向汇出银行申请退汇，由汇出银行通知汇入银行。经汇入银行证实汇款确未支付，并将款项汇回汇出银行，方可退汇。

（二）收款人拒收汇款退汇的操作程序

汇入银行对于收款人拒绝接受的汇款，应立即办理退汇；汇入银行对于发出取款通知，经过两个月无法交付的汇款，可主动办理退汇。

二、退汇的规范操作

（一）汇款人申请退汇的规范操作

1. 汇出行的规范操作。

（1）汇款人要求退汇时，对收款人在汇入行开立账户的，由汇款人与收款人自行联系退汇；对收款人未在汇入行开立账户的，应由汇款人备函或本人身份证件连同原信、电汇回单交汇出行办理退汇。

（2）汇出行接到退汇函件或身份证件以及回单，应填制四联"退汇通知书"（用异地结算通知书代替），在第一联上批注"×月×日申请退汇，待款项退回后再办理退款手续"字样，交给汇款人，第二、三联寄交汇入行，第四联与函件和回单一起保管。

（3）如汇款人要求用电报通知退汇时，只需填制两联退汇通知书，比照信件退汇通知书第一、四联的操作程序办理，并凭退汇通知书拍发电报通知汇入行。

2. 汇入行的规范操作。

（1）汇入行接到汇出行寄来的第二、三联退汇通知书或通知退汇的电报，如该笔汇款已转入应解汇款及临时存款科目，尚未解付的，应向收款人联系索回便条，以第二联退汇通知书代借方凭证，办理转账。

第三联退汇通知书随同邮划贷方报单寄原汇出行。如电报通知退汇的，应另填一联特种转账借方凭证，并编制电划贷方报单，凭以拍发电报。

开办电子汇兑系统业务的银行，按电子汇兑系统业务的操作程序办理。

（2）如该笔汇款业已解付，应在第二、三联退汇通知书或电报上注明解付情况及日期后，将第二联退汇通知书或电报留存，以第三联退汇通知书（或拍发电报）通知汇出行。

3. 汇出行收到的规范操作。

(1) 汇出行接到汇入行寄来的邮划贷方报单及第三联退汇通知书或退汇电报时，应以第三联退汇通知书或第二联电划贷方补充报单代贷方凭证（第三联电划补充报单作贷方凭证附件），办理转账。

如汇款人未在银行开立账户，应另填制一联现金借方凭证，办理转账。

并在原第二联汇款凭证上注明"此款已于×月×日退汇"字样，以备查考。以留存的第四联退汇通知书注明"退汇款汇回已代进账"字样，加盖转讫章后作为收账通知交给原汇款人。

(2) 如接到汇入行寄回的第三联退汇通知书或发来的电报注明汇款业已解付时，应在留存的第四联退汇通知书上批准解付情况，然后通知原汇款人。

(二) 汇入行主动退汇的规范操作

1. 汇入行的规范操作。

汇款超过两个月，收款人尚未来行办理取款手续或在规定期限内汇入行已寄出通知，但因收款人住址迁移或其他原因，以致该笔汇款无人受领时，汇入行可以主动办理退汇。退汇时应填制两联特种转账贷方凭证，一联特种转账借方凭证，并在凭证上注明"退汇"字样，办理转账。

两联特种转账贷方凭证随同邮划贷方报单寄原汇出行。

开办电子汇兑系统业务的银行，按电子汇兑系统业务的操作程序办理。

2. 原汇出行规范操作。

原汇出行接到汇入行寄来的邮划报单及所附两联特种转账凭证，以一联特种转账凭证代贷方凭证，办理转账。

另一联特种转账贷方凭证加盖转讫章后代收账通知交给原汇款人。

如汇款人未在银行开立账户，其操作程序比照汇款人要求退汇的操作程序办理。

三、未在银行开立账户的收款人取款的规定

未在银行开立账户的收款人，凭信、电汇或"留行待取"的取款通知向汇入银行支取款项，必须交验本人身份证件，在信、电汇凭证上注明证件名称、号码及发证机关，并在"收款人盖章"处签章。信汇凭证签章支取的，收款人的签章必须与预留签章相符，才能办理支取手续。

收款人需要委托他人向汇入银行支取款项的，应在取款通知上签章，注明本人身份证件名称、号码、发证机关和"代理"字样以及代理人姓名。代理人代理取款时，也应在取款通知上签章，注明其身份证件名称、号码及发证机关，并同时交验代理人和被代理人的身份证件。

转账支付的，应由原收款人向银行填制支款凭证，并由本人交验其身份证件办理支付款项。该账户的款项只能转入单位或个体工商户的存款账户，严禁转入储蓄和银行卡账户。

支取现金的，信、电汇凭证上必须有汇出银行按规定填明的"现金"字样，才能办理。未填明"现金"字样，需要支取现金的，由汇入银行按照现金管理规定审查支付。

分次支取的，应以收款人的姓名开立应解汇款及临时存款户，收款人支取款项时，应

填制支款凭证，由本人签章，并交验收款人本人身份证件。应解汇款及临时存款户只付不收，付完清户，不计付利息。

转汇的，办理解付后，应委托汇入行重新办理信、电汇结算。转汇的收款人必须是原收款人，汇入银行必须在信、电汇凭证上加盖"转汇"戳记。

学习任务二　支票业务的处理

【学生的任务】

◇要求学生熟悉支票业务的结算规定

◇要求学生熟悉现金支票、转账支票、进账单等业务凭证格式，掌握相关业务凭证具体的填写、审核要求

◇要求学生能按支票业务的具体规定正确进行个人现金支票业务与转账支票业务各环节的具体操作处理

【教师的任务】

◇讲解支票的概念、基本规定、凭证的填写、审核要求等主要知识点

◇指导学生学习个人现金支票业务与转账支票业务各环节的具体操作

◇指导学生完成活动练习

教学活动1　个人现金支票取款

【活动目标】

掌握个人现金支票取款业务的操作方法与基本要领，能按照业务规程正确进行个人现金支票取款的操作。

【知识准备】

一、支票的概念与基本规定

支票是出票人签发的，委托办理支票存款业务的银行或者其他金融机构在见票时无条件支付确定的金额给收款人或者持票人的票据。个人支票以个人信誉为保证，以支票为支付结算凭证，可用于转账、取现和购物。

支票的基本规定：

1. 支票分为现金支票、转账支票和普通支票。现金支票只能用于支取现金；转账支票只能用于转账；普通支票可以用于支取现金，也可以用于转账。在普通支票左上角划两条平行线的称为划线支票，它只能用于转账，不能支取现金。

2. 在银行申请个人支票，首先要开立支票存款账户。开立账户要填写银行个人支票账户开立申请书，并提供个人印鉴。申请人需年满18周岁。银行受理申请后，应对客户进行信用评估，基本条件包括：有稳定的资产和收入，月薪不低于一定金额（目前多数银行定为5 000元人民币），信用良好，当前无债务纠纷。同时要求个人存款余额须达到一定金额

（1 万元左右）以上。

3. 申请人购买支票时要出具有效身份证件，在支票购买凭证上加盖预留银行的个人印章或签名，交纳个人支票的工本费，即可获得支票。目前个人支票分为两种：一种是个人现金支票，主要用于直接到银行支取现金，个人现金支票每次可购 3 张，每张工本费 0.80 元；另一种是个人转账支票，更多地用于购物或其他消费，个人转账支票 5 张为最高限购数，每张工本费稍高，为 1.20 元。

4. 支票一律记名，可以背书转让，但用于支取现金的支票不能背书转让。

5. 签发支票必须记载下列事项：表明"支票"的字样；无条件支付的委托；确定的金额；付款人名称；出票日期；出票人签章。

6. 签发支票应使用碳素墨水或墨汁填写，支票的金额、日期、收款人不得更改，其他内容更改，须有出票人加盖预留银行印鉴证明。

7. 支票的金额、收款人名称，可以由出票人授权补记，未补记前不得背书转让和提示付款。

8. 出票人签发支票的金额不得超过付款时在付款人处实有的存款金额，禁止签发空头支票。出票人签发空头支票、签章与预留签章不符的支票、支付密码不符的支票，银行应予以退票，并按票面金额处以 5% 但不低于 1 000 元的罚款，持票人有权要求出票人赔偿支票金额 2% 的赔偿金，对屡次签发的，银行应停止其签发支票。当出票人以透支的方式开具个人支票后，不仅将受到该张支票总金额 5% 但不低于 1 000 元的罚款外，还将被取消个人支票使用资格。也就是说，如有一次信用不良记录，使用资格就随之消失。

9. 支票的提示付款期限自出票日起 10 天（到期日遇节假日顺延）。持票人可以委托开户银行收款或直接向付款人提示付款。用于支取现金的支票仅限于收款人向付款人提示付款。持票人委托银行收款时，应作委托收款背书。

10. 支票丧失，失票人可以向付款人申请挂失，并向法院申请公示催告或提起诉讼。

二、个人现金支票取款业务的活动流程

个人现金支票取款业务活动流程如图 4 - 2 - 1 所示。

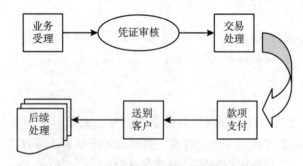

图 4 - 2 - 1　个人现金支票取款业务活动流程

三、个人现金支票取款业务的活动步骤

【例】2012 年 6 月 22 日，客户时佳来行提交张剑寒（个人结算账号：8310120108007）

签发的现金支票，金额为 5 500.00 元，支取往来款。模拟银行辽金支行经办人员按规定为其办理现金支付业务。

1. 受理业务。

银行柜员受理持票人提交的现金支票（如图 4 - 2 - 2 所示）。

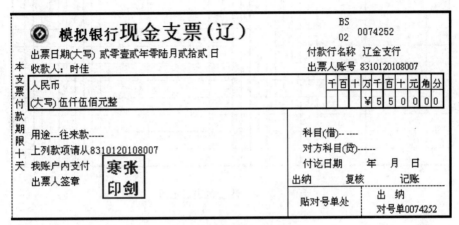

图 4 - 2 - 2　现金支票

2. 审查支票。

柜员受理持票人提交的支票时应审查以下内容：

（1）现金支票必须记载的事项是否齐全，是否用墨汁或碳素墨水填写，出票日期、出票金额、收款人有无涂改，其他内容涂改是否有出票人签章证明。

（2）现金支票是否是按统一规定印制的凭证，支票是否真实。

（3）提示付款期为自出票日起 10 天（若到期日为法定假日的则顺延），是否在有效期内，是否属远期支票。

（4）大小写金额是否一致，出票人的账户余额是否足够支付。

（5）是否挂失票据，核对其签章与预留银行签章是否相符。使用支付密码的支票还应审查密码是否正确。

（6）现金支票背书与收款人是否一致，持票人还应交验身份证件并摘录号码和发证机关名称。

（7）凭现金支票支取的现金是否符合国家的现金管理规定。

3. 交易处理。

审查无误后，以现金支票作现金付出传票，登记现金付出日记簿（如图 4 - 2 - 3 所示）、办理转账。会计分录为：

借：活期存款——张剑寒户　　　　　　　　　　　　　　5 500.00

　　贷：现金　　　　　　　　　　　　　　　　　　　　　　5 500.00

4. 款项支付，送别客户。

银行柜员账务处理审核无误后凭现金支票进行配款，对号将现金交予取款人，送别客户。

模拟银行 辽金支行   现金付出日记簿   总第   页

组（柜）付款1柜   2012 年   6 月   22 日   第   页

凭证号数	户名或账号	计划项目代号	金额									凭证号数	户名或账号	计划项目代号	金额							
			千	百	十	万	千	百	十	元	角	分				千	百	十	万	千	百	十	元	角	分
1	张剑寒	往来款					5	5	0	0	0	0													

会计   复核   出纳

图 4 - 2 - 3   现金付出日记簿

5. 后续处理。

银行柜员在现金支票上加盖现金付讫章及经办人员名章，作为办理业务的凭证与其他凭证一起装订保管。

【活动练习】

模拟银行辽金支行当日发生下列业务：

1. 王新欣提交刘淑萍（个人结算账号：8310120101011）签发的现金支票，金额为 5 100.00 元，支取往来款。柜员经审核无误后予以办理。

2. 赛丽亚提交开户单位（宝丽电子有限公司账号：8310120105036）签发的现金支票，金额为 3 800.00 元，支取劳务费。柜员经审核无误后予以办理。

要求以模拟银行辽金支行柜员的身份进行相应业务处理，包括凭证审核、业务数据录入、凭证盖章与凭证处理。

教学活动2   个人转账支票付款与收款

【活动目标】

掌握个人转账支票业务的操作方法与基本要领，能按照业务规程正确进行个人转账支票付款与收款业务的操作。

【知识准备】

一、个人转账支票业务的活动流程

个人转账支票业务活动流程如图 4 - 2 - 4 所示。

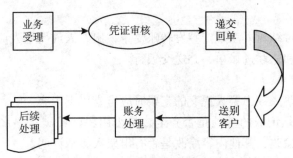

图4-2-4 个人转账支票业务活动流程

二、个人转账支票业务的活动步骤

【例】2012年6月22日，客户时佳（个人结算账号：8310120108007）签发转账支票与进账单（如图4-2-5、图4-2-6所示），金额为38 500.00元，支付同行开户单位虹桥机电设备公司（账号：8310120101047）家电购置款。模拟银行辽金支行经办人员按规定为其办理转账业务。

图4-2-5 转账支票

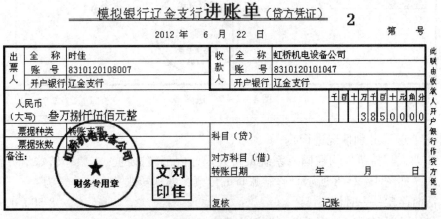

图4-2-6 进账单

1. 业务受理。

出票人应按照支付结算办法规定签发转账支票，出票人或持票人应在支票规定的提示付款期内填写转账支票和三联进账单，并送交银行。

2. 凭证审核。

银行柜员受理持票人或出票人提交的支票时应审查以下内容：

(1) 转账支票必须记载的事项是否齐全，是否用墨汁或碳素墨水填写，出票日期、出票金额、收款人有无涂改，其他内容涂改是否有出票人签章证明。

(2) 转账支票是否是按统一规定印制的凭证，支票是否真实，提示付款期为自出票日起 10 天（若到期日为法定假日的则顺延），是否在有效期内，是否属远期支票。

(3) 转账支票大小写金额是否一致，与进账单上相关要素是否相符，出票人账户余额是否足够支付。

(4) 对于背书转让的支票，其背书转让是否连续有效，签章是否符合规定，使用粘单的是否在粘贴处签章。

(5) 是否挂失票据，核对其签章与预留银行签章是否相符。使用支付密码的支票还应审查密码是否正确。

(6) 转账支票是否在支票的背面作委托收款背书（持票人或出票人直接向出票人开户行提交的，无须作委托收款背书）。

3. 退回单。

银行柜员按前述要求认真审核无误后，在进账单第一联上加盖业务受理章（如图 4-2-7 所示）后作回单交送票人，送别客户。

图 4-2-7　进账单

4. 账务处理（分别情况进行）。

(1) 出票人与持票人均在同一系统银行开户，内部转账的。支票作转账借方传票，进账单第二联（如图 4-2-8 所示）作转账贷方传票，办理转账。会计分录为：

借：活期存款——时佳户　　　　　　　　　　　　　　　38 500.00

贷：活期存款——虹桥机电设备公司户　　　　　　　　　　　　38 500.00

在进账单第三联（如图 4 - 2 - 9 所示）上加盖转讫章后作收账通知交持票人。

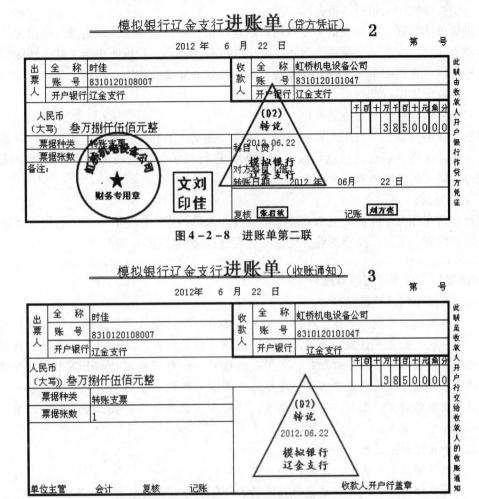

图 4 - 2 - 8　进账单第二联

图 4 - 2 - 9　进账单第三联

（2）出票人与持票人不在同一系统银行开户，持票人开户行提出交换的。

在第二联进账单上按票据交换场次加盖"收妥入账"戳记与第三联进账单暂存，支票加盖票据交换专用章，按票据交换规定及时提出交换，待退票时间过后把进账单第二联作转账贷方传票，办理转账。会计分录为：

借：存放中央银行准备金

　　贷：活期存款——持票人户

在进账单第三联上加盖转讫章后作收账通知交持票人。

出票人开户行收到交换提入的支票后，经审查无误，把支票作转账借方传票，办理转账。会计分录为：

借：活期存款——出票人户

　　贷：存放中央银行准备金

（3）出票人与持票人不在同一系统银行开户，出票人开户行提出交换的。

认真审查无误后，支票作转账借方传票，办理转账。会计分录为：

借：活期存款——出票人户

　　贷：存放中央银行准备金

在进账单第二联上加盖票据交换专用章后连同第三联按票据交换规定及时提出交换。

持票人开户行在收到交换提入两联进账单并审查无误后，把进账单第二联作转账贷方传票，办理转账。在进账单第三联上加盖转讫章作收账通知交收款人。转账的会计分录为：

借：存放中央银行准备金

　　贷：活期存款——持票人户

提示：如果持票人与出票人处在异地，持票人提交支票和进账单后，其开户行应通过支票影像传输系统将支票有关信息传输给出票人开户行提示付款，经出票人开户行审核无误后，通过小额支付系统清算资金。

5. 后续处理。

银行柜员在相关记账凭证上加盖转讫章及经办人员名章，作为办理业务的凭证与其他凭证一起装订保管，需提出交换的业务凭证按规定进行交换处理。

【知识链接】人民币银行结算账户

一、人民币银行结算账户

人民币银行结算账户是指银行为存款人开立的办理资金收付结算的人民币活期存款账户，按存款人分为单位银行结算账户和个人银行结算账户，单位银行结算账户按用途分为基本存款账户、一般存款账户、专用存款账户、临时存款账户。个体工商户凭营业执照以字号或经营者姓名开立的银行结算账户，纳入单位银行结算账户管理。个人因投资、消费使用各种支付工具，包括借记卡、信用卡在银行开立的银行结算账户，纳入个人银行结算账户管理。

二、个人银行结算账户功能

个人银行结算账户有三个功能：

一是活期储蓄功能，可以通过个人结算账户存取存款本金和支取利息。

二是普通转账结算功能，通过开立个人银行结算账户，办理汇款，支付水、电、话、气等基本日常费用，代发工资等转账结算服务，使用汇兑、委托收款、借记卡、定期借记、定期贷记、电子钱包（IC 卡）等转账支付工具。

三是通过个人银行结算账户使用支票、信用卡等信用支付工具。

三、开立个人银行结算账户应出具的证明文件

1. 中国居民，应出具居民身份证或临时身份证。

2. 中国人民解放军军人，应出具军人身份证件。

3. 中国人民武装警察，应出具武警身份证件。

4. 香港、澳门居民，应出具港澳居民往来内地通行证。台湾居民，应出具台湾居民来往大陆通行证或者其他有效旅行证件。

5. 外国公民，应出具护照。

6. 法律、法规和国家有关文件规定的其他有效证件。按规定，还可要求申请人出具户口簿、驾驶执照、护照等有效证件。

【活动练习】

模拟银行辽金支行当日发生下列业务：

1. 票据交换提入进账单一份，收款人为本行开户的李亚林（个人结算户账号83101201008022），付款人是在工商银行开户的银山电子有限公司（账号：8310120108026），支付租金 34 800.00 元，审核无误后办理转账。

2. 李亚林（个人结算户账号：8310120108022）签发转账支票与进账单，金额为56 300.00 元，系支付同行开户单位务求丽湖宾馆（账号：8310120105042）住宿费。柜员审核无误后予以办理。

要求以模拟银行辽金支行柜员的身份进行相应业务处理，包括凭证审核、业务数据录入、凭证盖章与凭证处理。

【知识链接】 支票的影像传输

　　全国支票影像交换系统是指运用影像技术将实物支票转换为支票影像信息，通过计算机及网络将支票影像信息传递至出票人开户银行提示付款，实现支票全国通用的业务处理系统，它是中国人民银行继大额小额支付系统之后建设的又一重要金融基础设施。

　　影像交换系统可以处理银行机构跨行和行内的支票影像信息交换，其资金清算通过中国人民银行覆盖全国的小额支付系统处理。支票影像业务的处理分为影像信息交换和业务回执处理两个阶段，即支票收款人开户银行通过影像交换系统将支票影像信息发送至出票人开户银行提示付款；出票人开户银行审核无误后将款项通过小额支付系统支付给收款人开户银行。支票影像交换传输系统架构如图 4－2－10 所示。

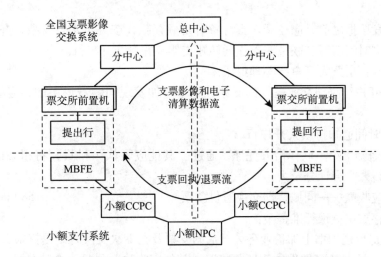

图中，MBFE指前置机系统；NPC指国家处理中心；CCPC指城市处理中心。

图 4－2－10　支票影像交换传输系统架构

教学活动 3　支 票 退 票

【活动目标】

掌握退票业务的操作方法与基本要领，能按照业务规程进行业务的具体操作。

【知识准备】

一、支票退票业务的操作流程

支票退票业务操作流程如图 4 - 2 - 11 所示。

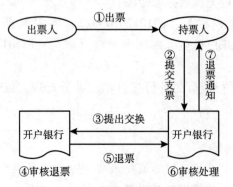

图 4 - 2 - 11　支票退票业务操作流程

二、支票退票业务的操作步骤

【例】陈淑桦（8310120108069）2012 年 6 月 22 日提交 3809 号转账支票与进账单，金额 58 000.00 元，支票系在南市支行开户的田晴纺织机械厂（8310620101053）6 月 17 日签发，支付货款。模拟银行辽金支行经办人员按规定为其办理相关业务手续。后该支票因存款不足被退票。

出票人签发票据之前，应在开户银行备有足额存款，按规定签发支票，并交予持票人，持票人应在规定时间填写三联进账单连同转账支票一并提交开户行。

业务步骤一：出票人开户行办理退票

1. 出票人开户行收到交换提入的支票，经审查如发现问题需退票的，应填制一式三联退票通知书。

2. 在约定时间通知持票人开户行。

3. 以退票通知书第一联作借方凭证，通过"其他应收款"科目，将相关信息录入业务处理系统办理转账。会计分录为：

借：其他应收款——同城票据交换暂付款项　　　　　　　　　　58 000.00
　　贷：存放中央银行准备金　　　　　　　　　　　　　　　　　　58 000.00

4. 在两联退票通知书上加盖业务公章后附支票及在下次交换时划退持票人开户行。

5. 退票时，填制转账借贷方凭证并销记"其他应收款"科目。会计分录为：

借：存放中央银行准备金　　　　　　　　　　　　　　　　　58 000.00
　　贷：其他应收款——同城票据交换暂付款项　　　　　　　　　　58 000.00

业务步骤二：持票人开户行处理退票

1. 持票人开户行收到退票通知，冲销"其他应付款"科目。会计分录为：

借：其他应付款——同城交换暂收款项　　　　　　　　　　　58 000.00
　　贷：存放中央银行准备金　　　　　　　　　　　　　　　　　58 000.00

2. 收到退回支票时，再冲减"其他应付款"账户，并将支票退交收款人。会计分录为：

借：其他应付款——××行户

　　贷：存放中央银行准备金（或清算资金往来）

3. 通知退票。持票人开户行将一联退票通知书连同支票退还持票人。

4. 银行经办人员在相关记账凭证上加盖转讫章及经办人员名章，作为办理业务的凭证与其他凭证一起装订保管。

【知识链接】 空头支票的行政处罚规定

依据《中华人民共和国行政处罚法》、《票据管理实施办法》的有关规定，由中国人民银行及其分支机构实施对签发空头支票出票人的行政处罚。

商业银行发现出票人有签发空头支票行为的，应立即填制"空头支票报告书"，将支票和其他足以证明出票人违规签发空头支票的资料复印并签章后作报告书附件，于当日最迟次日（节假日顺延）报送当地人民银行分支行支付结算管理部门（以下简称人民银行）。

人民银行收到"空头支票报告书"之日起3个工作日内进行核实，并作出是否进行行政处罚的决定。

1. 签发空头支票事实清楚、证据确凿的，应作出行政处罚。拟作出行政处罚决定的，应编制《中国人民银行行政处罚意见告知书》（以下简称《告知书》），送达被处罚人。

2. 签发空头支票事实不清、证据不足的，应提出纠正意见，将材料退回举报行。

人民银行在送达《告知书》之日起5个工作日内，未收到出票人陈述或申辩的书面材料的，或在对当事人提出的陈述或申辩意见复核后不予采纳的，应编制《中国人民银行行政处罚决定书》（以下简称《决定书》），送达被处罚对象。对于拟进行重大行政处罚决定的，出票人在收到《告知书》3日内，要求听证的，人民银行应组织听证。

罚款代收机构应根据《决定书》决定的罚款金额收取罚款。对逾期缴纳罚款的出票人，人民银行可每日按罚款数额的3%加处罚款，或填写《中国人民银行强制执行申请书》，向人民法院申请强制执行。罚款代收机构应将所收罚款就地全额缴入中央国库。

代收机构应于每季终了后3日内，将上季代收并缴入中央国库的各项罚款汇总，填制《空头支票罚款收入汇总表》，分送财政部驻各地财政监察专员办事机构和作出行政处罚决定的中国人民银行分支行。人民银行分支行应按月与委托的代收机构就罚款收入的代收情况进行对账，对未到指定代收机构缴纳罚款的，应责成被处罚单位和个人缴纳并加处罚款。

【活动练习】

1. 哪些情况会引起支票的退票？支票退票对持票人而言有何影响？

2. 模拟银行辽金支行当日发生下列业务：

（1）张天帅（8310120108086）提交进账单和转账支票1份，金额为78 100.00元，支票系在同城模拟银行第二支行开户的毕圣广告公司（8310220108067）1天前签发，支票号码为0873，支付购货款。审核无误予以处理，后该支票因印鉴不符被退票。

（2）票据交换提入转账支票一份。系赵德山（8310120108078）2 天前签发，支付在本市农行开户的福德家电批发市场（3185620108052）货款，金额 9 432 000 元，支票号码为8356，经查该单位存款只有 3 200 000 元，立即办理退票手续。

要求：以模拟银行辽金支行柜员身份进行相应业务的处理，包括凭证审核、业务数据录入、凭证盖章与凭证处理。

学习任务三　银行本票业务的处理

【学生的任务】

◇要求每位学生熟悉银行本票结算的规定

◇熟悉银行本票的凭证格式，掌握具体的填写要求

◇能按银行本票业务规定正确进行凭证审核，完成各环节的具体操作处理

【教师的任务】

◇指导学生上网查找银行本票的结算规定及操作处理等相关资料

◇讲解个人银行本票签发、兑付、结清等主要知识点

◇指导学生完成活动练习

教学活动 1　签发银行本票

【活动目标】

掌握个人银行本票签发业务的操作方法与基本要领，能按照本票业务规定完成银行本票签发业务的具体操作。

【知识准备】

一、银行本票的概念及基本规定

银行本票是银行签发的，承诺自己在见票时无条件支付确定的金额给收款人或持票人的票据。

银行本票的基本规定：

1. 单位和个人在同一票据交换区域需要支付的各种款项，均可以使用银行本票。

2. 银行本票的出票人为经中国人民银行当地分支行批准办理银行本票业务的银行机构。

3. 银行本票一律记名，允许背书转让；但填明"现金"的银行本票不能背书转让。

4. 银行本票的提示付款期限自出票日起最长不得超过 2 个月，到期日遇节假日顺延。逾期的银行本票，兑付银行不予受理。持票人超过提示付款期限提示付款的，代理付款人不予受理。

5. 银行本票可以用于转账，注明"现金"字样的银行本票可以用于支取现金。申请人和收款人均为个人的才可申请签发"现金"本票。申请人或收款人一方为个人的，不得签发现金银行本票。

6. 用于支取现金的银行本票仅限于向出票行或其系统内营业机构提示付款。

7. 签发银行本票必须记载下列事项：表明"银行本票"的字样；无条件支付的承诺；

确定的金额；收款人名称；出票日期；出票人签章。

　　8. 银行本票见票即付。

二、银行本票核算流程

银行本票的核算流程包括出票、付款和结清三个阶段，如图 4-3-1 所示。

图 4-3-1　银行本票的核算流程

三、签发银行本票的业务活动流程

签发银行本票活动流程如图 4-3-2 所示。

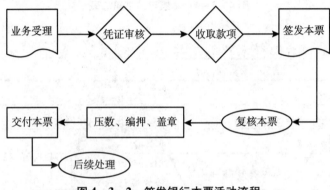

图 4-3-2　签发银行本票活动流程

四、签发银行本票的业务活动步骤

　　【例】2012 年 6 月 22 日，客户蒋里提交一式三联银行本票申请书（如图 4-3-3、图 4-3-4、图 4-3-5 所示）申请签发银行本票，金额 23 600.00 元，收款人林永健。经办人员按规定为其办理银行本票签发手续。

模拟银行 银行本票委托书（存根）1　　第　　号

申请日期　2012 年　6 月　22 日

申请人	蒋里		收款人	林永健									
账号或住址	沈阳市沈北新区建设南一路		账号或住址	沈阳市黄河大街101号									
用途	劳务费		兑付银行(06)										
本票金额	人民币(大写)	贰万叁仟陆百元整	转讫 2012.06.22 模拟银行 辨零耳禈	千	百	十	万	千	百	十	元	角	分
						¥	2	3	6	0	0	0	0
备注													
			财务主管　　复核　　经办										

此联申请人留存

图 4-3-3　本票申请书第一联

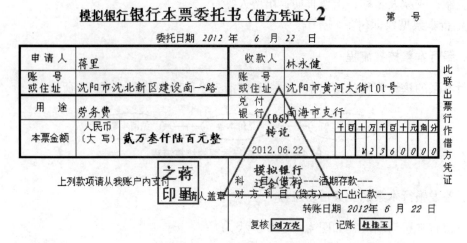

图 4-3-4　本票申请书第二联

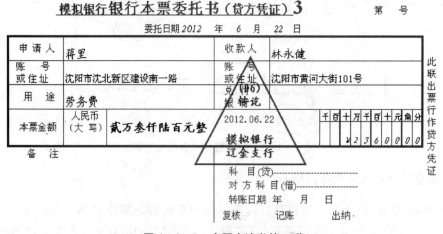

图 4-3-5　本票申请书第三联

申请人提交"银行本票申请书",第一联为申请人回单,第二联为银行借方凭证,第三联为贷方凭证。填明收款人名称、申请人名称、支付金额、申请日期等事项并签章。申请人和收款人均为个人,需要支取现金的,应在"支付金额"栏先填写"现金"字样,之后填写支付金额。

1. 业务受理与凭证审核。

出票银行经办人员收到三联银行本票申请书。应认真审核:

(1) 申请书填写的各项内容是否符合要求。

(2) 申请书要素填写是否齐备。

(3) 申请日期、收款人账号户名及出票金额等重要事项是否涂改。

(4) 金额填写是否规范,大小写是否一致。

(5) 加盖的印鉴章与该单位预留印鉴是否一致等。

(6) 申请书注明"现金"字样的,申请人和收款人是否均为个人。

（7）申请人声明本票不得转让的，是否在"备注"栏内注明"不得转让"字样。

2. 收取款项交易处理。

（1）转账交付款项。

审查申请书无误后转账交付的，以申请书第二联作借方传票，第三联作贷方传票，将相关信息录入业务处理系统办理转账。会计分录为：

借：活期存款——金龙集团　　　　　　　　　　　　　　273 600.00
　　贷：开出本票　　　　　　　　　　　　　　　　　　　　　273 600.00

（2）现金交付款项。

用现金签发本票的，点收现金后，申请书第二联注销，以第三联作贷方传票。会计分录为：

借：现金　　　　　　　　　　　　　　　　　　　　　　273 600.00
　　贷：开出本票　　　　　　　　　　　　　　　　　　　　　273 600.00

3. 签发银行本票。

收取款项后，出票银行签发一式两联银行本票（如图4-3-6所示），第一联卡片，第二联本票。

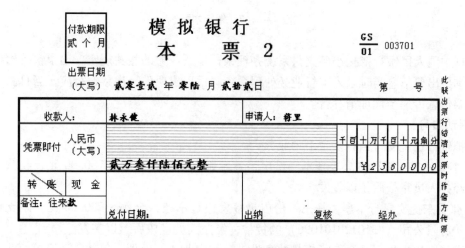

图4-3-6　银行本票

签发银行本票时要注意：

（1）出票日期和金额必须大写。

（2）申请人申请签发转账本票的，应将本票上的现金字样划去。

（3）银行本票申请书上注明"不得转让"字样的，应在银行本票备注栏内注明。

4. 银行本票复核、压数、编押、盖章并交付。

签发的银行本票经复核无误后，经办人员在银行本票第二联上用压数机压印、计算机打印或手写方式将小写金额记载在"人民币（大写）"栏右端，按规定程序加编本票密押，密押记载在"出纳复核经办"栏内。

银行本票加盖银行本票专用章并由授权的经办人签名或盖章后交申请人，送别客户。

5. 后续处理。

银行经办人员在相关记账凭证上加盖转讫章及经办人员名章（如图 4 - 3 - 7 所示），作为办理业务的凭证与其他凭证一起装订保管。将第一联卡片加盖经办、复核人员名章后专夹保管。销记重要空白凭证登记簿。

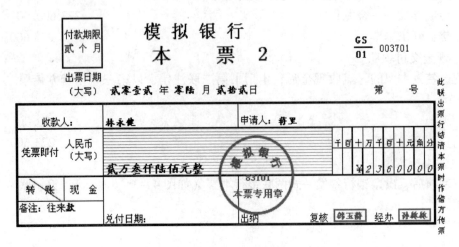

图 4 - 3 - 7　银行本票

根据中国人民银行依托小额支付系统办理银行本票业务的相关规定，出票银行出票后应将银行本票出票信息实时录入本行业务处理系统。代理出票的，出票银行应于当日内将银行本票出票信息传递至代理清算行。

【活动练习】

模拟银行辽金支行当日发生下列业务：

1. 李亚林提交银行本票委托书一份申请签发银行本票，金额 6 700.00 元，收款人为荣海兰。经办人员审核后予以签发。

2. 张明东提交银行本票委托书一份申请签发银行本票，金额 8 200.00 元，系支付给在汇源电子有限公司（8310120101096）的货款，经办人员审核后予以签发。

要求：以模拟银行辽金支行柜员的身份进行相应业务的处理，包括凭证审核、业务数据录入、凭证盖章与凭证处理。

教学活动 2　兑付银行本票

【活动目标】

掌握个人银行本票代理付款行兑付业务的操作方法与基本要领，能按照业务规程进行银行本票兑付业务的具体操作。

【知识准备】

一、银行本票代理付款行兑付业务的操作流程

银行本票代理付款行兑付业务操作流程如图 4 - 3 - 8 所示。

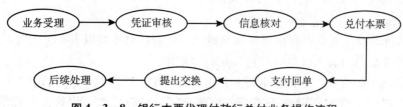

图4-3-8　银行本票代理付款行兑付业务操作流程

二、银行本票代理付款行兑付业务的操作步骤

【例】开户单位虹桥机电设备公司（8310120101047）2012年6月22日提交进账单和#3612号银行本票，金额为75 000.00元，本票系在盛京银行中山支行开户的诚达信息咨询有限公司（5035220109017）6月5日申请签发，支付货款。模拟银行辽金支行经办人员按规定为其办理兑付手续。

业务情况一：转账银行本票

持票人应填写三联进账单（如图4-3-9所示）连同银行本票（如图4-3-10所示）一并送交代理付款行。

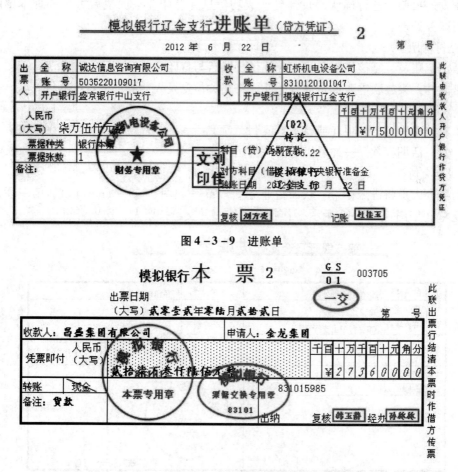

图4-3-9　进账单

图4-3-10　银行本票

1. 审核凭证。

代理付款行的经办人员收到银行本票与进账单后应认真审核以下有关内容：

（1）银行本票是否真实，是否超过提示付款期限。

（2）本票填明的持票人是否在本行开户，与进账单上的名称是否一致。

（3）本票必须记载的事项是否齐全，出票金额、出票日期、收款人名称等是否更改，其他记载事项的更改是否由原记载人签章证明。

（4）出票行的签章是否符合规定，加盖的票据专用章是否与印模相符。

（5）压数机压印的小写金额是否由统一制作的压数机压印，与大写的金额是否一致；若采用计算机打印或手工填写小写出票金额的，也应审核大小写出票金额是否一致。

（6）银行本票是否填写密押，密押是否正确。

（7）持票人是否在本票背面"持票人向银行提示付款签章"处签章，背书转让的本票是否按规定的范围转让，其背书是否连续，签章是否符合规定，背书使用粘单的是否按规定在粘接处签章。

2. 信息核对。

审核无误后，代理付款行的经办人员应将本票信息录入计算机系统，电子信息通过小额支付系统发送出票行进行确认，收到确认成功信息并打印业务回执后方可办理本票解付手续，进行账务处理。

3. 兑付本票。

本票由记账员、复核员签章并记载兑付日期后与打印的业务回执一起作为解付银行本票科目凭证附件，第二联进账单作贷方凭证。将相关信息录入业务处理系统办理转账。会计分录为：

借：存放中央银行款项（或待清算支付款项）　　　　　　　　　75 000.00

贷：活期存款——虹桥机电设备公司　　　　　　　　　　　　　　　75 000.00

4. 回单交付。

银行经办人员将进账单第一联加盖业务受理章（如图 4-3-11 所示）、第三联进账单加盖转讫章（如图 4-3-12 所示）作收账通知一并交给持票人，送别客户。

图 4-3-11　进账单第一联

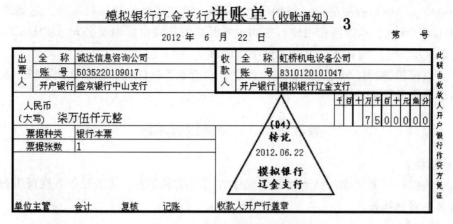

图 4 - 3 - 12 进账单第三联

5. 提出交换。

在本票上加盖"票据交换"章，通过票据交换向签发行提出清算。兑付行和签发行如为同一银行系统内不同行处，使用分行辖内往来清算差额；兑付行和签发行如为不同银行系统的行处，则由人民银行负责票据交换，由人民银行清算差额。

6. 后续处理。

小额支付系统银行本票资金清算时，代理付款行行内系统收到小额支付系统发来的已清算通知后进行账务处理。其会计分录为：

借：存放中央银行款项　　　　　　　　　　　　　　　75 000.00
　　贷：待清算支付款项　　　　　　　　　　　　　　　　　　75 000.00

银行经办人员在相关记账凭证上加盖转讫章及经办人员名章，作为办理业务的凭证与其他凭证一起装订保管。

业务情况二：现金银行本票

1. 凭证审核。

代理付款行接到持票人交来的注明"现金"字样的本票时，抽出专夹保管的本票卡片或存根，经核对相符并确属本行签发，同时，还必须认真审查本票上填写的申请人和收款人是否均为个人，收款人在本票背面"持票人向银行提示付款签章"处是否签章并注明身份证件名称、号码及发证机关等。

2. 支付现金。

审查无误后，办理付款手续，以本票作借方传票，卡片联作附件。先将款项转入"应解汇款"科目，再与"现金"科目对转。会计分录为：

借：存放中央银行款项（或清算资金往来）
　　贷：应解汇款
借：应解汇款
　　贷：现金

【活动练习】

模拟银行辽金支行当日发生下列业务：

开户单位美达电器有限公司（8310120101086）提交进账单和银行本票，进账单及本票金额为 39 000.00 元，本票系在市建行东四支行开户的福特电器商贸公司（4021820105028）3 天前申请签发，支付购货款，审核无误予以处理。

要求：以模拟银行辽金支行柜员的身份进行相应业务的处理，包括凭证审核、业务数据录入、凭证盖章与凭证处理。

教学活动 3　结清银行本票

【活动目标】

掌握个人银行本票出票行结清业务的操作方法与基本要领，能按照业务规程进行银行本票结清业务的具体操作。

【知识准备】

一、银行本票出票行结清业务的操作流程

银行本票出票行结清业务操作流程如图 4 - 3 - 13 所示。

图 4 - 3 - 13　银行本票出票行结清业务操作流程

二、银行本票出票行结清业务的操作步骤

【例】2012 年 6 月 28 日模拟银行辽金支行经办人员收到本市农行虹桥支行发来的已兑付银行本票信息，金额 273 600.00 元，原申请人为本行开户单位金龙集团（8310120102069）2012 年 6 月 22 日申请签发，系支付给在本市农行虹桥支行开户的昌盛集团有限公司（31863120109063）的货款。经办人员按规定办理本票结清手续。

1. 票据审核。

出票银行接到本票（或收到发来的已兑付银行本票信息）时，应抽出专夹保管的本票卡片进行核对。

2. 账务处理。

（1）接到同城票据交换的本票的处理。经核对无误并确属本行签发，则以本票作借方传票，卡片作为附件，办理转账。会计分录为：

借：本票　　　　　　　　　　　　　　　　　　273 600.00

　　贷：存放中央银行款项（或清算资金往来）　　　　　273 600.00

（2）如签发行和兑付行为同一行处，则在兑付时直接结清"本票"科目，无须通过票据交换。会计分录为：

借：本票

　　贷：活期存款——收款人户（或贷：库存现金）

3. 后续处理。

银行经办人员在相关记账凭证上加盖转讫章及经办人员名章，作为办理业务的凭证与其他凭证一起装订保管。

三、银行本票退款的处理

1. 提示申请人提交进账单及身份证明。申请人因本票超过提示付款期限或其他原因要求出票行退款时，应填制一式两联进账单连同本票交给出票行，并提交有关证明或身份证件。

2. 审核无误，办理转账。出票行经与原专夹保管的银行本票卡片核对相符后，即在本票上注明"未用退回"字样，超过提示付款期的，则在银行本票上注明"逾期付款"字样。第二联进账单作贷方凭证（如系退付现金，本联作借方凭证附件），本票作借方凭证，本票卡片或存根联作附件。会计分录为：

（1）持票人在出票行开户的，应填制两联进账单，第二联进账单作贷方凭证，本票作借方凭证。会计分录为：

借：本票

　　贷：活期存款——持票人户

（2）持票人未在出票行开户的，填制两联进账单，本票作借方凭证。会计分录为：

借：本票

　　贷：存放中央银行款项（或清算资金往来）

第一联进账单加盖"转讫"章作回单交给持票人。第二联进账单按票据交换规定提出交换。持票人开户行收到票据交换提入的进账单时，第二联进账单作贷方凭证。会计分录为：

借：存放中央银行款项（或清算资金往来）

　　贷：活期存款——持票人户

3. 交付回单。

第一联进账单加盖"转讫"章作收账通知交给申请人。

四、银行本票挂失的处理

确系填明"现金"字样的本票丧失，方可申请办理挂失手续。失票人可以填写"挂失止付通知书"并签章后，向出票行挂失止付。出票行接到失票人提交的挂失止付通知书后，应审查挂失止付通知书填写是否符合要求，并抽出原专夹保管的本票卡片核对，确属本行签发并确未注销时方可受理。出票行受理失票人挂失止付申请后，在计算机系统中登记挂失止付信息，凭以控制付款或退款。

【活动练习】

1. 银行支票与银行本票有何区别？

2. 模拟银行辽金支行当日发生下列业务：

（1）收到市农行票据交换来的银行本票解付信息。经核对，本票系在本行开户的美达电器有限公司（8310120101086）3 天前申请签发，收款人为在本市农行虹桥支行开户的福德家电批发市场（3186320108052），本票金额 34 800.00 元。审核无误后予以结清。

（2）开户单位汇源电子有限公司（83101201010096）填交银行本票与进账单，金额48 700.00 元，银行本票系本行开户单位海德集团有限公司（8310120105006）3 天前申请签发以支付货款，经办人员审核后予以结清。

要求：以模拟银行辽金支行柜员的身份进行相应业务的处理，包括凭证审核、业务数据录入、凭证盖章与凭证处理。

学习任务四　银行汇票业务操作处理

【学生的任务】

◇要求每位学生熟悉银行汇票结算的规定

◇熟悉银行汇票的凭证格式，掌握具体的填写要求

◇能按银行汇票业务规定正确进行各环节的具体操作处理

【教师的任务】

◇指导学生上网查找银行汇票的结算规定及操作处理等相关资料

◇讲解个人银行汇票签发、兑付、结清等主要知识点

◇指导学生完成活动练习

教学活动 1　签发银行汇票

【活动目标】

掌握个人银行汇票出票银行签发业务的操作方法与基本操作要领，能按照业务活动流程进行银行汇票签发业务的具体操作。

【知识准备】

一、银行汇票的概念及基本规定

银行汇票是出票银行签发的，由其在见票时按照实际结算金额无条件支付给收款人或持票人的票据。银行汇票的出票银行为银行汇票的付款人。

银行汇票的基本规定：

1. 单位和个人的各种款项结算，均可以使用银行汇票。

2. 签发银行汇票必须记载下列事项：表明"银行汇票"的字样；无条件支付的承诺；出票金额；付款人名称；收款人名称；出票日期；出票人签章。

3. 银行汇票的提示付款期限自出票日起 1 个月。如果逾期，则代理付款行不予受理。

4. 银行汇票可以转账也可以支取现金。申请人与收款人均为个人，并且交存现金办理的，可以申请签发现金银行汇票。

5. 转账银行汇票允许背书转让，转让时以实际结算金额为准。现金银行汇票不允许背书转让。

6. 银行汇票的实际结算金额不得更改，更改则汇票无效。银行汇票的实际结算金额低于出票金额的，其多余金额由出票银行退交申请人。

二、银行汇票的核算过程

银行汇票的核算过程包括出票、付款和结清三个阶段，如图 4 - 4 - 1 所示。

图 4 - 4 - 1　银行汇票的核算过程

三、银行汇票的特点

与其他银行结算方式相比，银行汇票结算方式具有如下特点：

1. 适用范围广。银行汇票是目前异地结算中较为广泛采用的一种结算方式。这种结算方式不仅适用于在银行开户的单位、个体经营户和个人，而且适用于未在银行开立账户的个体经营户和个人；而且银行汇票既可以用于转账结算，也可以支取现金。

2. 票随人走，钱货两清。实行银行汇票结算，购货单位交款，银行开票，票随人走；购货单位购货给票，销售单位验票发货，一手交票，一手交钱；银行见票付款。这样可以减少结算环节，缩短结算资金在途时间，方便购销活动。

3. 信用度高，安全可靠。银行汇票是银行在收到汇款人款项后签发的支付凭证，因而具有较高的信誉，银行保证支付，收款人持有票据可以安全及时地到银行支取款项。

4. 使用灵活，适应性强。实行银行汇票结算，持票人可以将汇票背书转让给销货单位，也可以通过银行办理分次支取或转让，另外还可以使用信汇、电汇或重新办理汇票转汇款项，有利于购货单位在市场上灵活地采购物资。

5. 结算准确，余款自动退回。单位持银行汇票购货，凡在汇票汇款金额之内的，可根据实际采购金额办理支付，多余款项将由银行自动退回，可以有效地防止交易尾欠的发生。

四、个人银行汇票出票银行签发业务的活动流程

个人银行汇票出票银行签发业务活动流程如图 4 - 4 - 2 所示。

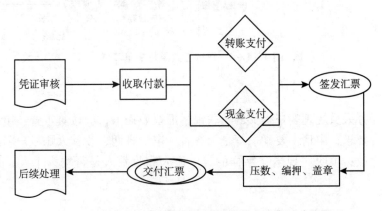

图 4 - 4 - 2　个人银行汇票出票银行签发业务活动流程

五、个人银行汇票出票银行签发业务的活动步骤

【例】客户吴欣 2012 年 6 月 22 日提交一式三联银行汇票委托书（如图 4 -4 -3、图 4 -4 -4、图 4 -4 -5 所示）申请签发银行汇票，金额 42 000.00 元，收款人李云龙，代理付款行为模拟银行长春友谊分行营业部（行号：83321）。经办人员按规定为其办理银行汇票签发业务。

模拟银行银行汇票委托书（存根）1　　第　号

申请日期　2012 年　6　月　22　日

申请人	吴欣		收款人	李云龙										
账号或住址	沈阳市沈北新区建设南一路七号		账号或住址	长春市哈尔滨路42号										
用途	货款		兑付银行	模拟银行长春友谊分行										
汇票金额	人民币（大写）	肆万贰仟元整		千	百	十	万	千	百	十	元	角	分	
						¥	4	2	0	0	0	0	0	

此联申请人留存

备　注　　　　科　目

对方科目

财务主管　　复核　　经办

图 4 -4 -3　银行汇票委托书第一联

模拟银行银行汇票委托书（借方凭证）2　　第　号

委托日期2012年　6　月　22　日

申请人	吴欣		收款人	李云龙										
账号或住址	沈阳市沈北新区建设南一路七号		账号或住址	长春市哈尔滨路42号										
用途	货款		兑付款行	模拟银行长春友谊分行										
汇票金额	人民币（大写）	肆万贰仟元整		千	百	十	万	千	百	十	元	角	分	
						¥	4	2	0	0	0	0	0	

此联出票行作借方凭证

上列款项请从我账户内支付

申请人盖章

科　目（借方）----------------------

对　方　科　目（贷方）----------------

转账日期　　年　月　日

复核　：　　记账：

图 4 -4 -4　银行汇票委托书第二联

1. 审核凭证。

出票银行经办人员受理客户提交的三联银行汇票委托书，应认真审查：申请书填写的各项内容是否符合要求；申请书要素填写是否齐备；申请日期、收款人账号户名及出票金额等重要事项是否涂改；填明“现金”字样的，申请人和收款人是否均为个人，并请申请人交存现金。

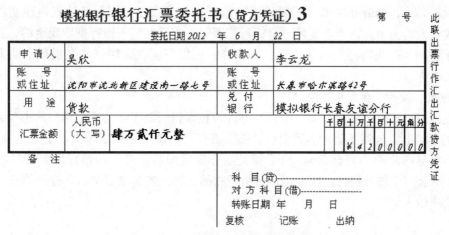

图4-4-5　银行汇票委托书第三联

2. 收取款项交易处理。

申请人交付现金的，申请书第二联注销作附件，第三联作现金收入传票（如图4-4-6所示），将相关信息录入业务处理系统办理转账。会计分录为：

借：现金　　　　　　　　　　　　　　　　　　　　　　　42 000.00

　　　贷：汇出汇款　　　　　　　　　　　　　　　　　　　　　　42 000.00

同时按照规定收取手续费。会计分录为：

借：现金

　　　贷：手续费收入

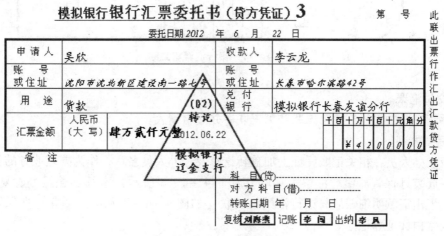

图4-4-6　银行汇票委托书

3. 签发银行汇票。

出票行经办人员收妥款项后，签发银行汇票。银行汇票一式四联，第一联卡片，第二联汇票，第三联解讫通知，第四联多余款收账通知。

出票银行签发银行汇票时，出票日期和金额必须大写；签发转账银行汇票的，一律不得填写付款行名称，申请书注明"不得转让"字样的，应在银行汇票备注栏内注明。如果申请人和收款人均为个人，要求签发现金银行汇票时，需要在汇入银行支取现金的，要在汇票上的"汇款金额"大写栏先填写"现金"字样，后填写汇款金额，并在银行汇票上填明代理付款人名称。

4. 压数、编押、盖章。

签发的银行汇票经复核无误，银行经办人员在银行汇票实际结算金额栏的小写金额上方用压数机压印出票金额（随着实践发展，部分银行已取消压数机压印出票小写金额的规定，改用计算机打印出票小写金额），根据相关业务规定编制密押，在银行汇票第二联（如图4-4-7所示）上加盖银行汇票专用章并由授权的经办人签名或盖章后，连同第三联银行汇票一并交申请人。

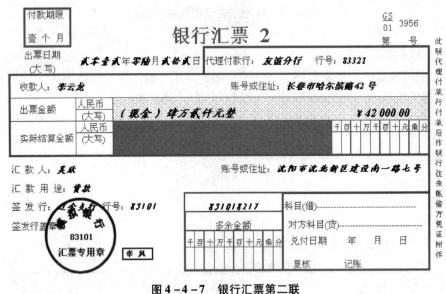

图4-4-7 银行汇票第二联

5. 交付汇票。

将手续齐全的银行汇票第二联和第三联一并交申请人。

6. 后续处理。

银行经办人员在相关记账凭证上加盖转讫章及经办人员名章，作为办理业务的凭证与其他凭证一起装订保管。银行汇票第一联（如图4-4-8所示）卡片加盖经办、复核名章，逐笔登记汇出汇款明细账后与银行汇票第四联（如图4-4-9所示）一并专夹保管。同时销记重要空白凭证登记簿。

付款期限
壹 个 月

GS/01 3956

银行汇票（卡片）1

第　号

出票日期（大写）：贰零壹贰年零捌月贰拾贰日　代理付款行：友谊分行　行号：82321

收款人：李云龙		账号或住址：长春市哈尔滨路42号
出票金额	人民币（大写）	（现金）肆万贰仟元整　¥42 000.00
实际结算金额	人民币（大写）	千 百 十 万 千 百 十 元 角 分

汇 款 人：吴献　　账号或住址：沈阳市沈北新区建设南一路七号

汇款用途：货款

签 发 行：模拟银行辽金支行　行号：83101

科目(借)--------------------
对方科目(贷)--------------------
销账日期　年　月　日
复核　记账

复核 [illegible]　经办 [illegible]

此联签发行结清汇票时作汇出汇款科目借方凭证

图4-4-8　银行汇票第一联

付款期限
壹 个 月

GS/01 3956

银行汇票（多余款收账通知）4

第　号

出票日期（大写）：贰零壹贰年零捌月贰拾贰日　代理付款行：友谊分行　行号：82321

收款人：李云龙		账号或住址：长春市哈尔滨路42号
出票金额	人民币（大写）	（现金）肆万贰仟元整　¥42 000.00
实际结算金额	人民币（大写）	千 百 十 万 千 百 十 元 角 分

汇 款 人：吴献　　账号或住址：沈阳市沈北新区建设南一路七号

汇款用途：货款

签 发 行：模拟银行辽金支行　行号：83101

多余金额									
千	百	十	万	千	百	十	元	角	分

左联退回多余金额已收入你账户内

年　月　日　　财务主管　复核　记账

此联签发行结清后交申请人

图4-4-9　银行汇票第四联

【知识链接】银行汇票在流通中的注意事项

一、个人接收银行汇票应审查的内容

个人接到购货单位或债务人交来的银行汇票时，应审查下列内容：

1. 必须记载的事项是否齐全、汇票号码和记载的内容是否一致；

2. 收款人是否确为本单位或本人；

3. 银行汇票在提示付款期限内，出票日期、出票金额、收款人名称是否更改，更改的其他记载事项是否由原记载人签章证明；

4. 出票人签章是否符合规定，是否有压数机压印的出票金额，并与大写出票金额一致；

5. 银行汇票和解讫通知是否齐全；

6. 背书是否连续。

收款人为被背书人的，受理银行汇票时，除按照上述的规定审查外，还应审查下列事项：

1. 银行汇票是否记载实际结算金额，有无更改，其金额是否超过出票金额；

2. 背书是否连续，背书人签章是否符合规定，背书使用粘单的是否按规定签章；

3. 背书人为个人的身份证件。

单位和个人受理银行汇票时，应在出票金额以内，根据实际需要的款项办理结算，并将实际结算金额和多余金额准确、清晰地填入银行汇票和解讫通知的有关栏内。

银行汇票的背书转让以实际结算金额为准。

应当注意：银行汇票的实际结算金额不得更改，更改实际结算金额的银行汇票无效。银行汇票的实际结算金额超过票面金额的，被背书人或代理付款人（银行）不予受理，实际上也是无效。未填明实际结算金额和多余金额的银行不予受理也不得转让。

二、个人向银行提示付款

个人持银行汇票向银行提示付款时，必须同时提交银行汇票和解讫通知，缺少任何一联，银行不予受理。

在银行开立账户的收款人或持票人向银行提示付款时，应在汇票背面签章，签章须与预留银行签章相同，连同解讫通知、进账单送交开户银行，银行审查无误后办理转账。

未在银行开立账户的收款人或持票人向银行提示付款时，应在汇票背面签章，注明本人身份证件名称、号码及发证机关，并交验本人身份证件，留下身份证件复印件，留存备查。

收款人或持票人需委托他人向银行提示付款的，应在汇票背面签章，注明身份证件名称、号码、发证机关和"代理"字样以及代理人姓名。代理人向银行提示付款时，也应在汇票背面签章、注明证件名称、号码及发证机关，并同时交验代理人、被代理人的身份证件，留下身份证件复印件，留存备查。

分次支取的，应以收款人或持票人的姓名开立应解汇款及临时存款账户。收款人或持票人支取款项时，应填制支款凭证，由本人签章并由本人交验其身份证件。应解汇款及临时存款户只付不收，付完清户，不计付利息。

【活动练习】

模拟银行辽金支行当日发生下列业务：

1. 张丽华提交银行汇票委托书申请签发银行汇票，金额 372 300.00 元，支付货款，收款人为巩新亮，兑付行为厦门站前支行（行号：83601），本行审核后予以签发。

2. 蔡东藩提交银行汇票委托书申请签发银行汇票，金额 83 000.00 元，兑付行为模拟银行兴州市支行（行号：83206），收款人为郭凡生，本行审核后予以签发。

要求：以模拟银行辽金支行柜员的身份进行相应业务的处理，包括凭证审核、业务数据录入、凭证盖章与凭证处理。

教学活动 2 兑付银行汇票

【活动目标】

掌握个人银行汇票代理付款行兑付业务的操作方法与基本操作要领，能按照业务规程进行银行汇票兑付业务的具体操作。

【知识准备】

一、代理付款行兑付银行汇票的操作流程

代理付款行兑付银行汇票的操作流程如图 4 - 4 - 10 所示。

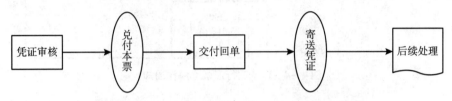

图 4 - 4 - 10　代理付款行兑付银行汇票的操作流程

二、代理付款行兑付银行汇票的操作步骤

【例】 客户张晓丹提交现金银行汇票和进账单（如图 4 - 4 - 11、图 4 - 4 - 12、图 4 - 4 - 13 所示），申请兑付现金，汇票系模拟银行南海市支行（行号：83136）2012 年 6 月 5 日签发，汇票申请人为张立国，金额为 28 300.00 元。模拟银行辽金支行经办人员按规定为其办理兑付手续。

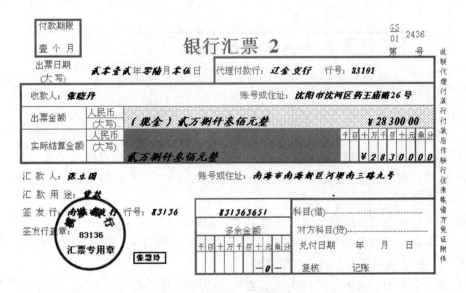

图 4 - 4 - 11　银行汇票

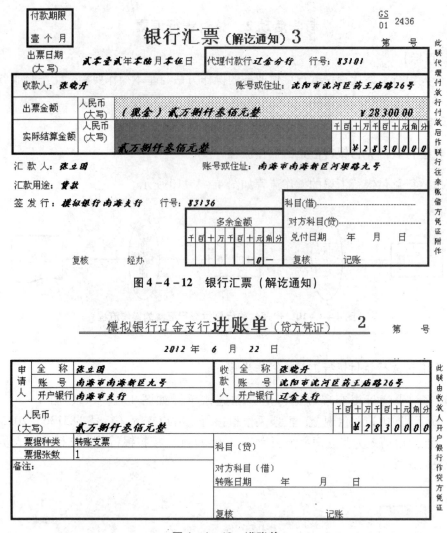

图 4 - 4 - 12　银行汇票（解讫通知）

图 4 - 4 - 13　进账单

1. 凭证审核。

代理付款行经办人员收到凭证后应认真审核以下有关内容：

（1）汇票和解讫通知是否齐全，汇票号码和记载的内容是否一致，有无涂改。

（2）汇票是否是统一规定印刷的凭证，汇票是否真实，是否超过提示付款期限。

（3）汇票填明的持票人是否在本行开户，持票人名称是否为该持票人，与进账单上的名称是否一致。

（4）出票行的签章是否符合规定，加盖的汇票专用章是否与印模相符。

（5）汇票必须记载的事项是否齐全，出票金额、出票日期、收款人名称等是否更改，其他记载事项的更改是否有出票行签章证明。

（6）使用密押的，密押是否正确；压数机压印的出票金额是否由统一制作的压数机压印，与大写的出票金额是否一致；若采用计算机打印小写出票金额的，也应审核大小写出票金额是否一致。

（7）汇票的实际结算金额大小写是否一致，是否在出票金额以内。与进账单填写的金额是否一致，多余金额结计是否正确。如果全额进账，必须在汇票和解讫通知的实际结算金额栏内填入全部金额，多余金额栏填写"—0—"。

（8）汇票必须记载的事项是否齐全，出票金额、实际结算金额、出票日期、收款人名称等是否更改，其他记载事项的更改是否由原记载人签章证明。

（9）持票人是否在背面"持票人向银行提示付款签章"处签章，背书转让的汇票是否按规定的范围转让，其背书是否连续，签章是否符合规定，背书使用粘单的是否按规定在粘接处签章。

（10）未在本行开户的持票人交来银行汇票、解讫通知和三联进账单时，还必须审查持票人的身份证件，并要求提交持票人的身份证件复印件留存备查。

2. 兑付汇票。

银行经办人员将审核无误的银行汇票应根据不同情况分别处理。

（1）持票人在本行开立个人结算账户的。

经审查无误后，在进账单第一联上加盖业务受理章后交给持票人，作为业务受理证明。记账单第二联作贷方凭证（如图4-4-14所示），汇票第二联作借方凭证（如图4-4-15所示），将相关信息录入业务处理系统办理转账。会计分录为：

借：清算资金往来　　　　　　　　　　　　　　　28 300.00

　　贷：活期存款——××持票人户　　　　　　　　　　　　28 300.00

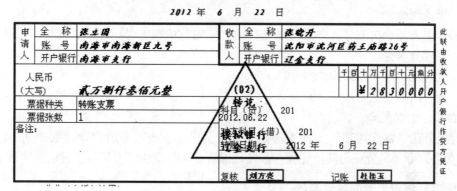

图4-4-14　记账单第二联

（2）持票人未在本行开立个人结算账户的。

审核无误后，以持票人姓名开立"应解汇款"账户，并在该分户账上填明汇票号码以备查考，以第二联进账单作贷方传票，汇票第二联作借方凭证附件，办理转账。会计分录为：

借：清算资金往来　　　　　　　　　　　　　　　28 300.00

　　贷：应解汇款——张晓丹户　　　　　　　　　　　　　28 300.00

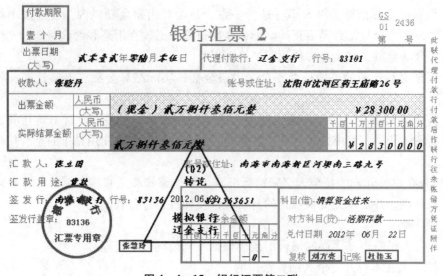

图4-4-15　银行汇票第二联

持票人需要支取现金的，代理付款行经审查汇票为现金汇票，申请人、收款人均为个人以及代理付款行名称确为本行的，可以办理现金支付手续，超过柜员权限的，需要主管柜员授权。

非现金汇票需要支取现金的，由代理付款行按照现金管理规定审查支付，另填一联现金借方传票。会计分录为：

　　借：应解汇款——张晓丹户　　　　　　　　　　　　　　　28 300.00
　　　　贷：现金　　　　　　　　　　　　　　　　　　　　　　28 300.00

如果持票人需一次或分次办理转账支付的，应由其填制支付凭证，并向银行交验本人身份证件。会计分录为：

　　借：应解汇款——持票人户
　　　　贷：活期存款——××户

3. 盖章、后续处理。

银行柜员在"解讫通知"上加盖转讫章或现金付讫章或业务清讫章（如图4-4-16所示），作为办理业务的凭证与其他凭证一起装订保管，同时按规定将汇票解付信息通知出票行。

【知识链接】银行汇票的注意事项

银行接到在本行或未在本行开户的持票人（或为个人）交来的跨系统银行签发的银行汇票的付款，应按相关审查内容进行审查和按规定办理，无误后应通过同城票据交换将汇票和解讫通知提交给同城有关的代理付款行审核支付后抵用；省、自治区、直辖市内和跨省、市的经济区域内，按照有关的规定办理。

代理付款行收到未在银行开户的收款人或持票人提交的汇票、解讫通知，除按相关的要求认真审查外，还必须认真审查收款人或持票人的身份证件，收款人或持票人在汇票上背书以及注明证件名称、号码、发证单位，并要求提交持票人身份证件复印件留存备查。审查无误后办理付款手续，并一律通过应解汇款及临时存款科目核算，并在该科目分户账上填明汇票号码，以备查考。

收款人或持票人需要一次或分次办理支付的，另填制一联特种转账贷方凭证办理转账。

银行对收款人或持票人要求支取现金时，除按要求必须认真审查汇票各项内容外，还须审查汇票上有出票银行按规定填明的"现金"字样，查验持票人和被委托人的身份证件，在汇票背面是否作委托收款背书及填写身份证件号码、发证机关，并要求提交身份证件复印件留存备查，审查无误后才能办理。未填明"现金"字样，需要支取现金的，由兑付银行按照现金管理规定审查支付。

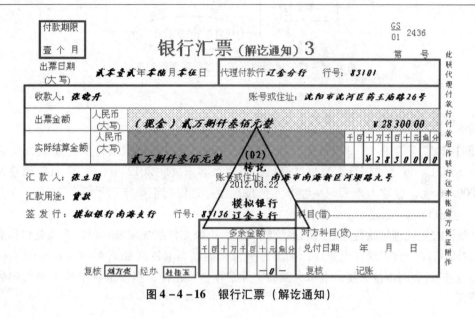

图 4-4-16 银行汇票（解讫通知）

【活动练习】

模拟银行辽金支行当日发生下列业务：

1. 张晓晨提交进账单和现金银行汇票，申请兑付现金，汇票金额为 24 800.00 元，汇票系南海市支行（81136）签发，汇票申请人为高峰。

2. 张扬提交进账单和现金银行汇票，申请兑付现金，汇票金额为 46 500.00 元，汇票系泰州市新华路支行（83207）签发，汇票申请人为黄晓东。

要求：以模拟银行辽金支行柜员的身份进行相应业务的处理，包括凭证审核、业务数据录入、凭证盖章与凭证处理。

教学活动 3　银行汇票结清

【活动目标】

掌握个人银行汇票出票银行结清业务的操作方法与基本要领，能按照业务规程进行银行汇票结清业务的具体操作。

【知识准备】

一、出票银行结清银行汇票的活动流程

出票银行结清银行汇票活动流程如图 4-4-17 所示。

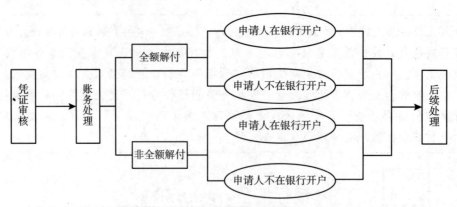

图 4 - 4 - 17　出票银行结清银行汇票活动流程

二、出票银行结清银行汇票的活动步骤

【例】2012 年 7 月 12 日模拟银行辽金支行经办人员收到模拟银行长春友谊分行营业部（行号：83321）发来的银行汇票兑付信息，汇票系客户吴欣 2012 年 6 月 22 日申请签发的金额 42 000.00 元，收款人李云龙，经办人员按规定办理银行汇票结清手续。

1. 凭证审核。

出票行收到代理付款行通过网内系统或大额、小额支付系统发来的银行汇票兑付信息，经审核无误后打印资金汇划补充凭证，抽出专夹保管的汇票卡片（如图 4 - 4 - 18、图 4 - 4 - 19 所示），经核对确属本行签发，报单金额与实际结算金额相符，多余金额结计正确无误后，分情况处理。

图 4 - 4 - 18　银行汇票

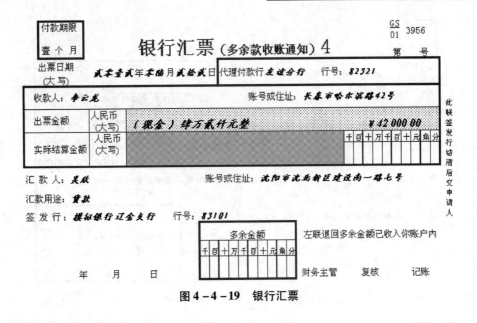

图 4 - 4 - 19　银行汇票

2. 账务处理。

（1）汇票全额付款。

出票行经办人员应在汇票卡片的实际结算金额栏填入全部金额，在多余款收账通知的多余金额栏填写"—0—"，汇票卡片作借方凭证（如图 4 - 4 - 20 所示），解讫通知（或资金汇划补充凭证）（如图 4 - 4 - 21 所示）与多余款收账通知（如图 4 - 4 - 22 所示）作借方凭证附件，将相关信息录入业务处理系统办理转账。会计分录为：

借：汇出汇款　　　　　　　　　　　　　　　　　　　　　　　42 000.00

　　贷：清算资金往来　　　　　　　　　　　　　　　　　　　　　42 000.00

同时销记"汇出汇款登记簿"。

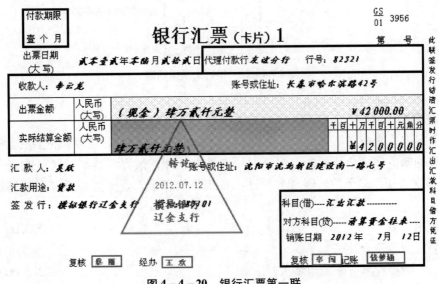

图 4 - 4 - 20　银行汇票第一联

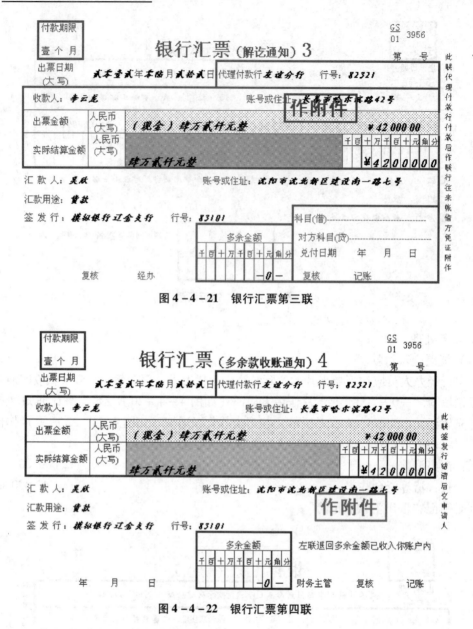

图 4-4-21 银行汇票第三联

图 4-4-22 银行汇票第四联

（2）非全额付款。

出票行经办人员应在汇票卡片的实际结算金额栏填写实际结算金额，将多余金额填写在多余款收账通知的多余金额栏内，汇票卡片作借方凭证；银行汇票第三联（或资金汇划补充凭证）解讫通知作多余款转账贷方凭证；将相关信息录入业务处理系统办理转账。会计分录为：

借：汇出汇款   42 000.00

     贷：清算资金往来   40 000.00

        活期存款——原申请人户   2 000.00

在多余款收账通知的多余金额栏填写多余金额，并加盖转讫章，通知申请人。

同时销记"汇出汇款登记簿"。

如果原申请人未在银行开立个人结算账户，多余金额应先转入"其他应付款"科目，以解讫通知代"其他应付款"科目贷方传票，办理转账。会计分录为：

借：汇出汇款　　　　　　　　　　　　　　　　　　　　　42 000.00

　　贷：清算资金往来　　　　　　　　　　　　　　　　　　40 000.00

　　　　其他应付款——原申请人户　　　　　　　　　　　　2 000.00

同时销记汇出汇款账，并通知申请人持申请书存根及本人身份证件来行办理取款手续。银行付款时，以多余款收账通知代"其他应付款"科目借方传票，办理转账。会计分录为：

借：其他应付款——申请人户　　　　　　　　　　　　　　2 000.00

　　贷：现金　　　　　　　　　　　　　　　　　　　　　　2 000.00

3. 后续处理。

银行经办人员在相关记账凭证上加盖转讫章及经办人员名章，作为办理业务的凭证与其他凭证一起装订保管，将第四联多余款收账通知加盖转讫章作收账通知交申请人，同时销记"汇出汇款登记簿"。

三、银行汇票未用退回处理

申请人由于汇票超过付款期限或其他原因要求退款时，出票行操作过程如下：

1. 提请申请人交回汇票和解讫通知，并提交证明或身份证件。

2. 审核凭证与证件。

出票行经与原专夹保管的汇票卡片核对无误，在汇票和解讫通知的实际结算金额大写栏填写"未用退回"字样。多余款收账通知的多余金额栏填入原出票金额。

3. 办理转账。

汇票卡片作借方传票，汇票作附件；解讫通知作贷方传票（如系退付现金，即作为借方传票的附件），办理转账。会计分录为：

借：汇出汇款

　　贷：活期存款——申请人户

（或贷：现金）

同时销记汇出汇款账。在多余款收账通知上加盖"转讫"章作收账通知，交给申请人。

申请人由于汇票和解讫通知短缺了一联而不能在代理付款地办理结算时，需备函向出票行说明短缺原因，并交回持有的一联凭证，出票行可比照退款操作程序办理退款。

四、银行汇票超过提示付款期限的处理

1. 向出票行作出说明。

银行汇票的提示付款期限是自出票日起一个月。持票人超过提示付款期限提示付款的，代理付款人不予受理；但持票人在票据权利时效内（自出票日起两年）向出票行作出说明，提供本人身份证件或单位证明，并提交汇票和解讫通知。持票人为个人的，还应交验本人身份证件。

2. 出票行审核。

出票行经与原专夹保管的汇票卡片核对无误，多余金额结计正确后，即在汇票和解讫通

知的备注栏填写"逾期付款"字样，并一律通过"应解汇款"科目核算。

具体处理如下：

（1）汇票全额付款。出票行应在汇票卡片的实际结算金额栏填入全部金额，在多余款收账通知的多余金额栏填写"—0—"，汇票卡片作借方凭证，解讫通知作贷方凭证，多余款收账通知作贷方凭证附件，办理转账。会计分录为：

借：汇出汇款

　　贷：应解汇款——持票人户

同时销记"汇出汇款登记簿"，并根据持票人填写的汇款凭证或汇票申请书，将款项划转持票人开户行。会计分录为：

借：应解汇款——持票人户

　　贷：清算资金往来

（或贷：汇出汇款）

（2）汇票有多余款的。出票行应在汇票卡片的实际结算金额栏填写实际结算金额，将多余金额填写在多余款收账通知的多余金额栏内，汇票卡片作借方凭证，解讫通知作多余款转账贷方凭证，另填制一联特种转账贷方传票办理转账。会计分录为：

借：汇出汇款

　　贷：应解汇款——持票人户

　　　　活期存款——原申请人户

同时销记"汇出汇款登记簿"，将第四联多余款收账通知加盖转讫章作收账通知交原申请人。向持票人付款的手续同前。

【知识链接】汇票其他业务处理

一、挂失止付规范操作

《票据法》第十五条规定：票据丧失，失票人可以及时通知票据的付款人挂失止付，但是，未记载付款人或者无法确定付款人及其代理付款人的票据除外。收到挂失止付的付款人，应当暂停支付。失票人应当在通知止付后3日内，也可以在票据丧失后，依法向人民法院申请公示催告，或者向人民法院提出诉讼。

以下介绍的挂失止付操作程序适用于各类票据，请比照执行。

从《票据法》规定，可以看出银行汇票挂失的范围：即，没有在汇票上确定具体代理行（兑付行）的汇票不能挂失，也不可以向人民法院申请公示催告。《票据法》、《支付结算会计核算手续》规定，确系填明"现金"字样和代理付款行的汇票丧失，之所以要通知止付人到代理付款行或签发行挂失，因为填明"现金"字样的汇票必须有指定的兑付行、付款行和已确定的代理付款行，可以直接挂失，法院也方便直接发出止付通知书。否则，具有"满天飞"性质的汇票，是无法挂失和发出通知的。

票据法律、法规规定，持票人丧失票据后可以按照《票据法》的规定及时通知付款人或者代理付款人挂失止付。但应填写挂失止付通知书并签章。挂失止付通知书应记载下列事项：一是票据丧失的时间、地点、原因；二是票据种类、号码、金额、出票日期、付款日期、付款人名称、收款人名称；三是挂失止付人的名称、营业场所或者住所以及联系办法。欠缺上述记载事项之一的，银行不予受理。

因此失票人在票据丧失后，应当提交三联挂失止付通知书，到代理付款行或出票行办理挂失。《票据管理实施办法》规定，付款人或代理付款人收到挂失止付通知书，应当立即暂停支付。但自收到挂失止付通知书之日起 12 日内没有收到人民法院的止付通知书的，自第 13 日起，失票人的挂失止付通知书失效。因此代理行或出票行应分别做如下处理：

1. 付款人或者代理付款人接到挂失止付通知书，应审查是否属本行付款的票据，并查对确未付款的，方可受理。在第一联挂失止付通知书上加盖业务公章作为受理回单；第二、三联于登记票据挂失登记簿后专夹保管，凭以掌握止付，如通知止付人委托代理付款行通知出票行挂失的，应即向出票行发出挂失通知手续，采用电报通知的凭第三联拍发电报。

出票行接到代理付款行发来的挂失止付通知，应抽出原专夹保管的汇票卡片和多余款收账通知核对无误后，一并另行保管，凭以控制付款或退款。

2. 出票行接到挂失止付通知书，应查对汇出汇款账和汇票卡片系属指定付款银行支取现金的汇票，并确未注销时方可受理。在第一联挂失止付通知书上加盖业务公章作为受理回单；第二、三联于登记汇票挂失登记簿后，与原汇票卡片和多余款收账通知一并另行保管，凭以控制付款或退款；如通知止付人委托出票行通知代理付款行挂失的，应立即向代理付款行发出挂失通知，采取电报通知的凭第三联拍发电报。

代理付款行接到出票行发来的挂失通知，并查对确未付款后，将挂失止付通知专夹保管，凭以掌握止付。

3. 付款行或代理付款行自收到失票人挂失止付通知书之日起 12 日内没有收到付款地人民法院发来的止付通知书时，自第 13 日起挂失止付通知书自动失效，以后收到被挂失的票据，可照付无误。

二、丧失银行汇票付款或退款及有缺陷银行汇票的规范操作

丧失的银行汇票在提示付款期限届满后 1 个月，确未支付的，失票人可凭人民法院出具的其享有该汇票权利以及实际结算金额的证明，向出票行请求付款或退款，银行经审查确未支付的，分别做如下处理：

（一）出票行向收款人或持票人付款时，应根据人民法院证明的实际结算金额抽出原专夹保管的汇票卡片，经核对无误，按银行汇票结清的操作程序办理，并将款项付给失票人。

（二）出票行向申请人退款时，抽出原专夹保管的银行汇票卡片核对无误后，办理退款手续。

银行发现收款人或持票人已经收受了有缺陷的银行汇票，在保证资金安全的情况下，可根据具体情况，适当处理。

如银行汇票上漏盖、错盖规定印章、漏压压数机金额或印章、压印的金额模糊不清、密押不符的，代理付款行应将银行汇票暂时收存不予付款。对于跨系统的应填制一式三联查询查复书及时查询出票行，并填制退票理由书附一联查询书通过票据交换提交持票人开户行，待出票行补来正确、清晰印章和压数机压印金额或正确密押的查复书后才能办理付款手续，于当日，最迟不得超过次日上午通过同城票据交换提交给持票人开户行。

【活动练习】

模拟银行辽金支行 2012 年 6 月 22 日发生下列业务：

1. 收到厦门站前支行（行号：83601）的银行汇票解付信息，汇票系张丽华 6 天前申请签发，汇票金额 372 300.00 元，经抽卡核对无误，经办人员按规定办理银行汇票结清手续。

2. 收到模拟银行兴州市支行（行号：83206）的银行汇票解付信息，汇票系客户蔡东藩 6 天前申请签发，汇票金额 83 000.00 元，经抽卡核对无误，经办人员按规定办理银行汇票结清手续。

要求：以模拟银行辽金支行柜员的身份进行相应业务的处理，包括凭证审核、业务数据录入、凭证盖章与凭证处理。

学习任务五　银行卡业务处理

【学生的任务】

◇要求每位学生熟悉银行卡业务基本的规定

◇要求学生掌握银行卡业务的活动流程

◇要求学生熟悉银行卡的注意事项

◇要求学生熟悉银行卡业务的凭证格式，掌握相关业务凭证具体的填写要求

【教师的任务】

◇指导学生熟悉银行卡开卡申请书、存款、取款、挂失、销卡等凭证格式，掌握相关业务凭证具体的填写要求

◇指导学生能按银行卡业务的具体规定正确进行银行卡申请、存款、取款、挂失、销卡等业务环节的具体操作处理

◇指导学生完成活动练习

教学活动 1　银行卡申请开卡业务处理

【活动目标】

掌握银行卡申请开卡业务的操作方法与基本要领，能按照业务规程正确进行银行卡开卡业务的操作。

【知识准备】

一、银行卡申请开卡业务的活动流程

银行卡申请开卡业务活动流程如图 4-5-1 所示。

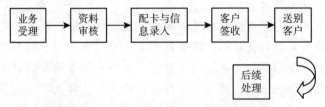

图 4-5-1　银行卡申请开卡业务活动流程

二、银行卡申请开卡业务的活动步骤

【例】2012年5月16日，客户刘黎持本人身份证件（证件号码：210112197405160221）来模拟银行辽金支行申领借记卡，银行经办人员按规定为其办理相关手续。

1. 业务受理。

客户需要申请开办银行卡时，柜员或者大堂经理向客户介绍相关银行卡产品，提醒客户认真阅读领用合约或者银行卡/信用卡章程，并指导客户填写银行卡申请书。

申请办理借记卡时申请人需要提供身份证及其复印件，申请办理贷记卡时申请人根据需要还应提供工作证明、收入证明、居住证明等资料，如条件不符合，还需要提供与担保相关的证明文件等。

2. 资料审核。

银行经办人员收到申请人提交的有关资料后，应认真审核：

（1）审核申领人填写的申请表内容是否真实、完整，签名、印章是否齐全。

（2）申领人是否符合条件，提供的有关材料及其有关附件是真实、齐全。

此外，柜员对于申请信用卡的客户，还需要审核以下内容：

（1）担保是否符合条件，提供的有关材料、证明性文件及其有关附件是否真实、齐全。

（2）担保人的签字是否真实、有效，原件与复印件是否一致。

经办人员进行初审后，在申请表上签署初审意见，将申请表、领用协议及有关材料报审核人员进行复核。

3. 配卡与信息录入。

柜员进行审核后，对于符合借记卡开卡条件的客户，柜台可以直接办理开卡，进行即时配卡与信息录入。在进行配卡时，柜员需要检验借记卡是否完好，磁条是否存在问题等细节。然后使用"借记卡开户"交易进行信息录入处理，建立客户信息，进行开户处理。在申请表上记录银行卡卡号，加盖经办名章，登记开销户登记簿。

申请贷记卡的，需要银行卡部及信用卡中心的审核审批，柜员应将相应的客户资料转交银行卡部。

4. 客户签收和送别客户。

银行柜员将已经开好的银行卡借记卡和申请书客户联交予客户签收，送别客户。

5. 后续处理。

经办柜员编制表外科目付出传票，销记重要空白凭证。

贷记卡申请在获得批准后，银行一般会将制好的卡片直接邮寄给客户，所以客户无须到柜台进行领卡。

【活动练习】

模拟银行辽金支行当日发生下列业务：

客户张明于2012年5月8日来行申领借记卡，申领准贷记卡时，存现1 000元。

张明的个人资料：身份证号码：210114196705120318；性别：男；文化程度：大学本科；婚姻状况：已婚；职务：部门经理；年收入：7万元左右；职称：中级；住宅性质：按揭购房；住宅面积：120平方米；编码：110122；电话：62034567；工作单位：绿地贸易有限公司；单位性质：企业；单位地址：沈北新区；现居住地详细地址：沈阳市皇姑区韶山路

5—303；邮政编码：100037；电话：62236891；配偶姓名：张梁广；配偶的身份证号码：210116196905230457；配偶的工作单位：凯旋进出口贸易公司；配偶电话：83128516；距离最近的亲友姓名：尚新；关系：兄弟；亲友电话：62235417。

要求以模拟银行辽金支行柜员的身份进行相应业务处理，包括凭证审核、业务数据录入、凭证盖章与凭证处理。

教学活动 2　银行卡存现业务处理

【活动目标】

掌握银行卡存现业务的操作方法与基本要领，能按照业务规程正确进行银行卡存现业务的操作。

【知识准备】

一、银行卡存现业务活动流程

银行卡存现业务活动流程如图 4 - 5 - 2 所示。

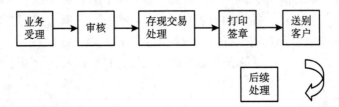

图 4 - 5 - 2　银行卡存现业务活动流程

二、银行卡存现业务活动步骤

【例】 2012 年 6 月 5 日，客户刘黎持借记卡（卡号：4033918000256301）来行办理存现，金额为 3 800 元，银行经办人员按规定为其办理相关手续。

1. 业务受理。

客户将现金与银行卡一起交银行经办柜员，委托其他人代为办理的，需要代理人提交有效身份证件。

2. 凭证审核、点收现金。

银行经办柜员认真核对银行卡、资料是否真实有效。同时核对现金数量与真伪。

3. 交易处理。

柜员在进行审核无误后，登录到借记卡/信用卡交易系统，输入卡号、存现币种、存现金额、对账科目等要素，在系统自动授权后，打印存现传票，并进行相应的账务处理。会计分录为：

借：现金　　　　　　　　　　　　　　　　　　　　　　　3 800.00

　　贷：活期储蓄存款——刘黎户　　　　　　　　　　　　　　　3 800.00

4. 凭证打印签字，送别客户，后续处理。

柜员将存现传票交予客户签字确认，然后在存款凭条上加盖现金收讫章或业务清讫章与经办人员名章，作为办理业务的凭证与其他凭证一起装订保管。将银行卡连同存款凭条回单一并交客户。

【活动练习】

模拟银行辽金支行当日发生下列业务：

客户张晓丹于 2011 年 5 月 29 日来行办理借记卡存现业务，金额为 20.000 元。

要求以模拟银行辽金支行柜员的身份进行相应的业务处理，包括凭证审核、业务数据录入、凭证盖章与凭证处理。

教学活动 3　银行卡取现业务处理

【活动目标】

掌握银行卡取现业务的操作方法与基本要领，能按照业务规程正确进行银行卡取现业务操作。

【知识准备】

一、银行卡取现业务的活动流程

银行卡取现业务活动流程如图 4 - 5 - 3 所示。

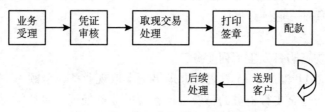

图 4 - 5 - 3　银行卡取现业务活动流程

二、银行卡取现业务的活动步骤

【例】 2012 年 6 月 9 日，客户刘黎持借记卡（卡号：4033918000256301）来行办理取现，金额为 2 000 元，银行经办人员按规定为其办理相关手续。

1. 业务受理。

客户将银行卡交柜员，口头核对取现金额。借记卡大额取现需要提交持卡人有效身份证件；信用卡取现要求提交持卡人有效身份证件，照片卡免验身份证，超过支付限额的，代理银行应向发卡银行索权，并在取现单上填写授权号码。

2. 凭证审核。

银行柜员认真核对取款人身份证件与取款本人是否相符。若客户为持卡人本人，根据持卡人要求进行相应的临柜操作；若客户并非持卡人本人，持信用卡取现的，按照规定，拒绝办理相应业务；若通过观察，发现有异常情况，可以联系持卡人本人，及时冻结相应银行卡账户，特殊情况下，也可以采用报警等非常手段保护持卡人的利益。

银行柜员审核卡片时应重点关注：

（1）审查来卡是否为本行规定的受理卡，只有本行受理卡种才能进行相应操作。

（2）审核卡片的真伪。辨别银行卡真伪时，首先，触摸银行卡材质，是否PVC或PVCA的材质；其次，观察银行卡外观的主要要素是否齐全，特别要注意银行卡的主要防伪安全标志。

（3）审核卡片的细节。审核银行卡细节方面，主要包括：卡片签名条上是否有"样卡"字样，卡片是否有打洞、剪角、毁坏或涂改的痕迹，卡片是否在有效期内，卡片正面的拼音姓名与卡片背面持卡人的签名是否相符，标明的性别与持卡人性别是否一致，等等。

3. 取现交易处理。

柜员在进行审核后，读取银行卡磁卡信息，登录到借记卡/信用卡交易系统，输入卡号、取现币种代码、取现金额、对账科目、摘要、有效期、授权号码等要素，等待客户输入交易密码，在系统自动授权后，打印取现传票，并进行相应的账务处理。会计分录为：

借：活期储蓄存款——刘黎户　　　　　　　　　　　　　　　2 000.00

　　贷：现金　　　　　　　　　　　　　　　　　　　　　　　　 2 000.00

4. 凭证打印、签字，款项支付，送别客户。

银行柜员将取现传票交予客户签字确认，根据客户的取款金额进行配款，将现金连同身份证件、银行卡、取款凭条回单一并交予客户点收。最后，送别客户。

5. 后续处理。

银行柜员在银行卡取款凭条上加盖现金付讫章或业务清讫章与经办人员名章，作为办理业务的凭证与其他凭证一起装订保管。

【活动练习】

模拟银行辽金支行当日发生下列业务：

客户张晓丹于2011年6月15日来行办理借记卡取现业务，金额为3 000元。

要求以模拟银行辽金支行柜员的身份进行相应的业务处理，包括凭证审核、业务数据录入、凭证盖章与凭证处理。

教学活动4　银行卡挂失业务处理

【活动目标】

掌握银行卡挂失业务的操作方法与基本要领，能按照业务规程正确进行银行卡挂失业务的操作。

【知识准备】

一、银行卡挂失业务的活动流程

银行卡挂失业务活动流程如图4-5-4所示。

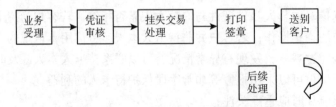

图4-5-4　银行卡挂失业务活动流程

二、银行卡挂失业务的活动步骤

1. 业务受理。

客户填写银行卡挂失申请书（一式两联，客户存根联，银行凭证联），连同身份证件一起交柜员。

2. 凭证审核。

银行经办柜员收到申请人提交的有关资料后，应认真审核相关资料的内容是否准确、完整。如客户本人不能前往办理，可以委托他人代为办理挂失手续，被委托人需要出示其有效身份证明，柜员审核委托人的身份证件。

3. 挂失交易处理。

柜员使用"客户信息查询"交易，确认账户是否存在，存款是否未被支取，核对存款账户的所有信息与挂失申请书的一致性。

信用卡如发现透支则要求客户先归还透支本金和利息。

若委托他人代为办理挂失手续，则柜员输入委托人相关信息。

客户输入交易密码，柜员获得授权，并经过复核后，打印挂失交易记录。

4. 打印签章，送别客户，后续处理。

银行经办人员在银行卡挂失申请书上加盖业务公章与经办人员名章，在手续费收款凭证上加盖业务清讫章与经办人员名章，将挂失申请书客户回单联和手续费收款凭证回单联交客户并送别客户。其余凭证作为办理业务的凭证与其他凭证一起装订保管。

【活动练习】

模拟银行辽金支行当日发生下列业务：

客户张晓丹于2011年7月12日来行办理借记卡挂失业务。

要求以模拟银行辽金支行柜员的身份进行相应的业务处理，包括凭证审核、业务数据录入、凭证盖章与凭证处理。

教学活动5 银行卡销户业务处理

【活动目标】

掌握银行卡销户业务的操作方法与基本要领，能按照业务规程正确进行银行卡销户业务的操作。

【知识准备】

一、银行卡销户业务的活动流程

银行卡销户业务活动流程如图4-5-5所示。

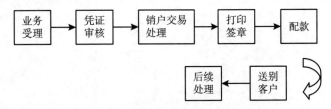

图4-5-5 银行卡销户业务活动流程

二、银行卡销户业务的活动步骤

【例】2012 年 8 月 2 日，客户刘黎持本人身份证件（证件号码：210112197405160221）来行办理借记卡（卡号：4033918000256301）销户业务，银行经办人员按规定为其办理相关手续。

1. 业务受理。

客户填写银行卡销户申请书，连同身份证件、银行卡一起交柜员。

2. 凭证审核。

银行柜员收到申请人提交的有关资料后，应认真审核相关资料的内容是否准确、完整。凭证审核要求同挂失操作。

3. 销户交易处理。

柜员审核银行卡的合法性，使用"客户信息查询"交易查询户名、卡号等账户信息，核对余额，贷记卡如有欠款则要求客户先归还透支本金和利息。柜员进入操作界面，进行销户交易系统录入。要求客户输入交易密码，在系统确认正确后，等待授权。授权成功后，打印销户结清凭证，按照余额打印取款凭条，打印利息清单，经核对无误后进行账务处理。会计分录为：

借：活期储蓄存款——存款人户

利息支出

贷：现金

4. 凭证打印、签字，支付现金，送别客户。

有关凭证交客户签字确认后，柜员根据余额与利息清单，按照现金付款流程配款并自复平衡，将现金连同一联销户申请书、取款凭证回单、利息清单、证件等一并交客户并送别客户。

5. 后续处理。

银行柜员在银行卡销户申请书上加盖业务公章与经办人员名章，在取款凭证和利息清单上加盖业务清讫章与经办人员名章，作为办理业务的凭证与其他凭证一起装订保管。

【活动练习】

模拟银行辽金支行当日发生下列业务：

客户张晓丹于 2012 年 8 月 6 日来行办理借记卡销户手续业务。

要求以模拟银行辽金支行柜员的身份进行相应的业务处理，包括凭证审核、业务数据录入、凭证盖章与凭证处理。

教学项目五　特殊业务处理

【学习目标】

◇ 储蓄存款挂失与解挂业务相关规定与业务处理规范

◇ 储蓄存款查询、冻结、扣划业务相关规定与业务处理规范

◇ 假币收缴与票币兑换业务相关规定与处理规范

【技能目标】

◇ 能够按具体业务操作流程规范办理银行储蓄存款挂失与解挂等业务

◇ 能按相关规定协助有权机关办理查询、冻结、扣划等业务操作

◇ 能按具体业务操作流程规范办理假币收缴、票币兑换业务

学习任务一　储蓄存款挂失与解挂

【学生的任务】

◇ 要求学生了解储蓄挂失业务的基本规定

◇ 要求学生掌握储蓄挂失业务的操作流程

◇ 要求学生掌握储蓄解挂业务的操作流程

【教师的任务】

◇ 讲解储蓄挂失业务的基本规定

◇ 指导学生学习储蓄挂失与解挂业务的具体操作

◇ 指导学生完成活动练习

教学活动 1　储蓄存款挂失业务处理

【活动目标】

掌握储蓄存款挂失业务的基本规定与操作流程，能按照业务规程正确进行储蓄存款挂失业务的操作。

【知识准备】

一、储蓄存款挂失业务的基本规定

1. 当客户丢失存单（折）、银行卡、支票、本票、汇票，或忘记了密码，客户可以到银行办理挂失手续。

2. 储户办理正式挂失时，必须持本人身份证件，并提供姓名、存款时间、种类、金额、账号及住址等有关情况；代办挂失须同时提供代办人的身份证件。

3. 客户遗失银行卡、存折、存单等凭证后因特殊情况不能办理正式挂失手续的，须办

理临时挂失，客户可通过营业网点、网上银行或电话银行办理临时挂失。

4. 在任何联网的储蓄网点均可办理临时挂失，但必须在原开户网点办理正式挂失。

5. 银行根据储户提供的资料，确认存款未被支取和未被冻结止付后，方可受理申请。银行在受理挂失申请（包括临时挂失和正式挂失）前账户内的储蓄存款已被他人支取的，储蓄机构不负赔偿责任。不记名式的存单、存折，银行不受理挂失。

6. 关于临时挂失的有效期各行规定不尽相同，例如中国建设银行临时挂失的有效期为 5 天；中国工商银行则规定临时挂失的有效期为 15 天。客户办理临时挂失后，须在有效期内补办正式挂失手续，否则临时挂失期限届满将不再有效。

7. 任何账户一旦挂失，就不能办理存取款业务，即冻结。冻结户既不能存款，也不能取款。当客户找到原有的存单（折、卡）后，可以办理解除冻结，解除冻结时要求有有效证件；若客户没找到丢失的存单或折，过了 7 天后客户可以凭挂失申请书到储蓄网点换取新存单（折、卡）或支取存款。

8. 若客户丢失支票、本票、汇票办理了挂失止付，就能控制付款或进行退款。

9. 若客户忘记了密码，可以进行密码挂失，密码丢失的卡或折将不能再使用，必须通过重置密码后才能使用。由于密码挂失要强制修改密码，因此客户应在原开户网点办理此业务。

二、储蓄存款挂失业务的操作流程

储蓄挂失业务操作流程如图 5 - 1 - 1 所示。

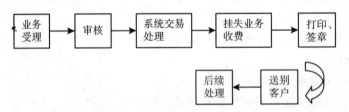

图 5 - 1 - 1　储蓄挂失业务操作流程

三、储蓄存款挂失业务操作步骤

1. 业务受理。

柜员受理客户的挂失申请。

（1）若为正式挂失，客户须提交身份证件，并填写一式三联挂失申请书（如图 5 - 1 - 2 所示）。

（2）若为临时挂失，柜员要根据客户提供的信息填写"挂失止付单"，并提醒客户在挂失有效期内到银行办理正式挂失手续。

（3）若他人代理挂失的，还应要求代理人提供身份证件。

2. 审核。

柜员根据储户提供的有关资料，认真核对储户的身份证件及账户的各项内容，确认无误后，先冻结账户，再办理其他挂失手续。

个人客户挂失申请书

银行填写				
	申请挂失			
客户填写	客户姓名：		账号/卡号：	
	开户日期：	挂失方式：正式□ 临时□	是否冻结账户：是□ 否□	
	遗失日期：	存单（折）号码：		
	挂失内容	存单□ 存折□ 凭证式国债□ 借记卡□ 支票□ 密码□ 预留印鉴□ 其他□_____		
	申请挂失人	证件名称 及签发单位	证件号码	
	代理挂失人	证件名称 及签发单位	证件号码	
	申请人地址		联系电话	
	代理人地址		联系电话	

第一联　银行留存

本人已认真阅读背面"客户须知"，请根据上述内容挂失/挂失冻结，如发生任何纠纷，概由挂失人负责。 　　客户（代理人）签字：_____ 凭印签支 取者印鉴： 　　　　　　年　月　日	 银行签章 　　　　年　月　日
处理情况	
□挂失换发存折/单/卡 　号码：_____ □挂失销户 □挂失撤销 □重置密码 本人确认上述处理结果准确无误。 　　　　客户签字： 　　　　　　年　月　日	 银行签章 　　　　年　月　日

图 5 - 1 - 2　挂失申请书

柜员审核的具体内容包括：客户提供的挂失证件是否有效；确认挂失前账户存款是否被支取；客户填写内容是否准确、完整，防止误挂发生。对客户使用身份证办理挂失业务的，应按照联网核查公民身份信息的有关要求办理身份证件验证，同时，需将核查结果打印输出作为业务备查依据。

3. 系统交易处理。

柜员审核无误后，输入交易代码进入"个人账户挂失/解挂"交易，在系统上为客户办理正式挂失。根据系统提示及挂失申请书填写相关内容，经主管柜员审核并授权后确认提交，系统自动登记挂失登记簿。

4. 挂失业务收费。

交易成功后，柜员按照系统提示向已经成功办理正式挂失业务的客户收取挂失手续费，临时挂失业务不收取手续费。

5. 打印、签章。

根据系统提示打印挂失申请书及手续费收费凭据，经办柜员审核挂失申请书打印内容无误后，将挂失申请书交客户核对并签名确认。客户签字确认后，柜员在手续费收费凭证上加盖"核算用章"，经有权人审核后，在挂失申请书各联加盖柜员的"核算用章"。

6. 送别客户。

将挂失申请书客户联、收费凭证回单联及客户身份证递交客户，并提醒客户7个工作日后可凭挂失申请书到储蓄网点换取新存单（折、卡）或支取存款。

7. 后续处理。

柜员将客户身份证件复印件和储蓄挂失申请书银行留存联专夹保管，业务收费凭证记账联按规定整理存放。

【活动练习】

1. 2014年4月10日，客户赵明持本人身份证（证件号码210103197802027781）来到模拟银行申请办理本人借记卡挂失，请模拟银行柜员按规程为客户办理挂失手续。

2. 案例分析一：挂失冒领引起的纠纷。

2007年5月13日，原告朱端宇持自己的身份证来到被告某银行睢宁支行桃园营业所存款3 000元，被告为其出具了定期储蓄存单一份。2007年6月5日，该笔存款以"朱端宇"的名义进行了挂失，在挂失申请书中客户填写栏和最终客户签名中"端"字均被涂改。6月12日，该笔存款被支取，在利息清单客户签名一栏中的"端"字也被涂改。上述涂改处除挂失申请书中客户填写栏的"端"字之外，均有被告单位经办人员加盖的私章。当日，该笔款项被支取后仍在被告的同一支行开户存储，在客户必填一栏存款人姓名和机打记录中却为"朱瑞宇"，但身份证却与朱端宇的号码一致。后原告持存单取款时双方遂发生纠纷，诉讼到法院。案件在审理过程中，原、被告均不申请对"朱端宇"的签名是否为原告本人书写进行鉴定。请利用所学知识对本案情进行分析。

参考答案：法院审理后认为，被告在办理存单挂失及提前支取的过程中，虽然要求挂失人填写了相关单据，留取了挂失人的相关信息，但这些信息不能明确是原告本人提供的。被告在未尽到严格审查义务的情况下，将原告的存款单进行挂失，并产生了被他人冒领的后果，其对原告朱端宇的存款损失应当承担全部责任。据此，法院遂作出判决：依法判决某银行睢宁支行在判决生效后10日内支付给原告朱端宇储蓄存款本金3 000元及利息。

3. 案例分析二：由存单挂失引起的纠纷。

老王因年岁已高，将1张2万元的银行存折不知藏于何处，遂叫邻居小王拿自己的身份证到银行挂失，银行要求小王出示了自己的身份证后，为之办理了挂失手续。挂失7天后，小王到银行取款，银行认为存折挂失是由小王代为办理的，因此同意了小王的代为取款。不久，老王去世，其两个子女在整理老人遗物时发现2万元的存折，便到银行取款，被告知存款已被挂失取走。此时小王已外出打工，两子女则以银行为被告告上法院，要求银行支付存款 2 万元，法院最终判决银行支付该 2 万元存款。

请利用所学知识对本案情进行分析。

参考答案：这是一起因存单挂失引起的纠纷，最终应由银行承担责任。法院判决银行再次支付 2 万元存款是依据《储蓄管理条例》第 31 条的规定和《中华人民共和国继承法》的有关规定。

《储蓄管理条例》第 31 条规定：储户遗失存单、存折或者预留印鉴、印章的，必须立即持本人身份证明，并提供储户的姓名、开户时间、储蓄种类、金额、账号及住址等有关情况，向其开户的储蓄机构书面申请挂失。在特殊情况下，储户可以用口头或者函电形式申请挂失，但必须在 5 天内补办书面申请挂失手续。储蓄机构受理挂失后，必须立即停止支付储蓄存款；受理挂失前该储蓄存款已被他人支取的，储蓄机构不负赔偿责任。

中国人民银行《关于执行储蓄管理条例的若干规定》第 37 条对挂失进一步作出详细规定：储户的存单、存折如有遗失，必须立即持本人居民身份证明，并提供姓名、存款时间、种类、金额、账号及住址等有关情况，书面向原储蓄机构正式声明挂失止付。储蓄机构在确认该笔存款未被支取的前提下，方可受理挂失手续。挂失 7 天后，储户需与储蓄机构约定时间，办理补领新存单（折）或支取存款手续。如储户本人不能前往储蓄机构办理，可委托他人代为办理挂失手续，但被委托人要出示其身份证明。

存单是证明存款人与储蓄机构有存款合同关系的证明，也是存款人向储蓄机构主张债权的有效凭证，存单丢失后挂失是存款人能够继续行使合法权利的救济方式。因此，这一救济方式，只能由存款人（或其受托人）启动，而不能由他人启动。所以《储蓄管理条例》对挂失的申请人明确限定在存款本人，并持本人有效身份证证明其合法资格。在本人无法亲自办理挂失的情况下，中国人民银行《关于执行储蓄管理条例的若干规定》规定，存款人可以委托他人代为办理挂失手续，受托人还需出具自己的有效身份证明。但是，挂失 7 天后，中国人民银行《关于执行储蓄管理条例的若干规定》规定，存款人需与储蓄机构约定时间，办理补领新存单（折）或支取存款手续，这里又强调的是存款人本人。挂失仅仅是一种救济方式，是对丢失存单的储户利益予以救济、保护的途径与方法。而办理补领新存单（折）或支取存款是签订一新的存款合同或解除存款合同的另一种法律行为，该行为若要由他人代办，必须有新的委托。银行对小王的代办挂失给予了严格审查，但取款时反而忽视了审查，这是银行没有区分挂失与取款是两个不同性质的法律行为。机械地认为小王有代理挂失存单的权利，也必定有代为支取存款权利，将小王的代为取款视同表现代理，这是银行错误付款的原因。

老王去世后，其银行存款便成为老王的遗产，根据《中华人民共和国继承法》第 10 条规定，老王的两子女是老王的第一顺序继承人，因此老王的两子女持老王 2 万元存单以及老王的死亡证明和与老王系父子关系证明到银行取款，是行使存款人向储蓄机构主张债权的权利，银行此时有付款的义务，法院判决银行再次支付 2 万元存款是正确的。

【案例启示】办理存单挂失，是银行的一项业务，也是银行的一种义务。银行在办理存款业务时，已遇到了各种各样、形形色色的存单挂失，但万变不离其宗，银行只要严格按照正当的操作程序进行，不管挂失申请人有何目的，挂失是真是假，终将在保护储户利益的同时，也保护了自己的利息。

【知识链接】其他挂失业务

一、密码挂失

1. 客户遗忘密码要求挂失时，原则上应由客户本人在联网网点柜台办理，并出示原存款凭证及有效身份证件。如遇存款人为不在当地、限制民事行为能力、无民事行为能力、死亡等特殊情况确需代办时，除应审核代理人（监护人）和存款人有效身份证件外，还需按规定提交有关证明材料。

2. 挂失金额在 10 万元以下（各行及与地区金额规定并不相同）或等值外币的，经核实客户有效身份证件与开户资料无误后，即可为客户办理更改密码手续。持居民身份证办理的客户，应通过中国人民银行公民身份信息联网核查系统核实客户身份。

3. 挂失金额在 10 万元以上（各行及与地区金额规定并不相同）或等值外币的，需按照有关规定进行进一步调查核实。

4. 密码挂失业务不收取手续费。

二、印鉴挂失

印鉴只办理正式挂失。客户遗失预留印鉴的印章要求挂失时，原则上应由客户本人在原开户网点柜台办理，并出示原存款凭证及有效身份证件。如遇存款人为不在当地、限制民事行为能力、无民事行为能力、死亡等特殊情况确需代办时，除应审核代理人（监护人）和存款人有效身份证件外，还需按规定提交有关证明材料。

三、挂失申请书挂失

客户的挂失申请书丢失后，可凭本人有效身份证件到原挂失网点办理重新挂失申请。办理重新挂失申请时，客户须向银行说明办理挂失的时间、原挂失申请书编号、姓名、账户等资料，并重新填写挂失申请书，由柜员与原挂失申请书资料核对无误后，请客户在原挂失申请书第一联签字注明原挂失申请书丢失，柜员办理原挂失申请书作废并重发新挂失申请书。挂失期限仍按照原挂失期限计算。

以上业务挂失手续参照存款挂失业务处理。

教学活动 2　储蓄存款解挂业务处理

【活动目标】

掌握储蓄存款解挂业务的基本规定与操作流程，能按照业务规程正确进行储蓄存款解挂业务操作。

【知识准备】

一、储蓄存款解挂业务的操作流程

储蓄解挂业务操作流程如图 5 - 1 - 3 所示。

二、储蓄存款解挂业务操作步骤

1. 业务受理。

解除挂失业务必须由本人在原挂失网点办理。柜员接收客户提交的本人身份证件和挂失申请书客户留存联。

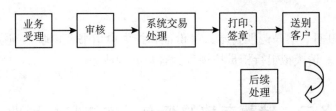

图5-1-3　储蓄解挂业务操作流程

2. 审核。

柜员根据客户提交的资料对客户的相关信息进行审核。具体内容包括：正式挂失手续办理是否已满7天；解挂业务是否为存款人本人办理；客户身份证件是否真实有效。

3. 系统交易处理。

柜员审核无误后，输入交易代码进入"个人账户挂失/解挂"交易，在系统上为客户办理解挂。根据挂失申请书内容，按系统提示输入账户信息、证件号码等信息，处理方式选择"解挂"，经有权人审核授权后会同柜员办理。

4. 打印、签章。

系统交易处理成功后，根据系统提示打印业务凭证。

（1）若客户要求换发新卡、存折（单），柜员根据系统提示划新卡、折写磁后，打印新存折（单）和特殊业务凭证。

（2）若客户要求支取挂失账户款项，则系统直接打印特殊业务凭证及利息清单。若该笔存款的支取方式为凭密码支取，还应由客户输入密码。

柜员审核打印输出内容无误后，在挂失申请书第一联和第三联"处理情况"栏填写相应的处理结果，将挂失申请书和特殊业务凭证交客户核对并请客户当面签字确认。柜员审核客户的签字与申请挂失时的签字是否一致后（代办正式挂失除外），在特殊业务凭证上加盖"核算用章"。

5. 送别客户。

柜员将证件、存单（折）、卡或支取的款项交还客户。

6. 后续处理。

柜员核销挂失登记簿，将收回的挂失申请书客户留存联，连同挂失申请书网点留存联、客户身份证件复印件，特殊业务凭证放专夹保管，留存备查。

【知识链接】撤销挂失业务

储户办理卡、存单（折）挂失后，在挂失的7天内又找到原卡、存单（折）的，可以要求撤销挂失。撤销挂失由储户本人或原代办人持有效身份证件和原挂失第三联挂失申请书到原挂失网点办理。挂失人致函要求撤销挂失申请的，银行不予受理。银行应收回客户的挂失申请书第三联，在"处理情况"栏填写相应处理结果，请客户当面签字确认，经业务经理审核无误后，做解除挂失冻结处理，并在手工挂失登记簿上注明"撤销挂失"，挂失申请书第三联作为当日解冻账户传票的附件。撤销挂失后，已收的手续费不退还储户。

【活动练习】

2014 年 4 月 20 日，客户赵明持本人身份证和挂失申请书客户联来到模拟银行，办理解挂并换发新卡业务。请模拟银行柜员按规程为客户办理业务。

学习任务二　储蓄存款的查询、冻结和扣划业务处理

【学生的任务】

◇要求学生熟悉储蓄存款查询、冻结、扣划业务的基本规定

◇要求学生掌握储蓄存款查询、冻结、扣划业务的具体操作

【教师的任务】

◇讲解储蓄存款查询、冻结、扣划业务的基本规定

◇指导学生学习储蓄存款查询、冻结、扣划业务的操作规程

◇指导学生完成活动练习

教学活动 1　储蓄存款的查询、冻结和扣划业务基本规定

【活动目标】

掌握储蓄存款查询、冻结、扣划业务的基本规定，能按照业务规定进行相关业务处理。

【知识准备】

一、有权查询、冻结、扣划单位和个人存款的执法机关及其权限

根据目前有关法律法规的规定，具有查询、冻结、扣划存款的有权机关共 18 家，各有权机关在要求银行协助查询、冻结、扣划的权限又不尽相同。其中人民法院、税务机关、海关具有完整的查询、冻结、扣划单位和个人存款的权力；人民检察院、公安机关、国家安全机关、军队保卫部门、监狱、走私犯罪侦查机关有权对单位和个人存款进行查询、冻结，但无权进行扣划；监察机关、工商行政管理机关、价格主管部门、银行业监督管理机构、反洗钱行政管理部门、证券监督管理机关有权查询单位和个人存款，无权进行冻结和扣划，其中工商行政管理部门可行使暂停支付权；审计机关和保险监督管理机关、政府财政部门则只能查询单位存款。除此之外，其他单位一般无权查询、冻结、扣划单位和个人存款，在要求银行协助的单位或个人无法提供相关法律依据的情况下，银行对其要求可以予以拒绝。

二、对特殊性质的账户、资金进行冻结、扣划时的限制性要求

根据相关法律法规规定，具有特殊性质的存款有权机关在冻结或扣划时有特殊限制性要求，前台人员协助执行时应注意把握。目前有相关规定的约有 22 类，其中以下 19 类性质的账户资金一般或原则上不能冻结、扣划：国有企业下岗职工基本生活保障资金，社会保险基金，工会经费，金融机构存款准备金和备付金，国库库款，国家财政性预算资金，证券或期货类账户，军队、武警部队"特种预算存款"、"特种其他存款"和连队账户的存款，粮棉油政策性收购资金，移交、撤销、脱钩企业开办单位的财政资金，国防科研专户经费，企业封闭贷款结算专户，已设置的出口退税专用账户内资金，旅行社的质量保证金，企业职工建

房集资款，信用卡账户，信托财产中的资金，被基金公司托管的基金财产，法院已受理破产申请的企业的存款。另外3类性质的账户资金可以冻结，但一般不得扣划：信用证开证保证金，银行承兑汇票保证金，多个执行法院之间有争议的存款。

三、银行协助查询、冻结和扣划工作的基本原则

协助查询、冻结和扣划工作应当遵循依法合规、不损害客户合法权益的原则。

四、银行协助查询、冻结和扣划工作的具体规定

1. 有权机关查询、冻结、扣划存款，应在存款人开户的营业机构办理。营业机构应指定专人负责接待工作，并由业务主管人员审核把关，对于冻结和扣划业务，还应由银行负责人签批。

2. 营业机构在协助有权机关查询、冻结、扣划存款时，如对执法人员身份或其他方面有疑问，应及时采取措施与有权机关核实。

3. 营业机构对有权机关办理查询、冻结、扣划手续完备的，应认真协助办理。在接到协助冻结、扣划存款通知书后，不得将应协助执行的款项用于收贷收息，不得向被查询、冻结、扣划单位或个人通风报信，帮助隐匿或转移存款。

在协助有权机关办理完毕查询存款手续后，有权机关要求予以保密的，应保守秘密。

在协助有权机关办理完毕冻结、扣划存款手续后，根据业务需要，可以通知存款单位或个人。

4. 冻结单位或个人存款的期限最长为六个月，期满后可以续冻。有权机关应在冻结期满前办理续冻手续，逾期未办理续冻手续的，视为自动解除冻结措施。

5. 查询、冻结、扣划存款通知书与解除冻结、扣划存款通知书均应由有权机关执法人员依法送达，营业机构不接受有权机关执法人员以外的人员代为送达的上述通知书。

6. 业务办理过程中如遇其他情况，参见知识链接《金融机构协助查询、冻结、扣划工作管理规定》内容处理。

【活动练习】

1. 具有完整的查询、冻结、扣划单位和个人存款权力的执法机关有哪些？
2. 哪些执法机关有权对单位和个人存款进行查询、冻结，但无权进行扣划？

【知识链接】金融机构协助查询、冻结、扣划工作管理规定

第一条　为规范金融机构协助有权机关查询、冻结和扣划单位、个人在金融机构存款的行为，根据《中华人民共和国商业银行法》及其他有关法律、行政法规的规定，制定本规定。

第二条　本规定所称"协助查询、冻结、扣划"是指金融机构依法协助有权机关查询、冻结、扣划单位或个人在金融机构存款的行为。

协助查询是指金融机构依照有关法律或行政法规的规定以及有权机关查询的要求，将单位或个人存款的金额、币种以及其他存款信息告知有权机关的行为。

协助冻结是指金融机构依照法律的规定以及有权机关冻结的要求，在一定时期内禁止单位或个人提取其存款账户内的全部或部分存款的行为。

协助扣划是指金融机构依照法律的规定以及有权机关扣划的要求，将单位或个人存款账户内的全部或部分存款资金划拨到指定账户上的行为。

第三条　本规定所称金融机构是指依法经营存款业务的金融机构（含外资金融机构），包括政策性银行、商业银行、城市和农村信用合作社、财务公司、邮政储蓄机构等。

金融机构协助查询、冻结和扣划存款，应当在存款人开户的营业分支机构具体办理。

第四条　本规定所称有权机关是指依照法律、行政法规的明确规定，有权查询、冻结、扣划单位或个人在金融机构存款的司法机关、行政机关、军事机关及行使行政职能的事业单位（详见附表）。

第五条　协助查询、冻结和扣划工作应当遵循依法合规、不损害客户合法权益的原则。

第六条　金融机构应当依法做好协助工作，建立健全有关规章制度，切实加强协助查询、冻结、扣划的管理工作。

第七条　金融机构应当在其营业机构确定专职部门或专职人员，负责接待要求协助查询、冻结和扣划的有权机关，及时处理协助事宜，并注意保守国家秘密。

第八条　办理协助查询业务时，经办人员应当核实执法人员的工作证件，以及有权机关县团级以上（含，下同）机构签发的协助查询存款通知书。

第九条　办理协助冻结业务时，金融机构经办人员应当核实以下证件和法律文书：

（一）有权机关执法人员的工作证件；

（二）有权机关县团级以上机构签发的协助冻结存款通知书，法律、行政法规规定应当由有权机关主要负责人签字的，应当由主要负责人签字；

（三）人民法院出具的冻结存款裁定书、其他有权机关出具的冻结存款决定书。

第十条　办理协助扣划业务时，金融机构经办人员应当核实以下证件和法律文书：

（一）有权机关执法人员的工作证件；

（二）有权机关县团级以上机构签发的协助扣划存款通知书，法律、行政法规规定应当由有权机关主要负责人签字的，应当由主要负责人签字；

（三）有关生效法律文书或行政机关的有关决定书。

第十一条　金融机构在协助冻结、扣划单位或个人存款时，应当审查以下内容：

（一）"协助冻结、扣划存款通知书"填写的需被冻结或扣划存款的单位或个人开户金融机构名称、户名和账号、大小写金额；

（二）协助冻结或扣划存款通知书上的义务人应与所依据的法律文书上的义务人相同；

（三）协助冻结或扣划存款通知书上的冻结或扣划金额应当是确定的。如发现缺少应附的法律文书，以及法律文书有关内容与"协助冻结、扣划存款通知书"的内容不符，应说明原因，退回"协助冻结、扣划存款通知书"或所附的法律文书。

有权机关对个人存款户不能提供账号的，金融机构应当要求有权机关提供该个人的居民身份证号码或其他足以确定该个人存款账户的情况。

第十二条　金融机构应当按照内控制度的规定建立和完善协助查询、冻结和扣划工作的登记制度。

金融机构在协助有权机关办理查询、冻结和扣划手续时，应对下列情况进行登记：有权机关名称，执法人员姓名和证件号码，金融机构经办人员姓名，被查询、冻结、扣划单位或个人的名称或姓名，协助查询、冻结、扣划的时间和金额，相关法律文书名称及文号，协助结果等。

登记表应当在协助办理查询、冻结、扣划手续时填写，并由有权机关执法人员和金融机构经办人签字。

金融机构应当妥善保存登记表，并严格保守有关国家秘密。

金融机构协助查询、冻结、扣划存款，涉及内控制度中的核实、授权和审批工作时，应当严格按内控制度及时办理相关手续，不得拖延推诿。

第十三条　金融机构对有权机关办理查询、冻结和扣划手续完备的，应当认真协助办理。在接到协助冻结、扣划存款通知书后，不得再扣划应当协助执行的款项用于收贷收息，不得向被查询、冻结、扣划单位或个人通风报信，帮助隐匿或转移存款。

金融机构在协助有权机关办理完毕查询存款手续后，有权机关要求予以保密的，金融机构应当保守秘密。金融机构在协助有权机关办理完毕冻结、扣划存款手续后，根据业务需要可以通知存款单位或个人。

第十四条　金融机构协助有权机关查询的资料应限于存款资料，包括被查询单位或个人开户、存款情况以及与存款有关的会计凭证、账簿、对账单等资料。对上述资料，金融机构应当如实提供，有权机关根据需要可以抄录、复制、照相，但不得带走原件。

金融机构协助复制存款资料等支付了成本费用的，可以按相关规定收取工本费。

第十五条　有权机关在查询单位存款情况时，只提供被查询单位名称而未提供账号的，金融机构应当根据账户管理档案积极协助查询，没有所查询的账户的，应如实告知有权机关。

第十六条　冻结单位或个人存款的期限最长为六个月，期满后可以续冻。有权机关应在冻结期满前办理续冻手续，逾期未办理续冻手续的，视为自动解除冻结措施。

第十七条　有权机关要求对已被冻结的存款再行冻结的，金融机构不予办理并应当说明情况。

第十八条　在冻结期限内，只有在原作出冻结决定的有权机关作出解冻决定并出具解除冻结存款通知书的情况下，金融机构才能对已经冻结的存款予以解冻。被冻结存款的单位或个人对冻结提出异议的，金融机构应告知其与作出冻结决定的有权机关联系，在存款冻结期限内金融机构不得自行解冻。

第十九条　有权机关在冻结、解冻工作中发生错误，其上级机关直接作出变更决定或裁定的，金融机构接到变更决定书或裁定书后，应当予以办理。

第二十条　金融机构协助扣划时，应当将扣划的存款直接划入有权机关指定的账户。有权机关要求提取现金的，金融机构不予协助。

第二十一条　查询、冻结、扣划存款通知书与解除冻结、扣划存款通知书均应由有权机关执法人员依法送达，金融机构不接受有权机关执法人员以外的人员代为送达的上述通知书。

第二十二条 两个以上有权机关对同一单位或个人的同一笔存款采取冻结或扣划措施时，金融机构应当协助最先送达协助冻结、扣划存款通知书的有权机关办理冻结、扣划手续。

两个以上有权机关对金融机构协助冻结、扣划的具体措施有争议的，金融机构应当按照有关争议机关协商后的意见办理。

第二十三条 本规定由中国人民银行负责解释。

第二十四条 本规定自 2002 年 2 月 1 日起施行。

银发〔2002〕1 号

教学活动 2 储蓄存款的查询、冻结和扣划业务处理

【活动目标】

掌握办理储蓄存款查询、冻结、扣划业务的操作流程和处理方法，能按照业务规程进行相关业务处理。

【知识准备】

一、储蓄存款的查询、冻结和扣划业务的操作流程

储蓄存款的查询、冻结和扣划业务操作流程如图 5 - 2 - 1 所示。

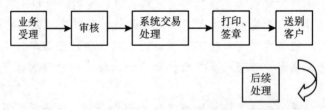

图 5 - 2 - 1 储蓄存款的查询、冻结和扣划业务操作流程

二、储蓄存款的查询、冻结和扣划业务步骤

1. 业务受理。

柜员聆听有权机关执法人员的业务需求，要求有权机关执法人员出具工作证件及身份证，并提交具有法律效力的执法文书证明。

2. 审核。

柜员审核有权机关执法人员工作证件、身份证以及相关法律文书的真实性与有效性。

（1）储蓄存款查询业务，柜员按规定审查《协助查询存款通知书》是否由县团级以上的有权机关出具，并经其主要负责人签字。

（2）储蓄存款冻结业务，柜员按规定审查《协助冻结存款通知书》是否由县团级以上的有权机关出具，并经其主要负责人签字。

（3）储蓄存款的解冻及扣划业务，柜员按规定审查《解除冻结存款通知书》是否由原作出冻结决定的有权机关作出解冻决定，并经其主要负责人签字。若扣划存款，柜员要审核

是否由县团级以上的人民法院或税务部门或海关出具的《扣划款项裁决书》或《扣划冻结款项通知书》，并经其主要负责人签字存款转入指定的账户合法。

3. 系统交易处理。

审核无误后，柜员进行系统交易处理，录入相关信息，完成后经营业经理授权提交，并登记《协助查询、冻结、扣划登记簿》。

4. 打印、签章。

柜员根据系统提示打印业务凭证，请有权机关执法人在凭证上确认签字后，加盖业务公章及名章。

5. 送别客户。

将加盖业务公章的查询、冻结、扣划业务通知书客户联及有权机关执法人证件退还客户。

6. 后续处理。

将相关业务凭证放专夹保管，留存备查。

【活动练习】

1. 2014 年 3 月 23 日，两位法院工作人员来到模拟银行，要求查询本行开户客户赵鹏的账户资金情况。

（1）法院人员需要提供什么证明才能够进行查询业务的办理？

（2）请模拟银行柜员协助法院执法人员按规程办理该笔储蓄存款的查询。

2. 案例分析。

近日，某客户到某银行的支行营业部查询个人客户储蓄存款明细。客户提供了本人身份证、被查询人（该客户养母，已亡故）身份证、公证处公证书、从另一网点查询的储蓄存款账号、金额明细，要求营业部（因被查询人在营业部开户）为其出具存款明细单并加盖证明章，作为公证处开立继承公证书的依据。

经办柜员对客户提供的证件以及公证书的内容进行认真仔细的审核，发现公证书只记载该客户与被查询人是母子关系，并未记载其养母存款由该客户继承。运营副主任和经办柜员分析后认为该客户无权查询其养母的储蓄存款。经办柜员向客户说明不能查询存款的理由，客户情绪激动，表示很不理解，并接通公证处的电话要求网点副主任刘玉芬接听。公证处工作人员在电话中要求该支行营业部出具存款明细单，公证处将据此开立继承公证书。按照银行的规章制度，公证书记载的合法继承人才有权查询客户存款，该份公证书只记载该客户与存款人是母子关系，并未记载该客户是存款人的合法继承人，所以银行拒绝为该客户办理查询存款业务。经过一番细致的解释，并向客户出示该行相关制度规定的文件，客户才表示理解并接受。

为防范业务风险，维护客户合法权益，该支行营业部负责人向客户进一步了解其家庭情况。经了解后得知：该客户的家庭情况较为复杂，因该客户是存款人的养子，存款人亡故后，存单并没有留给养子，而是留给了存款人的侄子。由此推断：如果银行按客户的要求为其办理存款查询，但存款人另有遗嘱，财产合法继承人待定，此笔业务将会埋下风险隐患，日后银行将会面临法律纠纷。为加强风险管理，营业部随后将总行《"关于存款人死亡后存款查询问题的请示"的答复》转发到各网点，及时向其他网点提示防范风险。

请运用所学知识对本案例进行分析。

参考答案:

一、案例分析:

1. 公证书记载的公证内容与客户的要求不符,不能为客户办理查询业务。

2. 网点经办人员要认真审核公证书记载的内容,严格按银行规章制度办理查询业务,不留风险隐患。

3. 网点经办人员坚持依法合规的操作原则。虽然客户暂时因不理解表示不满,但通过细致的解释,并向客户出示相关文件,最终打消了客户的不满和疑虑。

二、案例启示:

1. 经办人员尤其是管理人员要加强业务知识学习,严格按照规章制度进行流程操作,同时切实加强法律知识学习,掌握相关法律知识,努力提高自身法律水平,才能有效地防范操作风险。

2. 对于特殊业务,尤其是日常工作中不常见、容易引起司法纠纷的业务,一定要慎重处理。对客户提供的文件资料认真审核,避免工作失误。

3. 充分告知,解释到位。告知客户,必须具备继承财产的合法手续才能办理相关业务。面对情绪激动的客户,首先安抚客户,再按照银行规章制度作出合理解释,有理有据,不要因解释不到位出现服务问题。

【知识链接】有权查询、冻结、扣划单位和个人存款的执法机关一览表(如表5-2-1所示)

表5-2-1   有权查询、冻结、扣划单位和个人存款的执法机关一览表

单位名称	查询		冻结		扣划	
	单位	个人	单位	个人	单位	个人
人民法院	有权	有权	有权	有权	有权	有权
税务机关	有权	有权	有权	有权	有权	有权
海关	有权	有权	有权	有权	有权	有权
人民检察院	有权	有权	有权	有权	无权	无权
公安机关	有权	有权	有权	有权	无权	无权
国家安全机关	有权	有权	有权	有权	无权	无权
军队保卫部门	有权	有权	有权	有权	无权	无权
监狱	有权	有权	有权	有权	无权	无权
走私犯罪侦查机关	有权	有权	有权	有权	无权	无权
监察机关	有权	有权	无权	无权	无权	无权
审计机关	有权	无权	无权	无权	无权	无权
工商行政管理机关	有权	无权	暂停结算	暂停结算	无权	无权
证券监管管理机关	有权	无权	无权	无权	无权	无权

学习任务三　假币收缴与票币兑换

【学生的任务】

◇要求学生了解假币收缴业务的基本规定

◇要求学生掌握假币收缴业务的操作流程

◇要求学生掌握票币兑换业务的基本规定、业务流程

【教师的任务】

◇讲解假币收缴与票币兑换的基本规定

◇指导学生学习假币收缴与票币兑换的业务流程与操作

◇指导学生完成活动练习

教学活动1　假币收缴业务处理

【活动目标】

掌握假币收缴业务的基本规定，能按照业务规定进行假币收缴业务处理。

【知识准备】

一、假币收缴业务的基本规定

1. 《人民币管理条例》规定，单位和个人持有伪造、变造的人民币的，应当及时上交中国人民银行、公安机关或者办理人民币存取款业务的金融机构；发现他人持有伪造、变造人民币的，应当立即向公安机关报告。

2. 金融机构在办理业务时发现假币，由该金融机构两名以上业务人员当面予以收缴。办理假币收缴业务的人员，应当取得《反假货币上岗资格证书》。

3. 对假人民币纸币，应当面加盖"假币"字样的戳记；对假外币纸币及各种假硬币，应当面以统一格式的专用袋加封，封口处加盖"假币"字样戳记，并在专用袋上标明币种、券别、面额、张（枚）数、冠字号码、收缴人、复核人名章等细项。

4. 收缴假币的金融机构（以下简称"收缴单位"）向持有人出具中国人民银行统一印制的《假币收缴凭证》，并告知持有人如对被收缴的货币真伪有异议，可向中国人民银行当地分支机构或中国人民银行授权的当地鉴定机构申请鉴定。

5. 中国人民银行及中国人民银行授权的国有商业银行的业务机构应当无偿提供鉴定人民币真伪服务。

6. 收缴的假币，不得再交予持有人。金融机构对收缴的假币实物进行单独管理，并建立假币收缴代保管登记簿。

7. 金融机构在收缴假币过程中有下列情形之一的，应当立即报告当地公安机关，提供有关线索：

（1）一次性发现假人民币20张（枚）（含20张、枚）以上、假外币10张（含10张、枚）以上的。

（2）属于利用新的造假手段制造假币的。

（3）有制造贩卖假币线索的。

（4）持有人不配合金融机构收缴行为的。

二、假币收缴业务流程

假币收缴业务流程如图 5 – 3 – 1 所示。

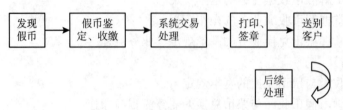

图 5 – 3 – 1　假币收缴业务流程

三、假币收缴业务操作步骤

1. 发现假币。

储户办理存款、提交现金；柜员审核证件、点收现金。若柜员在办理业务时发现假币应立即向客户声明，并马上报告主管柜员。

2. 假币鉴定、收缴。

柜员将可疑币报告业务主管进一步鉴定。确定为假币后，须由两名以上持有《反假币上岗资格证书》的经办人员在客户视线范围内办理假币收缴手续，当客户面在人民币假币正面窗及背面中央，分别加盖蓝色油墨的"假币"戳记。

3. 系统交易处理。

经办柜员使用"假币没收登记"交易进行登记，记入表外科目，打印一式三联"假币收缴凭证"（如图 5 – 3 – 2 所示）。

假 币 收 缴 凭 证
Receipt for the Seizure of Counterfeit Currency

收缴单位(盖章)：　　　　　　　　年　月　日　　编号：
Financial institution(stamp)：　　　Date：　　　No.：

持有人(或交款单位) the Seizure of Counterfeit Currency			
身份证(或其他有效证件)号码： 11dentification card or other valid document number of the counterfeit currency holder			
币种： Currency：	券别： Denomination：	版别： SerieS：	冠字号码： Counterfeit currency number：
数量： Amount：　　(张、枚) (Sheet)		合计面额 Total face value	
假币来源及制作方法： The origin of the counterfeit currency and the producing method：			
持有人(或交款单位经办人)签字： Signature of the counterfeit currency holder			

第一联　收缴单位留存

经办(cashier)：　　　　　复核(check—up)：

图 5 – 3 – 2　假币收缴凭证

4. 打印签章。

请客户在打印好的假币收缴凭证上签字确认，若客户拒绝则在凭证上注明"客户拒签"字样。在凭证上加盖业务公章和经办员、复核员名章。

5. 送别客户。

柜员将假币收缴凭证客户联交给原假币持有人并告知权利后，与客户道别。

持有人对被收缴货币的真伪有异议，可自收缴之日起 3 个工作日内，持《假币收缴凭证》直接或通过收缴单位向中国人民银行当地分支机构和中国人民银行授权的当地鉴定机构提出书面鉴定申请。

6. 后续处理。

使用"假币出入库"交易，在界面选择"收缴入库"，查询"登记"状态下柜员假币收缴记录，与实物核对无误后，作入库处理，在"假币收缴凭证"第二联加盖柜员名章确认。

【活动练习】

1. 2014 年 4 月 10 日，模拟银行辽金支行柜员在办理储户孙林存款业务时，发现 2 张 100 元纸币假币，请模拟银行柜员进行假币收缴业务处理。

2. 案例分析：假币收缴的纠纷。

上午 10 点，某银行营业厅，一男客户来到 VIP 窗口掏出 10 万元现金办理存款业务。柜员接过钱放入点钞机开始验钞，发现其中的一张钞票过不了，于是取出来经过确认后，告诉客户这是张假钞，要没收。客户要求看下这张钞票，柜员回答不行。于是，客户变得非常气愤，与柜员吵了起来，并不再听柜员解释，一直说要看这张钞票，理由是：第一，这钞票是刚从另一家银行取出来的，不可能是假钞；第二，就算是假钞，自己也希望认识一下，免得以后再次误收。于是，大堂经理、保安纷纷来到 VIP 窗口帮忙解释说这是银行的规定，可是客户情绪激动，根本听不进去。

请分析这个案例，银行要怎样比较妥当地处理。

参考答案：假币收缴的规范流程要求柜员收入客户存款时，整个收款过程必须在客户视线范围内完成。如发现收入的款项中存在假钞，则必须立即报告当值的业务负责人，双人核实确为假钞后，必须在假钞上先加盖人民银行统一格式的假币章，并向客户耐心解释，可以隔着玻璃让客户再次观察辨认。而后开具假币没收凭证，该没收凭证上填有该张假钞的具体细节特征（如钞票编号）。客户可核实无误后在假币没收凭证上签字确认；并告知客户如果对钞票被没收有异议，或对钞票真假有不同意见，客户可凭这张假币没收凭证于 3 日内到人民银行当地分支机构或人民银行授权的当地鉴定机构提出书面鉴定申请。

【知识链接】假币鉴定的有关规定

中国人民银行假币收缴鉴定管理办法（节选）

第三章　假币的鉴定

第十条　持有人对被收缴货币的真伪有异议，可以自收缴之日起 3 个工作日内，持

《假币收缴凭证》直接或通过收缴单位向中国人民银行当地分支机构或中国人民银行授权的当地鉴定机构提出书面鉴定申请。

中国人民银行分支机构和中国人民银行授权的鉴定机构应当无偿提供鉴定货币真伪的服务，鉴定后应出具中国人民银行统一印制的《货币真伪鉴定书》，并加盖货币鉴定专用章和鉴定人名章。

中国人民银行授权的鉴定机构，应当在营业场所公示授权证书。

第十一条　中国人民银行分支机构和中国人民银行授权的鉴定机构应当自收到鉴定申请之日起2个工作日内，通知收缴单位报送需要鉴定的货币。

收缴单位应当自收到鉴定单位通知之日起2个工作日内，将需要鉴定的货币送达鉴定单位。

第十二条　中国人民银行分支机构和中国人民银行授权的鉴定机构应当自受理鉴定之日起15个工作日内，出具《货币真伪鉴定书》。因情况复杂不能在规定期限内完成的，可延长至30个工作日，但必须以书面形式向申请人或申请单位说明原因。

第十三条　对盖有"假币"字样戳记的人民币纸币，经鉴定为真币的，由鉴定单位交收缴单位按照面额兑换完整券退还持有人，收回持有人的《假币收缴凭证》，盖有"假币"戳记的人民币按损伤人民币处理；经鉴定为假币的，由鉴定单位予以没收，并向收缴单位和持有人开具《货币真伪鉴定书》和《假币没收收据》。

对收缴的外币纸币和各种硬币，经鉴定为真币的，由鉴定单位交收缴单位退还持有人，并收回《假币收缴凭证》；经鉴定为假币的，由鉴定单位将假币退回收缴单位依法收缴，并向收缴单位和持有人出具《货币真伪鉴定书》。

第十四条　中国人民银行分支机构和中国人民银行授权的鉴定机构鉴定货币真伪时，应当至少有两名鉴定人员同时参与，并作出鉴定结论。

第十五条　中国人民银行各分支机构在复点清分金融机构解缴的回笼款时发现假人民币，应经鉴定后予以没收，向解缴单位开具《假币没收收据》，并要求其补足等额人民币回笼款。

第十六条　持有人对金融机构作出的有关收缴或鉴定假币的具体行政行为有异议，可在收到《假币收缴凭证》或《货币真伪鉴定书》之日起60个工作日内向直接监管该金融机构的中国人民银行分支机构申请行政复议，或依法提起行政诉讼。

持有人对中国人民银行分支机构作出的有关鉴定假币的具体行政行为有异议，可在收到《货币真伪鉴定书》之日起60个工作日内向其上一级机构申请行政复议，或依法提起行政诉讼。

第四章　罚　　则

第十七条　金融机构有下列行为之一，但尚未构成犯罪的，由中国人民银行给予警告、罚款，同时，责成金融机构对相关主管人员和其他直接责任人给予相应纪律处分：

（一）发现假币而不收缴的；

（二）未按照本办法规定程序收缴假币的；

（三）应向人民银行和公安机关报告而不报告的；

（四）截留或私自处理收缴的假币，或使已收缴的假币重新流入市场的。

上述行为涉及假人民币的，对金融机构处以 1 000 元以上 5 万元以下罚款；涉及假外币的，对金融机构处以 1 000 元以下的罚款。

第十八条　中国人民银行授权的鉴定机构有下列行为之一，但尚未构成犯罪的，由中国人民银行给予警告、罚款，同时责成金融机构对相关主管人员和其他直接责任人给予相应的纪律处分：

（一）拒绝受理持有人、金融机构提出的货币真伪鉴定申请的；

（二）未按照本办法规定程序鉴定假币的；

（三）截留或私自处理鉴定、收缴的假币，或使已收缴、没收的假币重新流入市场的。

上述行为涉及假人民币的，对授权的鉴定机构处以 1 000 元以上 5 万元以下罚款；涉及假外币的，对授权的鉴定机构处以 1 000 元以下的罚款。

第十九条　中国人民银行工作人员有下列行为之一，但尚未构成犯罪的，对直接负责的主管人员和其他直接责任人员，依法给予行政处分：

（一）未按照本办法规定程序鉴定假币的；

（二）拒绝受理持有人、金融机构、授权的鉴定机构提出的货币真伪鉴定或再鉴定申请的；

（三）截留或私自处理鉴定、收缴、没收的假币，或使已收缴、没收的假币重新流入市场的。

教学活动 2　票币兑换业务处理

【活动目标】

掌握票币兑换业务的基本规定，能按照业务规定进行票币兑换业务处理。

【知识准备】

一、票币兑换业务的基本规定

1. 办理出纳业务的行处，必须办理兑换业务，并挂牌营业。

2. 坚持"先兑入，后兑出"的原则。

3. 兑入现金，在兑换人离柜前不得与其他款项混淆。

4. 收回损伤币不得流通使用，应及时整点入库。

5. 凡兑换的票币必须进行复点。

6. 残损外币不予兑换。

7. 兑换残币、污损人民币应严格按照《中国人民银行残缺、污损人民币兑换管理办法》的规定办理，凡办理人民币存取款业务的金融机构（以下简称金融机构）应无偿为公众兑换残缺、污损人民币，不得拒绝兑换。

（1）能辨别面额，票面剩余 3/4（含 3/4）以上，其图案、文字能按原样连接的残缺、污损人民币，金融机构应向持有人按原面额全额兑换。

（2）能辨别面额，票面剩余1/2（含1/2）至3/4以下，其图案、文字能按原样连接的残缺、污损人民币，金融机构应向持有人按原面额的一半兑换。

（3）纸币呈正十字形缺少1/4的，按原面额的一半兑换。

（4）兑付额不足一分的，不予兑换；五分按半额兑换的，兑付二分。

（5）不予兑换的残缺污损人民币：票面残缺1/2以上者；票面污损、熏焦、水湿、油渍、变色、不能辨别真假者；故意挖补、涂改、剪贴、拼凑、揭去一面者。

二、票币兑换业务操作流程

票币兑换业务操作流程如图5-3-3所示。

图5-3-3　票币兑换业务操作流程

三、票币兑换业务步骤

1. 业务受理。

银行柜员仔细聆听客户口述主、辅币兑换或残缺币兑换的要求，接收需兑换的票币。

2. 核对。

（1）主、辅币兑换，柜员要确认客户兑换金额或请客户填写兑换清单，进行清点与核对。

（2）残缺、污损人民币兑换由柜员按照《中国人民银行残缺污损人民币兑换办法》的有关规定确定兑换标准，经复核、业务主管确认无误后，应向残缺、污损人民币持有人说明认定的兑换结果。不予兑换的残缺、污损人民币，应退回持有人。残缺、污损人民币持有人同意金融机构认定结果的，当着兑换人的面在损伤票币上加盖"全额"或"半额"戳记，分类别按全额、半额使用专用袋密封，填制金融机构特殊残缺污损人民币兑换单，加盖有关人员名章；专用袋及封签应具有不可恢复性。如遇特殊原因的损伤票币需放宽标准的，兑换时需经有关领导批准。

3. 配款。

柜员清点与核对无误后，按客户要求（主、辅币兑换）或按鉴定（残缺票币兑换）配款。

4. 送别客户。

柜员将配好的款交予客户，客户确认无误后与客户道别。

5. 后续处理。

柜员将主、辅币兑换的现金放入钱箱；残缺币兑换的，将有关证明与被兑换、鉴定票币一起装封入袋，以备查考。鉴别人签章封口，交当地中国人民银行发行库销毁。

【活动练习】

案例分析：残币兑换标准的纠纷。

李女士的母亲在家附近开个小卖店，由于天黑年纪大眼神不好，收到了一张残缺的一百元人民币。李女士心想残缺的钱币可以兑换，便跑了市区多家银行兑换，有意思的是，有的银行说票面剩余不足一半，不能兑换；而有的银行却说可以兑换。同样一张残币，在不同的银行鉴定出不同的结果。

请问模拟银行柜员解答李女士的疑问，到底银行有没有统一的鉴定标准呢？

参考答案：各商业银行一般都有一种兑换残币的标尺，是由中国人民银行发放的。但在实际操作中，银行工作人员一般都是通过折叠完整人民币与残币对比，来决定残币大小是否可以兑换，有时可能会存在一定误差。按照《中国人民银行残缺污损人民币兑换办法》的规定，凡办理人民币存取款业务的金融机构都应无偿为大众兑换残缺污损人民币。残缺、污损人民币兑换分"全额"、"半额"两种：能辨别面额，票面剩余3/4（含3/4）以上，其图案、文字能按原样连接的残缺、污损人民币，金融机构应向持有人按原面额全额兑换；能辨别面额，票面剩余1/2（含1/2）至3/4以下，其图案、文字能按原样连接的残缺、污损人民币，金融机构应向持有人按原面额的一半兑换；纸币呈正十字形缺少1/4的，兑换半额。

教学项目六　柜面代理业务

【学习目标】

◇ 代理缴费业务的种类及业务处理方式

◇ 代理国债业务的种类及业务的规范操作流程

◇ 基金业务的基础知识及代理基金业务的规范操作流程

【技能目标】

◇ 能按具体业务操作流程规范办理各项代理缴费业务

◇ 能按具体业务操作流程规范办理代理凭证式国债、储蓄国债、记账式国债等业务

◇ 能按具体业务操作流程规范办理基金账户的开户、申/认购、赎回等业务

学习任务一　代理缴费业务

【学生的任务】

◇ 要求学生了解代理缴费业务的基本知识

◇ 要求学生掌握代收移动手机话费、水费业务的操作流程

◇ 要求学生掌握委托代缴费业务签约的操作流程

【教师的任务】

◇ 讲解代理缴费业务的基本知识

◇ 指导学生学习代理缴费业务的具体操作

◇ 指导学生完成活动练习

教学活动1　代理缴费业务知识介绍

【活动目标】

掌握代理缴费业务的内容及业务处理方式。

【知识准备】

一、代理业务简介

代理业务是指商业银行接受客户的委托、代为办理客户指定的经济事务、提供金融服务并收取一定费用的业务。在代理业务中，银行作为中介人应与委托人签订符合法律法规的协议，明确代理的内容、范围、对象、时间、方式和费用，以及双方的权利、义务等。同时，应贯彻"先收后付、先存后支、不予垫款"的原则。代理业务是典型的中间业务。银行充分利用自身的信誉、技能、信息等资源代客户行使监督管理权、提供各项金融服务。柜面代理业务主要包括代收代付业务、代理证券业务、代理基金业务、代理国债业务、代理保险业

务等。

目前，私人银行业务日益成为我国商业银行拓展中间业务的竞争核心。代理业务具有为客户服务的性质，是代理人和被代理人之间产生的一种契约关系和法律行为，商业银行在办理代理业务过程中，不使用自己的资产，主要发挥财务管理职能和信用服务职能。商业银行通过办理代理业务能够增加银行的盈利、促进银行间的竞争以及促进银行资产负债业务的发展。

二、代理缴费业务的特点及方式

在代理业务中应用范围最广的就是代收代付业务，此类业务几乎涉及社会生活的每一家每一户。代收代付业务是指商业银行利用自身网点、人员、汇兑网络等优势，接受行政管理部门、社会团体、企事业单位和个人的委托，代为办理指定款项收付的业务。

代收代付业务的种类繁多，涉及范围广泛。对个人客户来说，主要是代缴费业务，就是银行代理收费单位向其用户收取费用的一种转账结算业务，如代收固定电话费、手机费、水电费、保险费、采暖费、交通违章罚款等。

1. 特点。

该项业务可以利用商业银行先进的结算手段、广泛的营业网点以及与单位、个人的紧密联系，为社会提供丰富的服务项目；可以有效地帮助客户节约宝贵时间、提高效率。同时还能提高业务安全性，降低差错率；银行通过为客户提供代收代付服务获得手续费收入，并且是商业银行扩大市场、提高社会信用度的重要工具。

2. 代理缴费业务处理方式。

（1）主动缴费：客户主动向银行提出业务需求种类及业务编号，银行柜员为其办理相关缴费手续，客户可以根据情况自主选择现金缴费或转账缴费方式。

（2）委托扣款：客户与银行签订代扣协议，约定每月定期从签约账户中扣除应缴纳的费用。

（3）自助缴费：客户还可以通过银行 ATM、多媒体自助终端、电话银行、网上银行、手机银行自助办理日常缴费业务。

三、代理缴费业务流程

1. 银行为代理缴费业务双方开立存款账户。
2. 银行作为中间人，与代理缴费业务涉及的双方主体签订协议。
3. 代理缴费业务办理。

【活动练习】

1. 什么是银行的代理业务？
2. 代理缴费业务的方式有哪些？

教学活动 2　代收移动手机话费业务

【活动目标】

掌握代收移动手机话费业务的流程及具体操作。

【知识准备】

代收移动手机话费业务是银行接受中国移动公司的委托，根据客户提供的中国移动电话号码由柜面办理收费的常见代理业务。银行还针对不同的消费群体，采取不同的收费方式，如电话交费、网上交费、银行卡付费等，给用户提供多种付费的选择，从而提供更便捷、更优质的服务。

一、代收移动手机话费业务流程

代收移动话费业务流程如图 6 - 1 - 1 所示。

图 6 - 1 - 1　代收移动话费业务流程

二、代收移动手机话费业务操作步骤

1. 客户提出业务申请。

客户可以到开通此项业务的银行任意网点办理手机缴费业务，无须填写凭条，只需将缴费手机号码口头告知柜员即可。

2. 柜员审核。

柜员同客户确认缴费号码，根据手机号码查询缴费信息，并告知客户，请客户缴费。

3. 点收款项。

柜员清点客户缴纳的现金；客户也可凭在经办行开户的卡、折进行缴费。

4. 系统交易处理。

柜员核对缴费信息并点收现金无误后，进行系统交易处理，进入系统菜单选择代理业务——代收移动手机话费，录入手机号码、缴费金额等信息，确认无误后提交系统。

5. 打印、签章。

系统交易处理成功后，柜员打印缴费凭证（如图 6 - 1 - 2 所示）并加盖现讫章或转讫章。

邮电通信业（电话费）专用发票

中国移动通信
CHINA MOBLIE

发　票　联

000005

发票代码：23200540811
发票号码：01630002
开票日期 2014.3.6

电话号码	13770675116			应交月份	201402		收款日戳	
户　名	李辉						收款员	
项　目	金　额	项　目	金　额	项　目	金　额	项　目	金　额
通话费	123.64	GPRS费用	0.00	来电显示	5.00	上次截零	0.34
漫游通话费	22.40	彩信费用	0.00	小额套餐费	30.00	本次截零	0.96
长途费	30.08	梦网WAP	0.00	彩铃月租费	5.00		
点对点短信	33.50	彩铃信息费	2.00	个人套餐费	30.00		
金额(大写)	贰佰捌拾壹元整			￥ 281.00			结算方式	转账：现金

② 客户收执

注：1. 按期缴费，过期不缴收取违约金。2. 请用户妥善保存发票。3. 收款方盖章有效。

图 6 - 1 - 2　移动话费缴费凭证

6. 送别客户。

将缴费凭证回单联递交客户，送别客户后整理归档桌面凭证。

三、其他业务功能

1. 话费查询。

客户需要查询账期内是否已经缴费，或需要缴纳多少费用可通过柜台缴费查询交易进行查询。

2. 发票补打。

当客户在柜台缴纳手机话费，遇到发票打印不成功的情况，柜员在当时可为客户补打一次发票。补打发票交易只限当天、当时网点、当时柜员进行。

3. 退费。

退费交易只限当天、当时网点、当时柜员进行，执行退费交易时必须将客户手中的代收业务发票收回，与银行留存联一同作废并上缴事后监督。银行一般不办理隔日退费业务，对重复缴费的客户可让其持本人有效身份证件和银行所出的代收发票到中国移动通信公司营业部办理退费手续。

【活动练习】

客户李明来到模拟银行要求办理缴纳移动手机话费业务，手机号码为13912349876，请模拟银行柜员按规范流程为客户办理业务。

教学活动3 代收水费业务

【活动目标】

掌握代收水费业务的流程及具体操作。

【知识准备】

代收水费业务是银行接受自来水公司的委托，根据客户提供的水费凭证（缴款单），由柜台办理收费的一项常见的代理业务。为了进一步提高城市供水企业的服务水平，使居民缴纳水费更加方便快捷，与自来水公司签订委托协议的金融机构逐步扩大服务，办理代缴、代扣、代办业务。

一、代收水费业务流程

代收水费业务流程如图6-1-3所示。

图6-1-3 代收水费业务流程

二、代收水费业务操作

1. 客户提出业务申请。

客户提交水费凭证（缴款单）。

2. 柜员审核。

柜员接到客户交来的缴费凭证，审查凭证是否合法、有效。

3. 点收款项。

柜员清点客户缴纳的现金；客户也可凭在经办行开户的卡、折进行缴费。

4. 系统交易处理。

柜员核对缴费信息并点收现金无误后，进行系统交易处理，进入系统菜单选择代理业务——代收水费，录入缴费账号、缴费金额等信息，确认无误后提交系统。

5. 打印签章。

系统交易处理成功后，柜员打印缴费凭证（如图6-1-4所示）并加盖现讫章或转讫章。

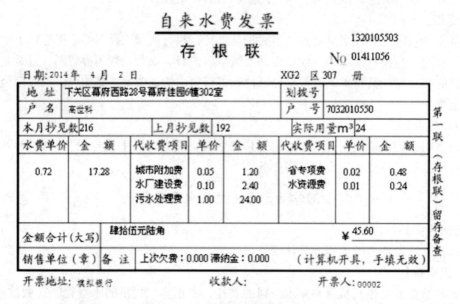

图6-1-4 自来水费缴费凭证

6. 送别客户。

将缴费凭证回单联递交客户，送别客户后整理归档桌面凭证。

【活动练习】

客户刘东来到模拟银行要求办理缴纳电费业务，缴费客户号8113931133，请模拟银行柜员参考上述规范流程为客户办理业务。

教学活动4 委托代缴费业务

【活动目标】

掌握委托代缴费业务签约的业务流程及规范操作步骤。

【知识准备】

委托代缴费业务是客户与银行签订转账付款协议，委托银行定期从指定的银行账户划拨相应的资金给公共事业单位，客户不需要定期到缴费部门或者银行缴费，只需在缴费日前保证缴费账户内有足够金额款项即可。客户可通过网点柜台、电子银行等渠道查询缴费记录。

一、委托代缴费签约业务流程

委托代缴费签约流程如图6-1-5所示。

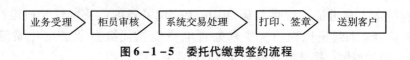

图6-1-5 委托代缴费签约流程

二、委托代缴费签约业务操作步骤

1. 业务受理。

客户申请办理代理缴费业务签约时，应向柜员提供本人有效身份证件、本行开户的银行卡或存折账户、并填制"代理业务委托申请书"（如图6-1-6所示）。

图6-1-6 代理业务委托申请书

2. 柜员审核。

经办柜员审核客户提交的资料，审核内容包括：客户提交的身份证件是否为本人的真实有效证件；代理业务委托申请书的填写是否正确、完整；审核客户提供的缴费签约账户是否合规，并为没有银行账户的客户开立账户。

3. 系统交易处理。

审核无误后，柜员进入电脑系统输入交易代码，进行签订委托代扣协议交易操作，录入代理签约业务种类、账号、户名、证件号码、用户编号等信息，并请客户输入密码，确认无误后提交系统。

4. 打印、签章。

系统交易处理成功后，柜员打印"代理业务委托申请书"，请客户签字后加盖业务公章和名章。

5. 送别客户。

将客户的身份证件、银行卡（或折）以及业务凭证的回单联递交客户，送别客户后整理归档桌面凭证。

【活动练习】

客户黄鑫持本人身份证（证件号码210103198801014578）及本行开户银行卡（卡号6222023305061784）来到模拟银行，要求办理电费委托代缴费业务（电费缴费客户号6116367898），请模拟银行柜员按规程为客户办理业务。

学习任务二　代理国债业务

【学生的任务】

◇要求学生了解代理国债业务的基本知识

◇要求学生掌握代理凭证式国债业务的操作流程

◇要求学生掌握代理储蓄国债和记账式国债业务的操作流程

【教师的任务】

◇讲解代理国债业务的基本知识

◇指导学生学习代理国债业务的具体操作

◇指导学生完成活动练习

教学活动1　代理凭证式国债业务

【活动目标】

掌握凭证式国债购买及兑付的业务操作方法及要领，能按业务规程正确办理相关业务。

【知识准备】

一、凭证式国债的定义及特点

1. 凭证式国债的定义。

凭证式国债也称储蓄国债（凭证式），是银行代理国家发行国债的一种主要手段。是指国家不印制实物券面，而采用填制"中华人民共和国凭证式国债收款凭证"的方式，通过商业银行柜台面向城乡居民个人和各类投资者发行的储蓄性国债。

凭证式国债为记名国债，面向社会公众发行，可以挂失，可以提前兑取和办理质押贷款、开具存款证明书等，但不得更名，不可上市转让。投资人购买的国债自购买之日开始记息，到期一次还本付息，不计复利，逾期不加计利息。投资人需提前变现时，可到原网点或一级分行辖内网点办理提前兑付，提前兑付需缴纳手续费。

2. 凭证式国债的特点。

凭证式国债具有类似储蓄的特点，尤其适合追求稳健投资收益的各类投资者。

（1）安全性强。凭证式国债以国家信用作担保，投资风险低；可以记名挂失，持有的安全性较好。

（2）购买便捷。凭证式国债发售网点多，购买和兑取方便，投资门槛低，购买额为百元的整数倍，最低为100元。各大银行的各个营业网点均可以办理凭证式国债业务。

（3）收益稳定。凭证式国债利息收入免征个人利息所得税，发行利率一般高于相同期限银行定期存款年收益率。

（4）流动性好。凭证式国债虽不能上市交易，但可随时到原购买点兑取现金，提前兑取按持有期限长短、取相应档次利率计息，各档次利率均接近银行同期存款利率，相对于定期储蓄存款提前支取只能活期计息较为优惠。

二、凭证式国债业务操作流程

凭证式国债业务流程如图6-2-1所示。

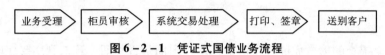

业务受理 → 柜员审核 → 系统交易处理 → 打印、签章 → 送别客户

图6-2-1 凭证式国债业务流程

三、购买凭证式国债业务操作步骤

1. 业务受理。

购买凭证式国债的客户需提交业务申请，出示本人有效身份证件。为了客户资产的安全和便于以后到分行辖内其他网点办理提前兑取或兑付，建议客户购买时设置密码。

2. 柜员审核。

柜员审核客户信息无误后，点收购买凭证式国债的款项。

3. 系统交易处理。

柜员使用系统交易处理——代理国债业务，进入发行国债交易页面，录入相关信息，包括客户的购买日期、购买人姓名、购买券种、购买金额、身份证件号码等。

4. 打印、签章。

提交系统成功后，打印国债凭证及凭证式国债收款凭证（如图6-2-2所示），检查所打印的凭证上的起息日、到期日、期限、期次、利率等的内容正确无误后，经办柜员签章。

中华人民共和国凭证式国债收款凭证

模拟银行 辽金支行　　　　　　　　　　　　　　　　　　　NO.88771234

购买日期	起息日期	印密	年度	期次	期限	年利率	到期日期	柜员号
20110203	20110203	密	2011	1	3年	4.56	20140203	00003

账号 02003594587223479　　户名 王刚　　原账号

金额（大、小写） 伍万元整　　　　　¥50 000.00

会计分录：

银行签章

缴款人收执

兑取日期	计息天数	年利率	利息	柜员号

兑取时：　复核　　出纳　　记账　　　　购买时：　复核　　出纳　　记账

图6-2-2 凭证式国债收款凭证

5. 送别客户。

将身份证、凭证式国债及凭证式国债收款凭证递交客户。送别客户后将桌面凭证整理归档。

四、兑付凭证式国债业务操作步骤

1. 业务受理。

凭证式国债可以办理提前兑取或到期兑付，客户须持身份证件及凭证式国债债券收款凭证到银行开办凭证式国债业务的网点办理。若购买时未设置密码的客户，必须到原购买网点办理。

2. 柜员审核。

柜员对客户提交的债券凭证进行审查，审查国债是否到期。若未到期要提取，除需出示本人身份证明外，还必须到原购买网点办理兑付手续。

3. 系统交易处理。

对凭证审查无误后，柜员使用系统交易处理——代理国债业务，进行国债兑付交易处理，并根据国债是否到期选择提前兑取或到期兑付。按财政部规定，提前兑取需按兑取本金额的1‰收取手续费。

4. 打印、签章。

提交系统成功后，打印债券收款凭证、债券兑付清单，请客户在债券兑付清单上确认签字后，经办柜员在凭证上加盖现讫章、名章。

5. 送别客户。

根据凭证金额按照从大到小的顺序逐位配款，并依次按实物券别录入，无误后方可对外支付；配款完毕将现金、身份证及相关凭证客户留存联交付客户。送别客户后将桌面凭证整理归档。

【活动练习】

1. 客户张敏于2011年6月5日在模拟银行购买3年期凭证式国债6万元，请模拟银行柜员按规定为客户办理业务。

2. 2014年6月5日，客户张敏来到模拟银行要求兑付于2012年6月5日购买的3年期凭证式国债6万元，请模拟银行柜员按规定为客户办理业务。

【知识链接】凭证式国债提前兑付时的利息计算

　　提前兑付时，持有不足半年不计付利息，超过半年以上，其利息按实际持有天数及相应的利率档次分档计算。

教学活动2　代理储蓄国债业务

【活动目标】

掌握储蓄国债购买及兑付的业务操作方法及要领，能按业务规程正确办理相关业务。

【知识准备】

一、储蓄国债的定义及特点

1. 储蓄国债的定义。

储蓄国债（电子式），是指财政部在中华人民共和国境内发行，通过试点商业银行面向个人投资者销售的、以电子方式记录债权的不可流通的人民币债券。储蓄国债为记名国债，采用实名制，仅限个人投资者，不向机构投资者发行。同一客户只能开立一个国债账户，单个账户单期有购买上限。储蓄国债只能在发行期认购，不可上市流通，只可提兑。投资者购买储蓄国债以100元为起点，并以百元的整数倍办理各项业务。

2. 储蓄国债的特点。

（1）由于储蓄国债是财政部代表国家发行的国家公债，是以国家信用为保证的，到期由财政部还本付息，其信用等级最高，这是其他以商业信用为担保的投资工具所无法比拟的。

（2）储蓄国债利息收入免征个人所得税，发行利率高于相同期限银行储蓄存款税后收益；在储蓄国债到期前的整个存续期内，面值稳定并随着时间增加而自然获取利息，没有价格涨跌波动风险。

（3）储蓄国债以电子方式记录债权，易保管。

（4）储蓄国债可按规定提前兑取现金；投资者在购买储蓄国债的同时，即获得了一个优良的融资工具，当需要小额贷款时，可用储蓄国债作为质押物，到原购买银行办理质押贷款。

二、购买储蓄国债的业务流程

购买储蓄国债业务流程如图6-2-3所示。

图6-2-3 购买储蓄国债业务流程

三、购买储蓄国债业务操作步骤

1. 开立国债账户。

申请购买储蓄国债的客户凭本人有效身份证件及借记卡（或存折），到银行开办储蓄国债（电子式）业务的网点，填写储蓄国债账户开户申请表开立国债账户。

2. 认购储蓄国债。

开立国债账户后，客户可以凭本人有效身份证件、个人国债账户开户所使用的借记卡（或存折），填写《储蓄国债业务申请表》申请认购储蓄国债。

3. 系统交易处理。

柜员审核客户的证件及业务申请表，审核无误后，使用系统交易处理——代理国债业务进行储蓄国债认购的操作。会计分录为：

借：现金（或活期储蓄存款——××户）

贷：国债存款——××户

4. 打印签章。

系统交易成功后，打印"储蓄国债（电子式）认购确认书"（如图6－2－4所示），交客户签字确认后，经办柜员加盖业务章及名章。

中华人民共和国储蓄国债（电子式）认购确认书

模拟银行辽金支行		2013 年 8月9日		流水号：XX0000000000		
个人信息	户　名	张欣				
	托管账号	020422010000000460	资金账号	6222078913561485		
债券基本信息	债券代码	091705	期　限	1		年
	起息日	20130809	到期日	20140809		
	付息方式	到期一次支付	认购面额	￥30 000.00		元
	计息方式	单利计息				
提兑	持有区间	月——　月，适用利率：　0　，扣除利息天数：　　天；				
	持有区间	月——　月，适用利率：执行利率，扣除利息天数：　　天；				
	持有区间	月——　月，适用利率：执行利率，扣除利息天数：　　天；				
	持有区间	月——　月，适用利率：执行利率，扣除利息天数：　　天.				
经办：		复核：	银行签章：	客户签字：		（参考）

图6－2－4　储蓄国债（电子式）认购确认书

5. 送别客户。

将客户提交的身份证件及凭证的客户留存联递交客户。送别客户后将桌面凭证整理归档。

四、兑付储蓄国债业务操作步骤

1. 提前兑取。

（1）客户申请。申请提前兑取的客户需填写《储蓄国债业务申请表》，同时提供个人国债账户开户所使用的借记卡（或存折）。

（2）柜员审核。柜员审核客户的申请表及账户信息。

（3）系统交易处理。柜员审核客户信息无误后，使用系统交易处理——代理国债业务，进行储蓄国债的提前兑取交易处理。提前兑取需扣除一部分收益，并按兑取本金的一定比例收取手续费。

（4）打印签章。系统交易成功后，根据系统提示打印"中华人民共和国储蓄国债（电子式）提前兑取确认书"，请客户签字确认后，经办柜员加盖清讫章及名章。

（5）送别客户。将客户的卡或折及凭证的客户留存联递交客户。送别客户后将桌面凭证整理归档。

2. 自动派息兑付。

在规定的付息、兑付日，客户的应得利息或者本息资金将被自动记入个人国债账户开户所使用的借记卡（或存折），无须办理任何手续。

3. 查询与对账。

在购买储蓄国债（电子式）后，客户可以通过网点柜台、银行客户服务电话及网上银行进行国债余额查询；客户在购买储蓄国债后第 2 个营业日，即可到银行柜台打印对账单。

【活动练习】

1. 2013 年 5 月 20 日，客户张军来到模拟银行要求认购 1 年期储蓄国债 3 万元，请模拟银行柜员按业务规程为客户办理业务。

2. 2014 年 2 月 20 日，客户张军来到模拟银行要求提前兑取之前在本行购买的储蓄国债，请模拟银行柜员按业务规程为客户办理业务。

教学活动 3　代理记账式国债业务

【活动目标】

掌握记账式国债购买及兑付的业务操作方法及要领，能按业务规程正确办理相关业务。

【知识准备】

一、记账式国债的定义及特点

1. 记账式国债的定义。

记账式国债又称无纸化国债，是由财政部通过无纸化方式发行的、以电脑记账方式记录债权，并可以上市交易的债券。记账式国债以记账形式记录债权、通过证券交易所的交易系统发行和交易，可以记名、挂失。投资者进行记账式证券买卖，必须在证券交易所设立账户。由于记账式国债的发行和交易均无纸化，所以效率高，成本低，交易安全。

柜台记账式国债业务是指商业银行通过其营业网点和网上银行等电子渠道与投资人进行买卖，并办理托管与结算。

2. 记账式国债的特点。

记账式国债除了具有安全性强、免征利息税、收益高、流动性好等国债类产品的共同特征外，同凭证式国债相比，它还具有如下特点：

（1）提前兑现不损失利息。凭证式国债有固定期限，未到期兑现不仅损失利息，还要支付手续费。记账式国债提前兑现时，仅需支付少量交易手续费，仍可享受按票面利率支付的持有期利息。如果价格没有大幅下跌，投资者不仅不损失原价也不损失利息。

（2）记账式国债按复利计息。凭证式国债到期是一次性支付本金及利息，获得的是单利。记账式国债根据不同的年限，有不同的付息方式，一般中长期的记账式国债，采用年付或半年付，这些利息可以用来再投资，相当于复利计息。这对于长期的国债，这也是一笔不小的投资收益。

（3）价格随市场利率变化。凭证式国债到期支付本金与利息，好像没有什么风险，但在市场利率上升时，就会损失利息。记账式国债的价格，完全按市场供需及市场利率决定，当市场预期利率上升时价格下降，市场预期利率下降时价格则上升。相比凭证式国债，记账式国债更加灵活，价格强势时可以赚价差，价格弱势时，可以像凭证式国债一样持有到期，享受利息。

二、记账式国债业务处理流程

1. 开立记账式国债交易账户。

客户持本人有效身份证件及借记卡，并与银行签订《柜台记账式国债交易协议书》申请开立记账式国债交易账户。

2. 认购。

客户凭本人有效身份证件及已经开通记账式国债交易账户的借记卡，可在债券发行期内到银行营业网点认购凭证式国债，即买入交易。已认购成交的债券，在发行期内不可卖出。

3. 交易。

开通记账式国债交易账户的客户可以通过银行受理记账式国债交易的营业网点、自助终端、电话银行、网上银行买卖国债。通过营业网点柜台办理买入或卖出交易时，须填写国债委托买入/卖出受理凭证，写明要买卖国债的名称、代码、数量，交由银行经办人员办理。记账式国债的柜台交易由客户自担在买卖过程中的价格波动风险。

4. 本息兑付。

到期日及付息日，银行将客户的本息自动划入签约的账户内，客户无须到银行办理。

【活动练习】

1. 记账式国债的概念及特点。

2. 2014 年 4 月 16 日，客户王波来到模拟银行持身份证及本行开户借记卡要求购买 5 年期记账式国债 10 万元，请模拟银行柜员按业务规程为客户办理业务。

学习任务三　代理基金业务

【学生的任务】

◇要求学生了解基金业务的基础知识

◇要求学生掌握代理基金开户业务、代理基金认/申购业务的操作流程

◇要求学生掌握代理基金赎回业务的操作流程

【教师的任务】

◇讲解基金业务的基本知识

◇指导学生学习基金开户、申购、认购、赎回业务的具体操作

◇指导学生完成活动练习

教学活动 1　基金业务知识介绍

【活动目标】

了解基金业务的概念、分类等基础知识。

【知识准备】

一、基金的概念

基金是一种大众化的信托投资工具，这种投资工具由基金管理公司或其他发起人发起，通过向投资者发行受益凭证，将大众手中的零散资金集中起来，委托具有专业知识和投资经验的专家进行管理和运作，由信誉良好的金融机构充当所募集资金的信托人或托管人。基金运作包括三个主要要素，即基金投资人（也称受益人）；基金的管理人即基金管理公司；基金的托管人或信托人。

基金作为一种现代化的投资工具，主要具有以下三个特征。

1. 集合投资。基金是这样一种投资方式：它将零散的资金巧妙地汇集起来，交给专业机构投资于各种金融工具，以谋取资产的增值。基金对投资的最低限额要求不高，投资者可以根据自己的经济能力决定购买数量，有些基金甚至不限制投资额大小，完全按份额计算收益的分配，因此，基金可以最广泛地吸收社会闲散资金，集腋成裘，汇成规模巨大的投资资金。在参与证券投资时，资本越雄厚，优势越明显，而且可能享有大额投资在降低成本上的相对优势，从而获得规模效益的好处。

2. 分散风险。以科学的投资组合降低风险、提高收益是基金的另一大特点。在投资活动中，风险和收益总是并存的，因此，"不能将所有的鸡蛋都放在一个篮子里"，这是证券投资的箴言。但是，要实现投资资产的多样化，需要一定的资金实力，对小额投资者而言，由于资金有限，很难做到这一点，而基金则可以帮助中小投资者解决这个困难。基金可以凭借其雄厚的资金，在法律规定的投资范围内进行科学的组合，分散投资于多种证券，借助于资金庞大和投资者众多的公有制使每个投资者面临的投资风险变小，另一方面又利用不同的投资对象之间的互补性，达到分散投资风险的目的。

3. 专业理财。基金实行专家管理制度，这些专业管理人员都经过专门训练，具有丰富的证券投资和其他项目投资经验。他们善于利用基金与金融市场的密切联系，运用先进的技术手段分析各种信息资料，能对金融市场上各种品种的价格变动趋势作出比较正确的预测，最大限度地避免投资决策的失误，提高投资成功率。对于那些没有时间，或者对市场不太熟悉，没有能力专门研究投资决策的中小投资者来说，投资于基金，实际上就可以获得专家们在市场信息、投资经验、金融知识和操作技术等方面所拥有的优势，从而尽可能地避免盲目投资带来的失败。

二、基金的分类

1. 按照运作方式的不同，基金可以分为开放式基金和封闭式基金。

封闭式基金是指基金的发起人在设立基金时，限定了基金单位的发行总额，筹足总额后，基金即宣告成立，并进行封闭，在一定时期内不再接受新的投资。基金的流通采取在证券交易所上市的办法，投资者日后买卖基金单位，都必须通过证券经纪商在二级市场上进行竞价交易。封闭式基金有存续期限。在中国，这个期限不能少于五年，一般的封闭式基金的期限是十五年。封闭式基金到期之后，有三种处理方式：一种是清盘，即按基金净值扣除一定费用后退还给投资者；第二种是转为开放式基金，即我们常说的"封转开"；第三种是延长到期期限，这种方式很少应用。

开放式基金是指基金发起人在设立基金时，基金份额总规模不固定，可视投资者的需求，随时向投资者出售基金份额，并可应投资者要求赎回发行在外的基金份额的一种基金运作方式。开放式基金不上市交易，它既可以由基金公司直销；也可以由基金公司的代理机构，如商业银行或证券营业部等代销；还可以通过基金公司的网站在网上进行申购和赎回，而且费用还可以优惠，其规模不固定，基金单位可随时向投资者出售，也可采取应投资者要求买回的运作方式。

开放式基金是世界各国基金运作的基本形式之一。基金管理公司可随时向投资者发售新的基金份额，也需随时应投资者的要求买回其持有的基金份额。相对于封闭式基金，开放式基金在激励约束机制、流动性、透明度和投资便利程度等方面都具有较大的优势。

开放式基金和封闭式基金二者主要区别如表6-3-1所示。

表6-3-1 开放式基金与封闭式基金比较

类别	开放式基金	封闭式基金
基金规模	投资者可随时申购或赎回基金，基金总额不断变化	存续期限内已发行的基金单位不能被赎回，基金规模是固定不变的
交易途径	投资者可随时直接向基金管理公司购买或赎回基金	封闭式基金发起设立时，投资者可以向基金管理公司或销售机构认购；当封闭式基金上市交易时，投资者可委托券商在证券交易所按市价买卖
交易费用	投资者交易时缴纳手续费，费率较低	需要缴手续费和证券交易税，一般而言，费用高于开放式基金
交易价格	是以基金单位对应的资产净值为基础	由市场供求关系决定，价格波动较大
投资策略	开放式基金则必须保留一部分现金，以便投资者随时赎回，而不能尽数地用于长期投资，一般投资于变现能力强的资产	由于封闭式基金不能随时被赎回，其募集得到的资金可全部用于投资，这样基金管理公司便可据以制定长期的投资策略，取得长期经营绩效
市场环境	适用于开放程度较高、规模较大的金融市场	适用于金融制度尚不完善、开放程度较低且规模较小的金融市场

2. 根据投资对象的不同，基金可分为股票基金、债券基金、混合基金、货币市场基金、期货基金、期权基金、认股权证基金等。

股票基金是指以股票为投资对象的投资基金（股票投资比重占60%以上）；债券基金是指以债券为投资对象的投资基金（债券投资比重占80%以上）；混合基金是指股票和债券投资比率介于以上两类基金之间可以灵活调控的投资基金；货币市场基金是指以国库券、大额银行可转让存单、商业票据、公司债券等货币市场短期有价证券为投资对象的投资基金；期货基金是指以各类期货品种为主要投资对象的投资基金；期权基金是指以能分配股利的股票期权为投资对象的投资基金；认股权证基金是指以认股权证为投资对象的投资基金。

3. 根据投资目标的不同，基金可分为成长型基金、收入型基金和平衡型基金。

成长型基金，是指以追求资产的长期增值和盈利为基本目标从而投资于具有良好增长潜力的上市股票或其他证券的证券投资基金。

收入型基金，是指以追求当期高收入为基本目标从而以能带来稳定收入的证券为主要投资对象的证券投资基金。

平衡型基金，是指以保障资本安全、当期收益分配、资本和收益的长期成长等为基本目标从而在投资组合中比较注重长短期收益—风险搭配的证券投资基金。

三、基金业务的常见名词解释

1. 认购。

认购是指在开放式基金募集期间投资者申请购买基金的行为。基金的认购以书面委托或其他经过认可的方式进行。在基金募集期间，投资者可进行多次认购，但已受理的认购申请不允许撤销。募集期间，投资者在 T 日的认购申请，T+2 日投资者可在销售商处查询初步确认结果；待基金合同生效后，投资者可以查询到最终确认结果。

2. 申购。

基金申购是指基金在存续期间投资者向基金管理人提出申请购买基金份额的行为。基金的申购以书面方式或经认可的其他方式进行。当日的申购申请可以在 15：00 以前撤销。投资者一般于 T + 2 日起可查询申购确认结果。特殊类型的基金除外。

3. 拆分。

所谓基金拆分，是指在保持基金投资人资产总值不变的前提下，改变基金份额净值和基金总份额的对应关系，重新计算基金资产的一种方式。举个简单例子来说吧：假设投资者持有某基金 1 万份，该基金份额净值为 2 元，那么他的基金资产为 2 万元。如果该基金按 1∶2 的比例进行拆分，则基金份额净值变为 1 元，总份额加倍，该投资者持有的基金份额由原来的 1 万份变为 2 万份，所对应的基金总资产仍为 2 万元。基金拆分对原来的持有人资产总额没有影响，只不过基金份额发生变化而已。

4. 分红。

什么是分红？用一句最通俗的话去解释就是，"羊毛出在羊身上"，基金分红实质上把基金收益的一部分提前以现金方式派发给持有人，这部分收益也就从基金净值中转移到现金账户中，成了"落袋为安"。

例如，王女士在某基金新发时候购买了 1 000 份基金，并选择了"现金分红"。1 个月后，基金份额净值达到 1.2 元，王女士所持有的基金资产达到 1 200 元。如果每份基金份额分红 0.2 元，那么她的现金账户中就会多出 $0.2 \times 1\,000 = 200$ 元。相应的，基金单位净值也就变成 $1.2 - 0.2 = 1$（元），王女士的基金资产从 1 200 元变为 1 000 元，但本金加上收益仍然是 1 200 元。

所以，基金分红实质上是账面上的数字变化，并不是盈亏变化，分红的问题也就简化为"持币"还是"持股"的问题。

5. 赎回。

基金赎回一般针对开放式基金，是指投资者通过基金销售机构申请将手中持有的基金份额变现的行为。基金的赎回以书面方式或经认可的其他方式进行。当日的赎回申请可以在 15：00 以前撤销。投资人的赎回申请成功以后，基金管理人通常将在 T + 7 日内支付赎回款项，巨额赎回支付办法参照基金合同。

【活动练习】

1. 基金的分类。

2. 名词解释：基金、开放式基金、封闭式基金、基金认购、基金赎回。

教学活动 2　代理基金开户业务处理

【活动目标】

掌握代理基金开户业务的流程和操作方法。

【知识准备】

一、代理基金业务

银行代理基金业务是指银行接受基金管理人委托，从事代理销售基金及注册登记的业务。代理销售基金是指通过银行营业网点和电子银行系统接受投资人基金认购、申购、赎回等交易申请的业务；代理注册登记是指建立并管理投资人基金单位账户、基金单位注册登记、基金交易确认、代理发放红利、建立并保管投资人名册等业务。

目前银行网点代理的基金业务大多为开放式基金，销售方式有营业网点柜台销售、自助终端、电话银行、网上银行、手机银行等方式。

二、代理基金开户的业务流程

代理基金开户的业务流程如图 6-3-1 所示。

图 6-3-1　代理基金开户业务流程

三、代理基金开户业务操作步骤

1. 业务受理。

客户来到银行营业网点提出业务需求，要求办理基金开户业务。开户业务需要客户提交本人有效身份证件，并填制代理基金开/销户申请书。客户还需提供用于与基金账户捆绑的本行开户银行卡，无卡客户还应填交储蓄开户申请表。

2. 柜员审核。

银行柜员受理客户的业务申请后，按规定对客户提交的资料进行审核。一是审核客户身份证件是否真实有效、是否为本人办理（开立基金账户不得由他人代理）；二是审核客户代理基金开/销户申请书内容的填写是否清晰、完整、规范；三是审核客户提交的银行卡是否可用；审核无卡客户的储蓄开户申请表，为其开立资金账户。

3. 系统交易处理。

柜员审核客户资料无误后，进入业务系统进行开立基金交易账户操作，录入客户的详细信息，建立基金账户与客户指定银行卡的绑定关系。

4. 打印、签章。

系统交易成功后，柜员根据系统提示打印相关凭证，请客户签字后经办柜员加盖业务公章和柜员名章。

5. 送别客户。

将客户的身份证件、基金账户卡、与基金账户绑定的银行卡及业务凭证的客户回单联递交客户，送别客户后将桌面凭证整理归档。

【活动练习】

客户赵小明来到模拟银行要求开立基金交易账户，请模拟银行柜员按相关规程为客户办理业务。

教学活动 3　代理基金认/申购业务处理

【活动目标】

掌握代理基金认/申购业务的流程和操作方法。

【知识准备】

一、代理基金认/申购的业务流程

代理基金认/申购的业务流程如图6-3-2所示。

图6-3-2 代理基金认/申购业务流程

二、代理基金认/申购业务操作步骤

1. 业务受理。

需要办理基金认/申购业务的客户提出业务申请，提交本人的有效身份证件、基金账户卡、绑定的银行卡，并填制"代理基金申/认购申请书"。

2. 柜员审核。

银行经办柜员受理客户的业务申请后，按照规定对客户提交的资料进行审核。审核内容包括：客户的身份证件是否真实有效；是否为本人办理业务；客户是否已在本行开立代理基金账户；客户填写的"代理基金申/认购申请书"内容填写是否规范、完整；客户的资金账户上是否有足够的交易资金。

3. 系统交易处理。

经办柜员审核上述内容无误后，进入电脑操作系统输入业务代码，进行代理基金申/认购业务处理，录入基金代码、认/申购金额等信息，将与基金账户绑定的银行卡中的资金划入基金账户。

4. 打印、签章。

基金申/认购业务处理成功后，交易手续费直接从客户银行资金账户扣除，柜员根据系统提示打印相关凭证，请客户签字确认后由经办柜员在有关凭证上加盖业务公章及名章。

5. 送别客户。

将客户的身份证件、基金账户卡、与基金账户绑定的银行卡及业务凭证的客户回单联递交客户。送别客户后将桌面凭证整理归档。

> 【知识链接】 申购基金的时效
>
> 当日申购基金成功后基金交易账户的基金份额不会实时改变，一般T+2日（工作日）后可以查询到经基金公司确认的基金份额（特殊说明基金除外）。若认/申购未成功，T+4个工作日后认购款会退还客户。

【活动练习】

客户赵小明持本行开立的基金账户卡来到模拟银行要求认购××基金，认购金额为10 000元，请模拟银行柜员按相关规程为客户办理业务。

教学活动4　代理基金赎回业务处理

【活动目标】

掌握代理基金赎回业务的流程和操作方法。

【知识准备】

一、代理基金赎回的业务流程

代理基金赎回的业务流程如图6-3-3所示。

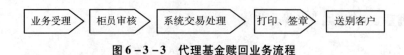

图6-3-3　代理基金赎回业务流程

二、代理基金赎回业务的操作步骤

1. 业务受理。

需要办理基金赎回业务的客户提出业务申请，提交本人有效身份证件、基金账户卡、绑定的银行卡，并填制"代理基金赎回申请表"（如图6-3-4所示）。

模拟银行代理基金赎回申请表

基本资料	客户名称		申请日期	
	基金名称		基金代码	
基金赎回	1.赎回数量： 2.收费模式：前端（　）后端（　） 3.预约赎回日期： 4.巨额赎回处理方式：顺延（　）不顺延（　）			

图6-3-4　代理基金赎回申请表

2. 柜员审核。

银行经办柜员受理客户的业务申请后，按照规定对客户提交的资料进行审核。审核内容包括：客户的身份证件是否真实有效；是否为本人办理业务；客户填写的"代理基金赎回申请表"内容填写是否规范、完整；查询客户的基金账户是否符合赎回的条件（包括无挂失、冻结，没有未完成的交易委托等）。

3. 系统交易处理。

经办柜员审核上述内容无误后，进入电脑操作系统输入业务代码，进行代理基金赎回业务处理，录入基金代码、赎回份额等信息，审核无误后提交系统。

4. 打印、签章。

基金赎回业务处理成功后，交易手续费直接从客户银行资金账户扣除，柜员根据系统提示打印相关凭证，请客户签字确认后由经办柜员在有关凭证上加盖业务公章及名章。

5. 送别客户。

将客户的身份证件、基金账户卡、与基金账户绑定的银行卡及业务凭证的客户回单联递交客户。送别客户后将桌面凭证整理归档。

【知识链接】基金赎回到账时间

基金赎回到账时间要看具体的产品和购买渠道，不同产品和不同渠道会有不同的规定，一般而言：

1. 网上直销基金赎回的到账时间：

货币基金赎回到账时间：T+1 日到账

股票型基金赎回到账时间：T+3 日到账

债券型基金赎回到账时间：T+3 日到账

QDII 基金赎回到账时间：T+8 日到账

2. 不同代销渠道的基金赎回到账时间可能会有所不同，一般而言：

货币型基金：T+2 日至 T+3 日到账

股票型基金：T+4 日到账

债券型基金：T+4 日到账

QDII 基金：T+9 日到账

【活动练习】

客户赵小明持本行开立的基金账户卡来到模拟银行要求赎回××基金，赎回份额为5 000 份，请模拟银行柜员按相关规程为客户办理业务。

教学项目七 个人外汇业务处理

【学习目标】
◇ 外汇和汇率的概念
◇ 个人结售汇的有关规定
◇ 个人外汇存取款业务的核算方法
◇ 个人外汇买卖业务的核算方法
◇ 个人外汇结算业务的核算方法

【技能目标】
◇ 能根据客户需求开立外汇账户
◇ 能按规定进行外汇存款利息处理
◇ 能进行结汇、售汇业务操作
◇ 能进行套汇业务的操作
◇ 能进行个人外汇汇款业务的操作

学习任务一 个人外汇买卖业务

【学生的任务】
◇ 要求学生掌握外汇的概念与种类
◇ 要求学生掌握汇率的概念与标价方法
◇ 要求学生了解个人结售汇的有关规定
◇ 要求学生能根据不同的外汇买卖业务使用不同的外汇牌价
◇ 要求学生掌握套汇业务的相关操作

【教师的任务】
◇ 指导学生收集整理有关银行个人外汇买卖业务处理的相关资料
◇ 讲解外汇业务的概念、核算方法等主要知识点
◇ 对学生作业完成情况进行点评

教学活动1 外汇业务相关知识

【活动目标】
掌握外汇的概念及种类；掌握汇率的概念及标价方法；熟悉外汇牌价的种类及使用方法；了解外汇业务核算方法以及如何运用外汇分账制进行核算。

【知识准备】
外汇业务是指以记账本位币以外的货币进行的款项收付、往来结算等业务。我国对外汇

实行"统一政策、集中管理"的方针。国家授权外汇管理局行使外汇管理职权，由外汇指定银行和经批准的其他银行经营外汇业务。

目前我国银行办理的个人外汇业务主要包括个人外汇买卖业务、个人外汇存款业务和个人外汇结算业务。

银行的个人外汇买卖业务主要包括结售汇业务和套汇业务。我国外汇管理实行结售汇制。结汇、售汇业务是指外汇指定银行为客户办理人民币与可自由兑换货币之间兑换的业务。套汇业务是指银行为客户进行两种外币之间兑换或同种外币钞、汇间兑换的业务。

一、外汇

1. 定义。

外汇是指以外国货币表示的用于国际结算的支付手段，包括外国货币（纸币、铸币）、外币支付凭证或工具（票据、银行存款凭证、银行卡等）、外币有价证券（债券、股票等）、特别提款权以及其他外汇资产。

外汇有两个特征，即以外国货币表示和可自由兑换。目前，全世界有 40 多个国家和地区的货币是可自由兑换货币，但最常用的是美元、英镑、日元、欧元、加拿大元、澳大利亚元和港元。

2. 种类。

外汇可以按不同的标志分类：

（1）外汇按来源和用途可以分为贸易外汇和非贸易外汇。贸易外汇是一国进出口贸易所收付的外汇及与进出口贸易有关的从属费用外汇，如货款、运输费、保险费、佣金、广告费等。非贸易外汇是指一国进出口贸易以外所收付的各项外汇，如侨汇、旅游、航运、邮电、海关、银行、对外承包工程等收入与支出的外汇等。

（2）外汇按交割期限可分为即期外汇和远期外汇。即期外汇是指即期收付的外汇，一般即期外汇交易的成交双方在两个营业日内办理交割。远期外汇是指银行同业之间或银行与客户之间预先签订合同，商定外汇买卖数量、汇率和期限，到约定日期进行交割而收付的外汇。交割期限一般为 1~6 个月，最长不超过 1 年。

（3）外汇按形态可分为现钞和现汇。现钞是指各种外币钞票、铸币等。现汇又称转账外汇，是指用于国际汇兑和国际间非现金结算的，用以清偿国际间债权债务的外汇。

二、汇率

1. 定义。

汇率又称汇价、牌价、兑换率，是指一国货币兑换另一国货币的比率，是以一种货币表示的另一种货币的价格。

2. 汇率标价方法。

（1）直接标价法。直接标价法又称应付标价法，是以单位外国货币为标准来计算应付多少单位本国货币，即以本国货币对外国货币进行标价，如 USD100 = ￥630.29。国际上，包括中国在内的世界上绝大多数国家目前都采用直接标价法。

（2）间接标价法。间接标价法又称应收标价法，是以本国货币为标准来计算应收多少单位的外汇货币，即以外国货币对本国货币进行标价。在国际上，欧元、英镑、澳元等均为间接标价法。

因直接标价法与间接标价法所表示的汇率涨跌的含义正好相反，所以在应用某种货币的汇率和说明其汇率高低涨跌时，必须明确采用哪种标价方法。

三、汇率的种类

按银行买卖外汇的角度划分，商业银行报出的外汇牌价包括：买入汇率、卖出汇率、中间汇率、现钞买入汇率和现钞卖出汇率。

1. 买入汇率。

买入汇率也称买入价、汇买价，即银行向同业或客户买入外汇时所使用的汇率。

2. 卖出汇率。

卖出汇率也称卖出价、汇卖价，即银行向同业或客户卖出外汇时所使用的汇率。

3. 中间汇率。

中间汇率又称中间价，是外汇买入价与卖出价的平均价。

4. 现钞买入汇率。

现钞买入汇率又称现钞买入价、钞买价，是指银行买入外汇现钞时所使用的汇率。

5. 现钞卖出汇率。

现钞卖出汇率又称现钞卖出价、钞卖价，是指银行卖出外汇现钞时所使用的汇率。我国现行的现钞卖出汇率与现汇卖出汇率相同（见表7-1-1）。

表7-1-1　　　　　　　2012年4月9日中国银行人民币即期外汇牌价

货币名称	现汇买入	现钞买入	现汇卖出	现钞卖出价	中间价	中行折算价
英镑	997.39	966.6	1 005.4	1005.4	999.61	999.61
港币	81.06	80.41	81.37	81.37	81.15	81.15
美元	629.41	624.37	631.94	631.94	630.21	630.21
瑞士法郎	683.88	662.76	689.37	689.37		684.68
新加坡元	498.34	482.95	502.34	502.34		499.16
瑞典克朗	92.76	89.9	93.51	93.51		93.07
丹麦克朗	110.46	107.05	111.35	111.35		110.55
挪威克朗	108.14	104.8	109.01	109.01		108.21
日元	7.7326	7.4939	7.7947	7.7947	7.7336	7.7336
加拿大元	630.42	610.96	635.48	635.48	632.07	632.07
欧元	821.79	796.41	828.39	828.39	823.46	823.46
澳大利亚元	646.34	626.38	651.53	651.53	647.98	647.98
澳门元	78.75	78.08	79.05	79.05		78.82
菲律宾比索	14.7	14.24	14.81	14.81		14.74
泰国铢	20.27	19.65	20.44	20.44		20.34
新西兰元	514.15		518.28			514.1
卢布	21.25		21.42			21.32
韩国元		0.5348		0.5799		0.5571

四、外汇业务核算方法

外汇业务的专门核算方法有外汇分账制和外汇统账制两种。

外汇分账制也叫原币记账法，是经营外汇业务的银行对外币与记账本位币实行分账核算的一种记账方法，也就是直接以各种原币为记账单位，而不折成记账本位币进行记账的方法。

外币统账制也称本位币记账法，是经营外汇业务的银行对外汇的买卖、收付等都折合成记账本位币，统一用记账本位币进行核算的一种方法。

商业银行的外汇交易频繁，涉及的外币币种较多，一般采用分账制记账方法进行日常核算。采用外汇分账制核算的银行，应按业务发生时各种原币填制凭证、登记账簿、编制会计报表。银行发生结售汇、外汇买卖以及各种货币之间的兑换及账务间的联系均通过"货币兑换"科目或"外汇买卖"科目，并按业务发生时的汇率记账。资产负债表日，银行应将以原币编制的财务会计报表折算为记账本位币，其中货币性项目按资产负债表日即期汇率折算，非货币性项目按交易日即期汇率折算，产生的汇兑差额计入当期损益。

【知识链接】现钞与现汇的不同

现钞是具体的，实实在在的外国纸币和硬币。现汇是账面上的外汇。在外汇指定银行公布的外汇牌价中，买入价要做现汇和现钞的区别，通常现钞买入价小于现汇买入价，而卖出价两者则相同。因而，当客户要把现钞转移出境时，在一定的金额范围内，既可以携带，也可以选择汇出。但当客户采取"汇出"时，由于现钞具有实务形态，银行必须将从客户手中收取的外币现钞清点、打捆、运送至货币发行地，这一过程将支付必要的运输费用及保险费用，"羊毛出在羊身上"，该费用将由客户承担。但现汇的转移出境，因其不存在实务形态，可直接通过账面数字的调拨，完成汇出。所以银行购入客户的现汇时，支付的本币数量较多，银行买入客户现钞使用的汇率钞买价在直接标价法下要低于现汇买入价。在银行卖外汇给客户时，不论客户支取现钞还是以现汇的形式存在外汇账户中，均按照比较高的价格收取客户的本币，所以并没有区分现汇和现钞，只报出统一的卖出价。

此外，在外汇买卖交易中，一般买卖的是现汇，即外汇存款账户中的"头寸"。特别是外汇实盘交易中，报出的都是现汇的价格。

【活动练习】

1. 什么是外汇？外汇包括哪些种类？

2. 什么是汇率？汇率的标价方法有哪些？

3. 目前美元兑换人民币和欧元兑换人民币的价格分别是多少？如何用汇率表示？

4. 什么是外汇分账制？如何用外汇分账制进行外汇交易核算？

5. 2012年4月9日客户小李来到银行查看当日的外汇牌价，但不理解外汇牌价中买入价、卖出价、中间价、现钞价和现汇价的区别。请给小李解释各类价格的含义。并向其说明，在下列情况下银行应采取哪种价格进行外汇兑换？

（1）小李要将500美元现钞兑换成人民币。

（2）小李要将其账户上从国外汇入的 500 美元直接兑换成人民币。

（3）小李要购汇 500 美元。

当日外汇牌价：

	钞买价	汇买价	中间价	汇卖价	钞卖价
美元	624.29	629.33	630.72	631.86	631.86
欧元	794.33	820.70	824.16	827.29	827.29
英镑	964.60	996.63	1 000.83	1 004.63	1 004.63

教学活动 2　个人外汇买卖业务管理

【活动目标】

了解国家外汇管理局对银行办理个人结售汇业务的相关政策；能够按照操作流程办理个人结售汇业务。

【知识准备】

一、个人结售汇业务

1. 定义。

个人结售汇业务包括个人结汇和个人购汇业务。个人结汇业务是指个人将其持有的外币现钞或现汇出售给银行，银行按规定即期汇率给付等值人民币的兑换业务。个人购汇业务是指个人以自有人民币向银行购买外汇，银行按规定即期汇率给付等值外币的兑换业务。

2. 交易主体。

个人结售汇业务的交易主体为个人，包括境内居民个人和境外个人。根据 2007 年 2 月 1 日起施行的《个人外汇管理办法》规定：境内个人是指持有中华人民共和国身份证件、军人身份证件、武装警察身份证件的中国公民。境外个人是指持护照的外国公民，以及持有港澳居民来往内地通行证、台湾居民来往大陆通行证的港澳台同胞。

3. 个人结售汇管理。

根据《个人外汇管理办法实施细则》的有关规定：国家外汇管理局对个人结汇和境内个人购汇实行年度总额管理。年度总额分别为每人每年等值 5 万美元。国家外汇管理局可根据国际收支情况，对年度总额进行调整。

银行应通过个人结售汇管理信息系统（以下简称"个人结售汇系统"）办理个人购汇和结汇业务，真实、准确、完整地录入相关信息。

4. 个人结售汇业务操作流程。

（1）查询。登录国家外汇管理局个人结售汇系统查询个人结售汇情况，查看个人结售汇额度是否在年度总额以内。

（2）审核。按规定审核个人提供的证明材料，如身份证件和其他资料等。

（3）录入。在个人结售汇系统上逐笔录入结售汇业务数据。

（4）打印留存。通过个人结售汇系统打印"结汇/购汇通知单"，作为会计凭证留存备查。

（5）境内个人身份联网核查。

（6）登录银行核算系统进行结售汇业务账户处理。

（7）递交现金与资料处理。

5. 个人结售汇业务办理的注意事项。

（1）办理购汇业务如需汇出国外的要进行国际收支申报。

（2）对于仅持中华人民共和国护照的个人，不能办理结售汇业务。

（3）港澳居民的护照号码为港澳居民来往内地通行证号码，台湾居民的护照号码为台湾居民来往大陆通行证号码，港澳和台湾居民持其他证件不能办理购汇业务。

（4）港澳居民来往内地通行证录入前9位号码（含第1位字母），台湾居民来往大陆通行证（含91版、97版）录入前8位号码（最后一位为返回大陆的顺序码）。

6. 建设银行个人结售汇业务办理说明。

（1）个人经常项目项下经营性结售汇按以下规定办理：

①个人对外贸易经营者办理对外贸易购付汇、收结汇应通过本人的外汇结算账户进行；其外汇收支、进出口核销、国际收支申报按机构管理。

②个体工商户委托有对外贸易经营权的企业办理进口的，本人凭其与代理企业签订的进口代理合同或协议购汇，所购外汇通过本人的外汇结算账户直接划转至代理企业经常项目外汇账户。个体工商户委托有对外贸易经营权的企业办理出口的，可通过本人的外汇结算账户收汇、结汇。结汇凭与代理企业签订的出口代理合同或协议、代理企业的出口货物报关单办理。

③境外个人旅游购物贸易方式项下的结汇，凭本人有效身份证件及个人旅游购物报关单办理。

（2）个人经常项目项下非经营性结汇超过年度总额的，凭本人有效身份证件及以下证明材料办理：

境内个人经常项目项下非经营性的结汇：

①捐赠：经公证的捐赠协议或合同。捐赠须符合国家规定。

②赡家款：直系亲属关系证明或经公证的赡养关系证明、境外给付人相关收入证明，如银行存款证明、个人收入纳税凭证等。

③遗产继承收入：遗产继承法律文书或公证书。

④保险外汇收入：保险合同及保险经营机构的付款证明。投保外汇保险须符合国家规定。

⑤专有权利使用和特许收入：付款证明、协议或合同。

⑥法律、会计咨询和公共关系服务收入：付款证明、协议或合同。

⑦职工报酬：雇佣合同及收入证明。

⑧境外投资收益：境外投资外汇登记证明文件、利润分配决议或红利支付书或其他收益证明。

⑨其他：相关证明及支付凭证。

境外个人经常项目项下非经营性的结汇：

①房租类支出：经房屋管理部门登记的房屋租赁合同、发票或支付通知。

②生活消费类支出：合同或发票。

③就医、学习等支出：境内医院（学校）收费证明。

④其他：相关证明及支付凭证。

结汇单笔等值5万美元以上的，应将结汇所得人民币资金直接划转至交易对方的境内人民币账户。

（3）境内个人经常项目项下非经营性购汇超过年度总额的，凭本人有效身份证件和以下有交易额的相关证明材料在银行办理。无法提供原件的，可凭传真件或网上下载件办理，但客户须签字确认相关材料真实有效。

①自费出境学习学费或生活费：本人因私护照及有效签证（或签注）；境外学校录取通知书（购买第二学年或学期以后的学费或生活费无须提供）；境外学校相应年度或学期学费证明或生活费用证明。

②自费出境学习保证金购汇：本人因私护照；境外学校录取通知书（购买第二学年或学期以后的学费或生活费无须提供）；境外学校学费证明或（和）生活费用证明。

③境外就医：本人因私护照及有效签证（或签注）；境内医院出具的证明（附医生意见）以及境外医院出具的费用证明。

④境外培训：本人因私护照及有效签证（或签注）；境外培训费用证明。

⑤缴纳境外国际组织会费：境外国际组织缴费通知。

⑥境外直系亲属救助：有权部门或公证机构出具的直系亲属关系证明、有关救助（发生疾病、死亡和意外灾难等情况）的相关证明材料。

⑦境外邮购：广告或订单等收费凭证。

⑧境外咨询：合同（协议）；发票（支付通知）。

⑨外汇保险：保险合同；保险经营机构的付款通知书。

⑩其他：有交易金额的其他证明材料。

（4）境外个人经常项目项下非经营性购汇管理。

①境外个人在境内取得的经常项目合法人民币收入，凭本人有效身份证件和有交易额的相关证明材料（含税务凭证）办理购汇。

②境外个人原兑换未用完的人民币兑回外汇，凭本人有效身份证件和原兑换水单在我行开办对私结售汇业务的任一分支机构办理，原兑换水单的兑回有效期为自兑换日起24个月；对于当日累计兑换不超过等值500美元（含）以及离境前在境内关外场所当日累计不超过等值1 000美元（含）的兑换，可凭本人有效身份证件办理。

③境外个人持外币卡在我行自助设备提取未用完的人民币，可凭本人有效护照、原取款外币卡和外币卡取款凭条在我行开办对私结售汇业务的任一分支机构办理兑回。经办柜员复印取款凭条留存。

（5）个人资本项目下超过年度总额的结汇、购汇除以下情况外，需经外汇监管部门的核准，我行经办机构凭外汇监管部门的核准件方可受理。

二、个人套汇业务

1. 定义。

套汇业务是银行根据客户的要求，将一种外汇兑换成另一种外汇的外汇买卖业务。由于不同币种间没有直接的汇价，或者客户拥有的某种外汇与其支付所需的币种不同，因此银行要进行套算兑换。如客户想将其持有的美元换成英镑，就需要到银行进行套汇业务。在部分银行的交易平台上有美元对英镑的直接兑换汇率，但按现实我国的相关规定，银行应先将美元兑换成本币（人民币），然后再兑换成客户希望持有的英镑。

2. 方式。

按照外汇买卖对象的不同，套汇可以分为两种：

（1）不同外币现汇之间的套汇。

（2）同一外币现钞与现汇之间的套汇。

按照进行外汇交易主体的不同，套汇可以分为：

（1）自营外汇买卖。

（2）代客外汇买卖。即银行接受客户委托，代其在国际金融市场上或通过中国外汇交易中心或外汇调剂市场进行的外汇或本位币调剂买卖交易。目前，银行对个人提供外汇实盘买卖业务。

按照外汇买卖交割的时间不同，套汇可以分为：

（1）即期外汇买卖。

（2）远期外汇买卖。

（3）掉期外汇买卖。

目前，银行对个人提供的为即期外汇买卖业务。

3. 建设银行个人外汇买卖业务案例。

（1）产品功能。该产品是代客外汇买卖的一个延伸，在建设银行开立有外汇存款账户的居民个人，向建设银行申请并经审核同意，即可根据建设银行公布的外汇牌价，通过建设银行营业前台、电话银行或网上银行、自助终端、手机银行进行两种外汇之间的实盘买卖。

建行的个人外汇买卖业务采取实盘、即期交易方式，即客户外汇账户必须持有足额的可操作货币，方可进行外汇买卖，资金交割和清算都在交易成交后完成。

（2）服务对象。为在建行开立个人外汇存款户或持有现钞的我国境内居民和在我国居住一年以上的外国人。

（3）交易币种和起点金额。建行的个人外汇买卖业务包括9种外汇：美元、日元、港币、英镑、欧元、瑞士法郎、加拿大元、澳大利亚元和新加坡元，各币种可以直接进行共36种货币对之间的交易。

实时交易和委托交易的起点金额由各分行根据当地市场情况自行确定。

（4）牌价的制定方法及大额交易优惠措施。建行个人外汇买卖业务牌价是根据国际市场实时汇率的中间价加减买卖点差后确定的。建行在计算外币间牌价时，采用直接折美元汇率方式，不再使用折人民币买入、卖出牌价，因此客户大大减少了中间兑换环节的费用。

（5）客户办理程序：

①开户。原已在建设银行开立外汇存款账户的个人客户凭有效单据可申办个人外币买卖业务，未开立账户的须持有关开户要求文件到建设银行开立账户后方可申办。

②委托。客户通过柜台、电话、手机、自助终端、网上等交易方式向建设银行提出个人外汇买卖交易委托申请，建设银行现行交易主机自动判断客户账户中是否有足额委托卖出币种，同时根据市场牌价判断客户委托交易价格是否满足成交条件。

③成交。如果在有效交易时间内不能够满足成交条件，则客户的委托在委托有效期结束

时自动撤单。如果客户委托交易在申请有效期内实现最终成交，则建设银行将与客户进行实时资金清算。

④交割。在起息日客户与建设银行办理资金交割（如图7-1-1所示）。

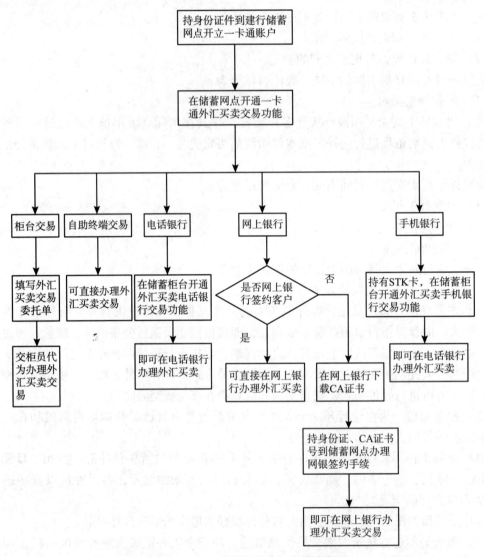

图7-1-1　建设银行外汇交易流程

【活动练习】

请分析以下案例：

某客户持港澳居民来往内地通行证（通行证号码：H0134860400）申请5万美元结汇，申请理由为生活费。银行柜员受理后即通过个人结售汇系统查询该客户结汇情况，系统显示以下信息："本年度经常项目累计结汇总额（不包括本次）：0.00美元"，"身份证件号：H0134860400"，"结汇资金属性：职工报酬和赡家款"，"交易主体：境外个人"。接着，该柜员审核该客户港澳居民来往内地通行证同时在系统中录入客户姓名、结汇金额等信息，结汇信息录入成功后点击"确定"并退出个人结售汇系统。请问，该银行柜员在上述业务受理中存在哪些不规范操作？

【知识链接】个人外汇管理办法实施细则

第一章 总 则

第一条 为规范和便利银行及个人的外汇业务操作，根据《个人外汇管理办法》的相关规定，制定本细则。

第二条 对个人结汇和境内个人购汇实行年度总额管理。年度总额分别为每人每年等值 5 万美元。国家外汇管理局可根据国际收支状况，对年度总额进行调整。个人年度总额内的结汇和购汇，凭本人有效身份证件在银行办理；超过年度总额的，经常项目项下按本细则第十条、第十一条、第十二条办理，资本项目项下按本细则"资本项目个人外汇管理"有关规定办理。

第三条 个人所购外汇，可以汇出境外、存入本人外汇储蓄账户，或按照有关规定携带出境。

第四条 个人年度总额内购汇、结汇，可以委托其直系亲属代为办理；超过年度总额的购汇、结汇以及境外个人购汇，可以按本细则规定，凭相关证明材料委托他人办理。

第五条 个人携带外币现钞出入境，应当遵守国家有关管理规定。

第六条 各外汇指定银行（以下简称"银行"）应按照本细则规定对个人外汇业务进行真实性审核，不得伪造、变造交易。银行应通过个人结售汇管理信息系统（以下简称"个人结售汇系统"）办理个人购汇和结汇业务，真实、准确、完整地录入相关信息。

第七条 国家外汇管理局及其分支机构（以下简称"外汇局"）负责对个人外汇业务进行统计、监测、管理和检查。

第二章 经常项目个人外汇管理

第八条 个人经常项目项下外汇收支分为经营性外汇收支和非经营性外汇收支。

第九条 个人经常项目项下经营性外汇收支按以下规定办理：

（一）个人对外贸易经营者办理对外贸易购付汇、收结汇应通过本人的外汇结算账户进行；其外汇收支、进出口核销、国际收支申报按机构管理。个人对外贸易经营者指依法办理工商登记或者其他执业手续，取得个人工商营业执照或者其他执业证明，并按照国务院商务主管部门的规定，办理备案登记，取得对外贸易经营权，从事对外贸易经营活动的个人。

（二）个体工商户委托有对外贸易经营权的企业办理进口的，本人凭其与代理企业签订的进口代理合同或协议购汇，所购外汇通过本人的外汇结算账户直接划转至代理企业经常项目外汇账户。个体工商户委托有对外贸易经营权的企业办理出口的，可通过本人的外汇结算账户收汇、结汇。结汇凭与代理企业签订的出口代理合同或协议、代理企业的出口货物报关单办理。代理企业将个体工商户名称、账号以及核销规定的其他材料向所在地外汇局报备后，可以将个体工商户的收账通知作为核销凭证。

（三）境外个人旅游购物贸易方式项下的结汇，凭本人有效身份证件及个人旅游购物报关单办理。

第十条　境内个人经常项目项下非经营性结汇超过年度总额的，凭本人有效身份证件及以下证明材料在银行办理：

（一）捐赠：经公证的捐赠协议或合同。捐赠须符合国家规定；

（二）赡家款：直系亲属关系证明或经公证的赡养关系证明、境外给付人相关收入证明，如银行存款证明、个人收入纳税凭证等；

（三）遗产继承收入：遗产继承法律文书或公证书；

（四）保险外汇收入：保险合同及保险经营机构的付款证明。投保外汇保险须符合国家规定；

（五）专有权利使用和特许收入：付款证明、协议或合同；

（六）法律、会计、咨询和公共关系服务收入：付款证明、协议或合同；

（七）职工报酬：雇佣合同及收入证明；

（八）境外投资收益：境外投资外汇登记证明文件、利润分配决议或红利支付书或其他收益证明；

（九）其他：相关证明及支付凭证。

第十一条　境外个人经常项目项下非经营性结汇超过年度总额的，凭本人有效身份证件及以下证明材料在银行办理：

（一）房租类支出：房屋管理部门登记的房屋租赁合同、发票或支付通知；

（二）生活消费类支出：合同或发票；

（三）就医、学习等支出：境内医院（学校）收费证明；

（四）其他：相关证明及支付凭证。

上述结汇单笔等值5万美元以上的，应将结汇所得人民币资金直接划转至交易对方的境内人民币账户。

第十二条　境内个人经常项目项下非经营性购汇超过年度总额的，凭本人有效身份证件和有交易额的相关证明材料在银行办理。

第十三条　境外个人经常项目合法人民币收入购汇及未用完的人民币兑回，按以下规定办理：

（一）在境内取得的经常项目合法人民币收入，凭本人有效身份证件和有交易额的相关证明材料（含税务凭证）办理购汇。

（二）原兑换未用完的人民币兑回外汇，凭本人有效身份证件和原兑换水单办理，原兑换水单的兑回有效期为自兑换日起24个月；对于当日累计兑换不超过等值500美元（含）以及离境前在境内关外场所当日累计不超过等值1 000美元（含）的兑换，可凭本人有效身份证件办理。

第十四条　境内个人外汇汇出境外用于经常项目支出，按以下规定办理：

外汇储蓄账户内外汇汇出境外当日累计等值5万美元以下（含）的，凭本人有效身份证件在银行办理；超过上述金额的，凭经常项目项下有交易额的真实性凭证办理。

手持外币现钞汇出当日累计等值1万美元以下（含）的，凭本人有效身份证件在银行办理；超过上述金额的，凭经常项目项下有交易额的真实性凭证、经海关签章的《中华人民共和国海关进境旅客行李物品申报单》或本人原存款银行外币现钞提取单据办理。

第十五条 境外个人经常项目外汇汇出境外，按以下规定在银行办理：

（一）外汇储蓄账户内外汇汇出，凭本人有效身份证件办理；

（二）手持外币现钞汇出，当日累计等值 1 万美元以下（含）的，凭本人有效身份证件办理；超过上述金额的，还应提供经海关签章的《中华人民共和国海关进境旅客行李物品申报单》或本人原存款银行外币现钞提取单据办理。

第三章 资本项目个人外汇管理

第十六条 境内个人对外直接投资应按国家有关规定办理。所需外汇经所在地外汇局核准后可以购汇或以自有外汇汇出，并办理相应的境外投资外汇登记手续。

境内个人及因经济利益关系在中国境内习惯性居住的境外个人，在境外设立或控制特殊目的公司并返程投资的，所涉外汇收支按《国家外汇管理局关于境内居民通过境外特殊目的公司融资及返程投资外汇管理有关问题的通知》等有关规定办理。

第十七条 境内个人可以使用外汇或人民币，并通过银行、基金管理公司等合格境内机构投资者进行境外固定收益类、权益类等金融投资。

第十八条 境内个人参与境外上市公司员工持股计划、认股期权计划等所涉外汇业务，应通过所属公司或境内代理机构统一向外汇局申请获准后办理。

境内个人出售员工持股计划、认股期权计划等项下股票以及分红所得外汇收入，汇回所属公司或境内代理机构开立的境内专用外汇账户后，可以结汇，也可以划入员工个人的外汇储蓄账户。

第十九条 境内个人向境内经批准经营外汇保险业务的保险经营机构支付外汇保费，应持保险合同、保险经营机构付款通知书办理购付汇手续。

境内个人作为保险受益人所获外汇保险项下赔偿或给付的保险金，可以存入本人外汇储蓄账户，也可以结汇。

第二十条 移居境外的境内个人将其取得合法移民身份前境内财产对外转移以及外国公民依法继承境内遗产的对外转移，按《个人财产对外转移售付汇管理暂行办法》等有关规定办理。

第二十一条 境外个人在境内买卖商品房及通过股权转让等并购境内房地产企业所涉外汇管理，按《国家外汇管理局 建设部关于规范房地产市场外汇管理有关问题的通知》等有关规定办理。

第二十二条 境外个人可按相关规定投资境内 B 股；投资其他境内发行和流通的各类金融产品，应通过合格境外机构投资者办理。

第二十三条 根据人民币资本项目可兑换的进程，逐步放开对境内个人向境外提供贷款、借用外债、提供对外担保以及直接参与境外商品期货和金融衍生产品交易的管理，具体办法另行制定。

第四章　个人外汇账户及外币现钞管理

第二十四条　外汇局按账户主体类别和交易性质对个人外汇账户进行管理。银行为个人开立外汇账户，应区分境内个人和境外个人。账户按交易性质分为外汇结算账户、外汇储蓄账户、资本项目账户。

第二十五条　外汇结算账户是指个人对外贸易经营者、个体工商户按照规定开立的用以办理经常项目项下经营性外汇收支的账户。其开立、使用和关闭按机构账户进行管理。

第二十六条　个人在银行开立外汇储蓄账户应当出具本人有效身份证件，所开立账户户名应与本人有效身份证件记载的姓名一致。

第二十七条　个人开立外国投资者投资专用账户、特殊目的公司专用账户及投资并购专用账户等资本项目外汇账户及账户内资金的境内划转、汇出境外应经外汇局核准。

第二十八条　个人外汇储蓄账户资金境内划转，按以下规定办理：

（一）本人账户间的资金划转，凭有效身份证件办理；

（二）个人与其直系亲属账户间的资金划转，凭双方有效身份证件、直系亲属关系证明办理；

（三）境内个人和境外个人账户间的资金划转按跨境交易进行管理。

第二十九条　本人外汇结算账户与外汇储蓄账户间资金可以划转，但外汇储蓄账户向外汇结算账户的划款限于划款当日的对外支付，不得划转后结汇。

第三十条　个人提取外币现钞当日累计等值 1 万美元以下（含）的，可以在银行直接办理；超过上述金额的，凭本人有效身份证件、提钞用途证明等材料向银行所在地外汇局事前报备。银行凭本人有效身份证件和经外汇局签章的《提取外币现钞备案表》（附1）为个人办理提取外币现钞手续。

第三十一条　个人向外汇储蓄账户存入外币现钞，当日累计等值 5 000 美元以下（含）的，可以在银行直接办理；超过上述金额的，凭本人有效身份证件、经海关签章的《中华人民共和国海关进境旅客行李物品申报单》或本人原存款银行外币现钞提取单据在银行办理。银行应在相关单据上标注存款银行名称、存款金额及存款日期。

第五章　个人结售汇管理信息系统

第三十二条　具有结售汇业务经营资格并已接入和使用个人结售汇系统的银行，直接通过个人结售汇系统办理个人结售汇业务。

第三十三条　各银行总行及分支机构申请接入个人结售汇系统，应满足个人结售汇管理信息系统技术接入条件（附2），具备经培训的技术人员和业务操作人员，并能维护系统的正常运行。

第三十四条　银行应按规定填写个人结售汇系统银行网点信息登记表，向外汇局提出系统接入申请。外汇局在对银行申请验收合格后，予以准入。

第三十五条　除以下情况外，银行办理个人结售汇业务都应纳入个人结售汇系统：

（一）通过外币代兑点发生的结售汇；

（二）通过银行柜台尾零结汇、转利息结汇等小于等值 100 美元（含 100 美元）的结汇；

（三）外币卡境内消费结汇；

（四）境外卡通过自助银行设备提取人民币现钞；

（五）境内卡境外使用购汇还款。

第三十六条　银行为个人办理结售汇业务时，应当按照下列流程办理：

（一）通过个人结售汇系统查询个人结售汇情况；

（二）按规定审核个人提供的证明材料；

（三）在个人结售汇系统上逐笔录入结售汇业务数据；

（四）通过个人结售汇系统打印"结汇/购汇通知单"，作为会计凭证留存备查。

第三十七条　外汇局负责对辖内银行业务操作的规范性、业务数据录入的完整性和准确性等进行考核和检查。

第六章　附　　则

第三十八条　个人委托其直系亲属代为办理年度总额内的购汇、结汇，应分别提供委托人和受托人的有效身份证件、委托人的授权书、直系亲属关系证明；其他情况代办的，除需提供双方有效身份证件、授权书外，还应提供本细则规定的相关证明材料。

直系亲属指父母、子女、配偶。直系亲属关系证明指能证明直系亲属关系的户口簿、结婚证或街道办事处等政府基层组织或公安部门、公证部门出具的有效亲属关系证明。

第三十九条　违反《个人外汇管理办法》及本细则规定的，外汇局将依据《中华人民共和国外汇管理条例》及其他相关规定予以处罚；对于《中华人民共和国外汇管理条例》及其他相关规定没有明确规定的，对银行和个人应分别处以人民币 3 万元和 1 000 元以下的罚款。

第四十条　本细则由国家外汇管理局负责解释。

第四十一条　本细则自 2007 年 2 月 1 日起施行。

教学活动 3　个人外汇买卖业务核算

【活动目标】

掌握银行结汇、售汇、套汇业务核算方法，能够按照要求办理个人结汇、售汇、套汇业务的核算。

【知识准备】

一、会计科目的设置与凭证

1. 外汇买卖的科目。

采用分账制核算的银行发生的外币交易涉及不同币种时可以设置"外汇买卖"科目进行核算。"外汇买卖"科目应当按照币种进行明细核算。该科目属于资产负债共同类科目，在账务上起到联系和平衡作用，是外币与人民币之间的桥梁。

（1）当银行买入外汇时，外汇买卖科目外币金额记贷方，人民币金额记借方。

（2）当银行卖出外汇时，外汇买卖科目外币金额记借方，人民币金额记贷方。

2. 外汇买卖的凭证。

银行发生外汇买卖业务时，均应填制外汇买卖传票（如图7-1-2所示）。"外汇买卖"科目的传票一式两联套写，一联是借方传票，一联是贷方传票；一联是外币，一联是人民币。传票内容包括货币名称、外币、人民币金额和外汇牌价等。

外币买卖借方传票　　　　　　　　编号

（借）　　　　　　　　　　年　　月　　日　　　　　　　　（对方科目）

摘要	外汇金额							牌价	人民币金额						
	万	千	百	十	元	角	分		万	千	百	十	元	角	分
合计															

外币买卖贷方传票　　　　　　　　编号

（贷）　　　　　　　　　　年　　月　　日　　　　　　　　（对方科目）

摘要	外汇金额							牌价	人民币金额						
	万	千	百	十	元	角	分		万	千	百	十	元	角	分
合计															

图7-1-2　外汇买卖传票

外汇买卖凭证分为三种：外汇买卖借方传票、外汇买卖贷方传票和外汇买卖套汇传票。为简化核算手续，银行使用的外汇买卖传票，通常设计成多联套写的形式。

二、外汇买卖账簿

"外汇买卖"科目既要设置总账，又要设置分户账。

外汇买卖分户账是一种特定格式的账簿，以外币币种分别立账（如图7-1-3所示）。该分户账包括买入、卖出和结余三栏，它把外币金额和人民币金额同时、分栏填列在同一张账页上。买汇时，外币记贷方，人民币记借方，两者都记入买入栏；卖出时，外币记借方，人民币记贷方，两者都记入卖出栏。外汇买卖总账分外币和人民币分别填列。

外汇买卖总账采取三栏式，它将外币与人民币分别登记。外币的买卖总账应于营业终了根据各户货币的外汇买卖科目日结单借、贷方的发生额填列，人民币的外汇买卖总账则应根据人民币买卖科目日结单借、贷方的发生额分别登记，然后根据上日余额分别得出本日外币和人民币的余额，记入余额栏。

外汇买卖明细账

币别：

2010年		摘要	买入金额			卖出金额			结存金额			
月	日		外币（贷）	牌价	人民币（借）	外币（借）	牌价	人民币（贷）	借/贷	外币	借/贷	人民币

图 7 - 1 - 3　外汇买卖明细账

三、外汇买卖的核算

1. 结汇业务核算。

结汇业务即买入外汇业务。当买入外汇时，外币金额记入"外汇买卖"科目的贷方，与人民币有关科目对转，相应的人民币金额记入该科目的借方，相应的人民币金额记入该科目的借方，与人民币有关科目对转。结汇业务的基本账务处理如下：

借：××科目　　　　　　　　　　　　　　　　　　　　　　（外币）
　　贷：外汇买卖——汇（钞）买价　　　　　　　　　　　　（外币）
借：外汇买卖——汇（钞）买价　　　　　　　　　　　　　　（人民币）
　　贷：××科目　　　　　　　　　　　　　　　　　　　　（人民币）

【例1】小李持 1 000 美元来银行兑换人民币。假设业务发生时，美元现钞买入价为 $100 = ¥624.37。会计分录为：

借：现金　　　　　　　　　　　　　　　　　　　　　　　　$1 000
　　贷：外汇买卖——钞买价　　　　　　　　　　　　　　　　$1 000
借：外汇买卖——钞买价　　　　　　　　　　　　　　　　　¥6 243.7
　　贷：现金　　　　　　　　　　　　　　　　　　　　　　　¥6 243.7

【例2】小王到银行将其母从美国汇入其账户的 1 000 美元直接兑换成人民币。假设业务发生时，美元现汇买入价为 $100 = ¥629.33。会计分录为：

借：活期储蓄存款——小王户　　　　　　　　　　　　　　　$1 000
　　贷：外汇买卖——汇买价　　　　　　　　　　　　　　　　$1 000
借：外汇买卖——汇买价　　　　　　　　　　　　　　　　　¥6 293.3
　　贷：活期储蓄存款——小王户　　　　　　　　　　　　　　¥6 293.3

2. 售汇业务核算。

售汇业务即卖出外汇业务。当卖出外汇时，外币金额记入"外汇买卖"科目的借方，与人民币有关科目对转，相应的人民币金额记入该科目的贷方，与人民币有关科目对转。售汇的基本账务处理如下：

借：××科目　　　　　　　　　　　　　　　　　　　　　　（人民币）
　　贷：外汇买卖——汇（钞）卖价　　　　　　　　　　　　（人民币）
借：外汇买卖——汇（钞）卖价　　　　　　　　　　　　　　（外币）
　　贷：××科目　　　　　　　　　　　　　　　　　　　　（外币）

【例3】 小李为去美国留学计划购汇 10 000 美元汇入其在美国某银行开立的账户。假设该业务发生时，美元现汇卖出价为 $100 = ￥631.86. 会计分录为：

借：活期储蓄存款—小李户　　　　　　　　　　　　　　　　　　￥63 186
　　贷：外汇买卖——汇卖价　　　　　　　　　　　　　　　　　　　　　￥63 186
借：外汇买卖——汇卖价　　　　　　　　　　　　　　　　　　　　$10 000
　　贷：汇出汇款　　　　　　　　　　　　　　　　　　　　　　　　　　$10 000

3. 套汇业务的核算。

会计核算上的套汇是指以一种外汇兑换成另一种外汇的业务，我国套汇的做法原则上通过人民币核算，即通过买入一种外汇，同时卖出一种外汇的方式折算。在账务处理上，对收入的一种外币按买入价折成人民币填制外汇买卖传票，然后将折合的人民币按另一种外币的卖出价折算出另一种外币的金额，填制外汇买卖传票。一般来说，这两套外汇买卖传票的人民币应该相等。

（1）不同币种现汇之间套汇的核算。

不同币种现汇之间的套汇，是银行将一种外汇兑换成另一种外汇的外汇买卖活动。基本账务处理如下：

借：××科目　　　　　　　　　　　　　　　　　　　　　　　（A 外币）
　　贷：外汇买卖　　　　　　　　　　　　　　　　　　　　　　　（A 外币）
借：外汇买卖——汇买价　　　　　　　　　　　　　　　　　　（人民币）
　　贷：外汇买卖　　　　　　　　　　　　　　　　　　　　　　　（人民币）
借：外汇买卖——汇卖价　　　　　　　　　　　　　　　　　　（B 外币）
　　贷：××科目　　　　　　　　　　　　　　　　　　　　　　　（B 外币）

【例4】 小张母亲以其外汇美元存款申请汇往香港，以支付小张在中国香港特区上学的学费 10 000 港币。假设业务发生时，美元汇买价为 $100 = ￥629.33，港币汇卖价 HKD100 = ￥81.39. 其会计分录如下：

借：外汇活期储蓄存款——小张母亲户　　　　　　　　　　　　$1 293.28
　　贷：外汇买卖　　　　　　　　　　　　　　　　　　　　　　　$1 293.28
借：外汇买卖——汇买价　　　　　　　　　　　　　　　　　　　￥8 139
　　贷：外汇买卖　　　　　　　　　　　　　　　　　　　　　　　￥8 139
借：外汇买卖——汇卖价　　　　　　　　　　　　　　　　　　　HKD10 000
　　贷：汇出汇款　　　　　　　　　　　　　　　　　　　　　　　HKD10 000

（2）同一币种现钞与现汇之间套汇的核算。

同一币种现钞与现汇之间的套汇，是银行对某种外币买进现汇、卖出现钞或买进现钞、卖出现汇的外汇买卖活动：

借：××科目　　　　　　　　　　　　　　　　　　　　　　　（A 外币）
　　贷：外汇买卖——汇（钞）买价　　　　　　　　　　　　　　（A 外币）
借：外汇买卖——汇（钞）买价　　　　　　　　　　　　　　　（人民币）
　　贷：外汇买卖——汇（钞）卖价　　　　　　　　　　　　　　（人民币）
借：外汇买卖——汇（钞）卖价　　　　　　　　　　　　　　　（A 外币）
　　贷：××科目　　　　　　　　　　　　　　　　　　　　　　　（A 外币）

【**例5**】小王持美元现钞 1 000 美元要求汇往纽约。假设业务发生时，美元钞买价为 $100 ＝ ¥624.37，美元汇卖价为 $100 ＝ ¥631.86。其会计分录如下：

借：现金 $1 000

　　贷：外汇买卖——钞买价 $1 000

借：外汇买卖 ¥6 243.7

　　贷：外汇买卖 ¥6 243.7

借：外汇买卖——汇卖价 $988.15

　　贷：汇出汇款 $988.15

4. 代客外汇买卖的核算。

银行对个人提供的外汇买卖为代客即期外汇买卖。银行与境外对手进行交割时，其基本账务处理如下：

借：外汇买卖——代客外汇买卖 （卖出 A 货币）

　　贷：存放境外同业（或海外联行存款） （卖出 A 货币）

借：存放境外同业（或存放海外联行） （买入 B 货币）

　　贷：外汇买卖——代客外汇买卖 （买入 B 货币）

与客户交割划转时，其基本账务处理如下：

借：××科目 （卖出 A 货币）

　　贷：外汇买卖——代客外汇买卖 （卖出 A 货币）

借：外汇买卖——代客外汇买卖 （买入 B 货币）

　　贷：××科目 （买入 B 货币）

【**活动练习**】

资料：某银行 2012 年 4 月 9 日发生有关个人外汇买卖业务如下，请写出会计分录：

1. 小张将港币 5 000 元卖给银行，银行付给人民币。

2. 小李出国购汇，用人民币向银行购买美元现钞 9 000 元。

3. 外汇活期存款户小王要求从其现汇存款户支取 500 美元并兑换成人民币存入人民币活期存款户。

4. 小高要求将其活期一本通账户中的 3 000 美元兑换成欧元。

当天的外汇牌价如下：

	钞买价	汇买价	中间价	汇卖价	钞卖价
美元	624.29	629.33	630.72	631.86	631.86
欧元	794.33	820.70	824.16	827.29	827.29
港币	80.09	81.04	81.23	81.35	81.35

学习任务二　个人外汇存款业务

【**学生的任务**】

◇要求学生能根据客户的业务需求按规定开立不同的外汇账户

◇要求学生能够根据客户的需求进行外汇存取款、转账业务的操作

◇要求学生能按规定进行外汇存款利息处理

【教师的任务】

◇指导学生收集整理有关个人外汇存款业务的相关资料

◇讲解个人外汇存款业务的有关规定和会计核算方法等主要知识点

◇对学生作业完成情况进行点评

教学活动1　个人外汇存款账户开立

【活动目标】

掌握个人外汇存款账户的种类；熟悉不同种类个人外汇存款账户的特点及开立手续和管理方式；能按照操作流程办理个人外汇存款账户开立。

【知识准备】

个人外汇存款是指银行为吸收境内外自然人的外汇资金而开办的一项外汇存款业务。

目前，银行根据存款对象的不同，开办的个人外汇存款主要包括乙种存款和丙种存款两种。乙种外汇存款的对象为居住在国外或港澳台地区的外国人、外籍华人、华侨、港澳台同胞、短期来华旅游者、居住在中国境内的驻华使领馆外交官、驻华代表机构外籍人员等外国人。丙种外汇存款的对象为中国境内的居民，包括归侨、侨眷和港澳台同胞的亲属。两种存款账户存款利率相同，定期存款存期种类一样。其主要区别在于：一是乙种存款账户中的外币现钞存款本息可以套成现汇汇往境外；丙种存款账户中的外币现钞存款若要套成现汇汇往境外，必须符合我国外汇管理有关政策规定。二是两种存款账户的起存金额不一样。

一、不同种类个人外汇存款账户的开立

1. 根据《个人外汇管理办法实施细则》的有关规定：银行为个人开立外汇账户，应区分境内个人和境外个人，其中为境外个人开立的账户为乙种账户，为境内个人开立的账户为丙种账户。

2. 账户按交易性质分为外汇结算账户、外汇储蓄账户、资本项目账户

（1）外汇结算账户：是指个人对外贸易经营者、个体工商户按照规定开立的用以办理经常项目项下经营性外汇收支的账户，其开立、使用和关闭按机构账户进行管理。

（2）外汇储蓄账户：是指个人开立的用于储蓄的外汇账户。个人在银行开立外汇储蓄账户应当出具本人有效身份证件，所开立账户户名应与本人有效身份证件记载的姓名一致。个人外汇储蓄存款账户按存取方式可分为：①外汇活期储蓄存款账户，是指客户随时可以支取的外汇存款。②外汇定期储蓄存款，是指存款银行与客户约定至某一固定时间始可提用的外汇存款。目前，外汇定期储蓄存款主要是采取整存整取的方式。存期分一个月、三个月、六个月、一年和两年五种档次。③个人通知存款，取款时需要提前通知的外汇存款账户，起存和最低支取金额为5万元人民币的等值外汇。

（3）资本项目账户：是指个人开立的外国投资者投资专用账户、特殊目的公司专用账户及投资并购专用账户等资本项目外汇账户，该类账户的开立以及账户内资金的境内划转、汇出境外应经外汇局核准。

3. 按照存入的资金形态不同来划分，外汇存款账户可以分为现钞账户和现汇账户。

现钞账户是指外币现钞的存款，客户一般可以随时支取外币现钞。现汇账户则可随时委托存款银行根据有关规定直接予以汇出。

二、不同外汇存款对象的开立要求

银行对不同的外汇存款账户对象具有不同的要求，如表 7 – 2 – 1 所示。

表 7 – 2 – 1　　　　　　　　　　　　不同外汇存款对象的要求

存款对象	有效开户身份证件	开户最低起存金额
中国公民	居民身份证、户口簿、军人证、武警身份证明	活期存款 20 元人民币的等值外汇，定期存款 50 元人民币的等值外币
港澳台同胞	港澳居民来往内地通行证、台湾居民来往大陆通行证或其他有效证件	活期存款 100 元人民币的等值外币，定期存款 500 元人民币的等值外币
外国人、外籍华人和华侨	护照	活期存款 100 元人民币的等值外币，定期存款 500 元人民币的等值外币

三、个人外汇账户的开立流程

1. 业务受理。客户到办理外汇账户开立业务的银行，填写《开户申请书》，申请书上包括姓名、证件名称、证件号码、地址、电话、开户存款币别、金额（小写）等内容，将开户有效身份证件连同开户申请书以及外币（等于或多于起存金额）交银行经办人员。

2. 资料审核。银行经办人员审查客户填写的开户申请书的相关内容是否正确，有效身份证件是否正确。

3. 设置密码。资料审核无误后，银行经办人员提示客户设立密码。

4. 将活期一本通或存折、定期一本通货存档递于客户，开户完成。

四、中国银行个人外汇储蓄账户

1. 存款币种。

中国银行外币储蓄存款的币种包括：美元、港币、英镑、欧元、日元、加拿大元、澳大利亚元、瑞士法郎、新加坡元、澳门元（仅限广东省）、韩元（仅限吉林省）。

2. 外币储蓄存款品种。

中国银行可提供的个人外汇存款分为：活期存款、定期存款、通知存款，以及其他经监管机关批准的存款。定期存款按期限分为：一个月、三个月、六个月、一年、两年五个档次。

以上存款分为现汇账户和现钞账户。客户可以选择普通活期存折、活期一本通、定期一本通、定期存单等多种存款方式。

3. 取款交易。

持存折/存单在储蓄柜台支取存款，需凭密码支取。

从外汇储蓄账户中提取现钞，当日累计等值 1 万美元以下（含）的，客户可以在银行直接办理；超过上述金额，需凭本人有效身份证件、提钞用途证明等材料向银行所在地外汇局事前报备。银行凭本人有效身份证件和经外汇局签章的《提取外币现钞备案表》为客户办理提取外币现钞手续。

等值 1 万美元及以上的外币现金取款，至少提前一天通知银行，以便银行进行备付现金的准备。

4. 存款交易。

可以在储蓄柜台存入现钞，或是从个人外币结算账户、汇入汇款等转入存款。

个人向外汇储蓄账户存入外币现钞，当日累计等值 5 000 美元以下（含）的，可以在银行直接办理；超过上述金额的，凭本人有效身份证件、经海关签章的《中华人民共和国海关进境旅客行李物品申报单》或本人原存款银行外币现钞提取单据在银行办理。

5. 适用对象。

根据《中华人民共和国外汇管理条例》、《个人外汇管理办法》和《个人外汇管理办法实施细则》等相关法规，境内个人和境外个人，持本人有效身份证件，均可在中国银行办理外币储蓄存款业务。

6. 办理流程。

携相关证件到中行网点柜台办理。需提交证件：

（1）境内个人：持有中华人民共和国居民身份证、军人身份证件、武装警察身份证件的中国公民。

（2）境外个人：持护照的外国公民（包括无国籍人士）、持港澳居民来往内地通行证、台湾居民来往大陆通行证的港澳台同胞。

7. 温馨提示。

（1）开户起存金额：活期存款、定期存款 100 元人民币的等值外币。

（2）根据中国人民银行及国家外汇管理局的相关规定，个人外汇储蓄账户资金境内划转业务要求如下：

①本人账户间的资金划转，凭有效身份证件办理。

②个人与其直系亲属账户间的资金划转，凭双方有效身份证件、直系亲属关系证明办理，直系亲属指父母、子女、配偶。

③境内个人和境外个人账户间的资金划转按跨境交易进行管理。

④境内个人外汇现钞账户与外汇现汇账户互转不受额度限制，按中国银行股份有限公司相关收费规定办理。

【知识链接】 中国银行活期一本通产品

一、产品介绍

活期一本通是集成式的活期存款账户，只需一个存折即可以同时办理人民币及多种外币活期储蓄存款，存款状况一目了然，更可轻松体验多种便利服务。人民币活期存款账户分为个人人民币活期储蓄存款账户和个人人民币结算账户。

二、产品特点

1. 人民币和多种外币存取款及通存通兑业务。外币包括美元、欧元、日元、港币、英镑、加拿大元、澳大利亚元、瑞士法郎、新加坡元、澳门元（仅限广东省）、韩元（仅限吉林省）；

2. 本人、他人之间转账；

3. 境内、境外汇款、自动入账；

4. 预留密码方可通存通兑（下同）

三、结算功能（限于个人结算账户）

1. 办理和使用长城电子借记卡；

2. 开通电话银行、网上银行、短信通知等电子渠道服务；

3. 办理外汇宝、基金、国债、保险、第三方存管、B股银证转账等投资理财业务；

4. 代发工资、代发养老保险金等；

5. 代缴纳电话、手机、水电煤气等各种公用事业收费；

6. ATM 取现、商户消费等。

四、适用对象

中国居民、港澳台居民、居住在中国境内外的外国人、外籍华人和华侨，均可凭实名制认可的有效身份证件在中国银行开立活期一本通账户。

五、办理流程

携相关证件到中行网点柜台办理。

提交证件

1. 中国公民。

16 岁以上中国公民，应出具居民身份证/临时身份证。

16 岁以下中国公民，应由监护人代理开立个人银行账户，出具监护人的有效身份证件以及账户使用人的居民身份证或户口簿（如前述证件不能有效证明监护人同账户使用人的监护关系时，需同时出具有效监护证明）。

军人、武装警察尚未申领居民身份证的，可出具军人身份证、武装警察身份证。

居住在境内或境外的中国籍华侨，可出具中国护照。

2. 港澳台居民。

往来内地通行证/来往大陆通行证/或其他有效旅行证件。

3. 外国公民（外国人、外籍华人和华侨）。

护照/华侨持中国护照/外国人居留许可证。

六、温馨提示

1. 个人每日存款外币现钞不得超过 5 000 美元（其他外币折合等值 5 000 美元）；

2. 个人每日取款外币现钞不得超过 10 000 美元（其他外币折合等值 10 000 美元）；

3. 个人每日到柜台提取人民币现金超过 50 000 元，需提前预约；

4. 开户起存金额 1 元人民币或 100 元人民币的等值外币。

【活动练习】

1. 个人外汇存款账户包括哪些种类？

2. 开立个人存款账户的合法有效证件包括哪些？

3. 个人外汇储蓄存款账户有哪几种？各类账户的特点是什么？

4. 客户小李到银行开立个人外汇储蓄存款账户，应该如何办理？请写出操作流程？

教学活动 2 个人外汇存款业务核算

【活动目标】

掌握银行外汇存款业务核算方法，能够按照要求办理个人外汇活期储蓄存款和定期储蓄存款业务的存入、支取的核算和利息的计算。

【知识准备】

一、个人外汇活期储蓄存款的核算

1. 存入款的核算，会计分录为：

借：现金（或汇入汇款）   （外币）

　　贷：外汇活期储蓄存款   （外币）

2. 支取款的核算。

个人支取现钞时，会计分录为：

借：外汇活期储蓄存款   （外币）

　　贷：现金   （外币）

个人支取现汇时，需要进行钞汇转换：

（1）如支取人民币，银行按买入外汇处理。

（2）现汇户可直接汇出外汇。

（3）从现钞户汇出，须转换成现汇汇出。

会计分录为：

借：外汇活期储蓄存款   （外币）

　　贷：汇出汇款（或其他科目）   （外币）

二、个人外汇定期储蓄存款的核算

存款人存入定期储蓄存款时的会计分录为：

借：现金   （外币）

　　贷：外汇定期储蓄存款   （外币）

存款到期后，可转外汇活期储蓄存款户，也可支取现金，其会计分录为：

借：外汇定期储蓄存款   （外币）

　　利息支出   （外币）

　　贷：现金（或外汇活期储蓄存款）   （外币）

三、利息计算

1. 个人活期储蓄存款的利息计算。

每年 12 月 20 日为结息日，全年按实际天数计算，以结息日挂牌活期存款利率计付利息。结息日的会计分录为：

借：利息支出   （外币）

　　贷：外汇活期储蓄存款   （外币）

2. 个人定期储蓄存款的利息计算。

个人定期储蓄存款到期取本付息，如遇利率调整，仍按存入日利率计算利息。根据规定，个人外币活期、定期储蓄存款利息需要以原币扣除利息收入所得税（目前免征）。

【例】 王一于 2012 年 4 月 3 日将其收到的汇入汇款美元 2 000 万元存入其在某银行开立的外汇活期储蓄存款账户，4 月 9 日将美元全部支取，汇往国外，请写出会计分录。假设美元存款利率为 0.1%。如果王一将美元全部以人民币的形式支取，请写出会计分录：

（1）4 月 3 日汇入美元存款时，会计分录为：

借：汇入汇款	$20 000 000
贷：外汇活期储蓄存款——王一户	$20 000 000

（2）4 月 9 日全部支取，汇往国外，会计分录为：

借：外汇活期储蓄存款——王一户	$20 000 000
贷：汇出汇款	$20 000 000

（3）结计利息，会计分录为：

存款利息为：$20\ 000\ 000 \times 0.1\% \div 360 \times 6 = 333.33$

借：利息支出	$333.33
贷：汇出汇款	$333.33

（4）如王一将美元全部以人民币的形式支取，则会计分录为：

借：外汇活期储蓄存款	$2 333.33
贷：外汇买卖——汇买价	$2 333.33
借：外汇买卖——汇买价（人民币）	￥14 684.35
贷：现金	￥14 684.35

（4 月 9 日美元的汇买价是 $100 = ￥629.33）

【知识链接】 个人储蓄存款利息所得税相关规定

为配合国家宏观调控政策需要，经国务院批准，自 2008 年 10 月 9 日起，对储蓄存款利息所得暂免征收个人所得税。即储蓄存款在 1999 年 10 月 31 日前滋生的利息所得，不征收个人所得税；储蓄存款在 1999 年 11 月 1 日至 2007 年 8 月 14 日滋生的利息所得，按照 20% 的税率征收个人所得税；储蓄存款在 2007 年 8 月 15 日至 2008 年 10 月 8 日滋生的利息所得，按照 5% 的税率征收个人所得税；储蓄存款在 2008 年 10 月 9 日后（含 10 月 9 日）滋生的利息所得，暂免征收个人所得税。

以下为储蓄存款利息所得征收办法

对储蓄存款利息所得征收个人所得税的实施办法

（1999 年 9 月 30 日《中华人民共和国国务院令》[第 272 号] 发布根据 2007 年 7 月 20 日中华人民共和国国务院令第 502 号公布的《国务院关于修改〈对储蓄存款利息所得征收个人所得税的实施办法〉的决定》修订）

第一条 根据《中华人民共和国个人所得税法》第十二条的规定，制定本办法。

第二条 从中华人民共和国境内的储蓄机构取得人民币、外币储蓄存款利息所得的个人，应当依照本办法缴纳个人所得税。

第三条   对储蓄存款利息所得征收个人所得税的计税依据为纳税人取得的人民币、外币储蓄存款利息所得。

第四条   对储蓄存款利息所得征收个人所得税，减按5%的比例税率执行。减征幅度的调整由国务院决定。

第五条   对个人取得的教育储蓄存款利息所得以及国务院财政部门确定的其他专项储蓄存款或者储蓄性专项基金存款的利息所得，免征个人所得税。

前款所称教育储蓄是指个人按照国家有关规定在指定银行开户、存入规定数额资金、用于教育目的的专项储蓄。

第六条   对储蓄存款利息所得，按照每次取得的利息所得额计征个人所得税。

第七条   对储蓄存款利息所得征收个人所得税，以结付利息的储蓄机构为扣缴义务人，实行代扣代缴。

第八条   扣缴义务人在向储户结付利息时，依法代扣代缴税款。

前款所称结付利息，包括储户取款时结付利息、活期存款结息日结付利息和办理储蓄存款自动转存业务时结付利息等。

扣缴义务人代扣税款，应当在给储户的利息结付单上注明。

第九条   扣缴义务人每月代扣的税款，应当在次月7日内缴入中央国库，并向当地主管税务机关报送代扣代缴税款报告表；代扣的税款为外币的，应当折合成人民币缴入中央国库。

第十条   对扣缴义务人按照所扣缴的税款，付给2%的手续费。

第十一条   税务机关应当加强对扣缴义务人代扣代缴税款情况的监督和检查，扣缴义务人应当积极予以配合，如实反映情况，提供有关资料，不得拒绝、隐瞒。

第十二条   对储蓄存款利息所得征收的个人所得税，由国家税务局依照《中华人民共和国税收征收管理法》、《中华人民共和国个人所得税法》及本办法的规定负责征收管理。

第十三条   本办法所称储蓄机构，是指经国务院银行业监督管理机构批准的商业银行、城市信用合作社和农村信用合作社等吸收公众存款的金融机构。

第十四条   储蓄存款在1999年10月31日前滋生的利息所得，不征收个人所得税；储蓄存款在1999年11月1日至2007年8月14日滋生的利息所得，按照20%的比例税率征收个人所得税；储蓄存款在2007年8月15日后滋生的利息所得，按照5%的比例税率征收个人所得税。

第十五条   本办法自1999年11月1日起施行。

【活动练习】

资料：假设某银行发生如下外汇业务，请写出会计分录：

1. 2012年1月2日小张将美元现钞15 000元存入其外汇储蓄存款账户。

2. 2012年4月9日小张从其外汇储蓄存款账户中取出3 000美元，将其兑换成人民币。

3. 4月10日，小张将其外汇储蓄存款账户中的8 000美元存入3个月的定期存款。

4. 4月11日，校长将其外汇储蓄账户中的2 000美元汇往国外。

（4月9日美元的钞买价是$100 = ￥624.29）

学习任务三　个人外汇结算业务

【学生的任务】

◇要求学生了解个人外汇结算业务的形式

◇要求学生能够对个人外汇结算业务正确核算

◇要求学生掌握外汇汇款业务、旅行支票业务的办理流程

【教师的任务】

◇指导学生收集整理有关个人外汇结算业务的相关资料

◇讲解个人外汇结算业务办理与核算等主要知识点

◇对学生作业完成情况进行点评

教学活动1　个人外汇汇款业务概述

【活动目标】

了解个人外汇汇款业务的定义、交易对象以及汇款方式；熟悉个人外汇汇款业务的办理流程。

【知识准备】

外汇结算是实现国际间资金流动、清偿国际间经贸和其他往来引起的债权债务，以及与国际融资相关联的一种重要手段。外汇结算按业务内容可以分为贸易结算和非贸易结算。个人外汇结算业务属于非贸易国际结算，即没有商品贸易背景的国际间资金往来业务，主要包括个人外汇汇款业务和旅行支票业务。

一、个人外汇汇款基本概念

1. 定义。

外汇汇款是指银行应汇款人要求以一定方式将汇款人的资金，通过其国外联行或代理行汇交收款人的一种结算业务。

2. 交易对象。

个人外汇汇款业务适用于因支付出国留学学费等有境外汇出汇款需求和因国外亲属汇入赡家款等有境外汇入款解付需求的境内外个人客户。

3. 种类。

按照使用结算工具的不同，个人外汇汇款业务可以分为电汇（T/T）、信汇（M/T）和票汇（D/D）等。

二、个人汇款外汇管理政策

对于汇入汇款目前无原则性的合规性审核要求。对于汇出汇款，根据个人身份、资金形态和汇出金额等，有相应的合规性审核要求。对于购汇汇出，按购汇要求办理。区分境内个人与境外个人，对汇出汇款的相关要求如下。

1. 境内个人汇出汇款。

如从外汇储蓄存款账户汇出，当日累计不超过 5 万美元，只需提供身份证件。如超过 5 万美元，除身份证件外，还需提供有交易金额的真实性凭证。

如手持外币现钞直接汇出，当日累计不超过 1 万美元，只需提供身份证件，超过 1 万美元，除身份证件外，还需提供海关申报单或外币现钞提取凭证，有交易金额的真实性凭证。

2. 境外个人汇出汇款。

如从外汇储蓄存款账户汇出，可直接办理。

如手持外币现钞直接汇出，当日累计不超过 1 万美元，只需提供身份证件，超过 1 万美元，除身份证件外，还需提供海关申报单或外币现钞提取凭证。

三、个人外汇汇款业务的办理流程

个人外汇汇款业务按照汇兑结算程序分为汇出汇款和汇入汇款。

1. 汇出汇款。

汇出汇款业务是我国外汇银行为汇出行，接受汇款人的委托，以电、信、票汇等方式，通过国外联行或国外代理行，将款项汇往国外给收款人，并按规定向汇款人收取汇款手续费及邮电费。汇款业务当事人一般包括汇款人、收款人、汇出行及汇入行。

汇出汇款的流程主要包括汇款申请审核、落实汇出资金、款项汇出、汇出汇款销账、汇出汇款查询、修改及撤销和归档六个环节。

（1）汇款申请审核。汇款申请的审核分《汇款申请书》的审核和汇款有效凭证的审核。汇款人要求汇款时，必须填制《汇款申请书》一式四联。对《汇款申请书》，经办人员须审核包括汇款方式、汇款币别与金额、汇款人的详细名称、地址和电话以及收款人名称和详细地址等信息。汇款有效凭证的审核包括对办理汇出汇款业务必须提交的有关凭证表面真实性及合法、合规性的审核。

（2）落实汇出资金。银行经办人员审核合格后，需向汇款人收取需汇出款项。该资金可能来源于汇款人的外汇活期储蓄存款账户，或客户持现钞，或从银行购汇。

（3）款项汇出。款项汇出一般分为汇出汇款的编号登记、编制汇出凭证和资金清算三个步骤。

（4）汇出汇款销账。汇出行收到国外账户行的借记报单后，应抽出付汇电传（卡片账）进行核对，办理汇出汇款的销账手续。

（5）汇出汇款查询、修改及撤销。汇出行办理了款项汇出后，要根据不同的原因，及时进行查询。各行应设立专门的查询、查复登记簿，注明查询或查复日期、汇款编号、汇款币别和金额、查询行、查询结果等。

汇出行按《汇款申请书》的要求办理完汇出汇款后，汇款申请人又提出对汇款内容进行修改时，按以下程序处理：首先，汇款申请人提出书面汇款修改申请，注明修改内容；然后汇款行向汇款申请人收取费用后，向汇入行发电/函，要求汇入行按修改后的汇款指示办理；最后，通知汇款申请人汇款修改的结果。对于已解付给收款人或因其他原因已无法修改原汇款指示的汇出汇款，汇出行概不负责任。

对不同方式汇出汇款的撤销程序有所不同，但一般都需要汇款人首先提出撤销申请、申请理由，再有汇款行凭汇款撤销申请向汇入行发撤汇电/函办理撤销手续。

（6）归档。

2. 汇入汇款业务的办理流程。

汇入汇款业务是指境外代理行受当地汇款委托人的委托，将资金划拨到汇入行，委托汇入行将款项解付给指定收款人的业务。

汇入汇款业务处理的操作流程包括汇入汇款的审核、汇入汇款的解付、汇入汇款的修改与退汇、汇入汇款的查询和业务归档五个主要环节。

（1）汇入汇款的审核。汇入行收到汇入款项后，应做好汇入汇款登记和汇款内容的审核两项工作。具体包括：汇入汇款登记、汇入款内容的审核。

（2）汇入汇款的解付：

①汇入行收到以个人为收款人的汇入汇款时，应根据汇出行提供的收款人详细名址、电话等有关资料通知收款人本人携带身份证/护照来汇入行取款。

②仔细核对取款人的身份证/护照等证件与来人和收款人是否相符。核对无误后，应将证件名称和号码登记在汇款收据上，并请收款人在上面签字确认。如系汇票，需将证件名称和号码登记在汇票背面并背书。

③由他人代领汇款的，代领人除出示收款人的证件外，还需出示本人证件。代领人在汇款收据上签名时，应同时注明代领人和收款人的证件名称及号码，并注明"代领"字样。

④上述手续办妥后，汇入行按总行及外汇管理部门的规定，根据收款人要求，将汇入汇款原币转为外汇存款、支付外币现钞或结成人民币。若有费用，须扣收。

（3）汇入汇款的修改与退汇。汇入行收到汇出行的汇款修改或止付通知，要核对来电/函的印押是否相符，然后核对尚未解付的汇入汇款，若收到汇入行的修改通知，应停止按原汇款指示解付，并按汇出行新的汇款指示办理；对已经解付的汇入汇款或因其他原因已无法修改原汇款指示的，汇入行应及时通知汇出行，但对由此引起的任何问题不负责任。汇入行收到汇出行的退（撤）汇通知时，应区别未解付汇款和已解付汇款区别处理。

（4）汇入汇款的查询。

（5）业务归档。一笔汇入汇款业务处理完毕后，汇入行按业务发生顺序将有关业务凭证和往来电/函归入汇入汇款业务档案夹。

【知识链接】光大银行对私全球汇款业务

全球汇款服务为您提供多种货币的电汇（T/T）和票汇（D/D）服务。电汇与票汇的主要区别在于，电汇速度较快，但收费较票汇高，如客户的汇款金额较大或急于用款时，可建议采用电汇；而在汇款金额较小、短期出境或不急于用款时，可采用票汇。有时，国外收款方可能要求采取特定汇款方式，比如申请国外学校、缴纳各种报名费经常要求使用汇票。

一、电汇 办理电汇需填写电汇申请书，必须以英文填写，在办理业务前，您需要准确取得如下汇款信息

1. 汇款货币及金额。

2. 收款人姓名及地址。

3. 收款人在开户银行的账号。

4. 收款人开户银行名称、SWIFT 代码（SWIFT CODE）或地址。

（SWIFT 是"环球同业银行金融电讯协会"的英文简称。凡该协会的成员银行都有自己特定的 SWIFT 代码，即 SWIFT CODE。在电汇时，汇出行按照收款行的 SWIFT CODE 发送付款电文，就可将款项汇至收款行。）

二、票汇

办理票汇需填写汇票申请书，以英文填写（汇往港澳台地区可以中文填写），客户需要提供如下信息：

1. 汇款货币及金额。

2. 收款人姓名及地址。

办理完票汇手续，将汇票交给客户，客户可邮寄或自行携带出境。

提示：在客户办理票汇时，请向客户讲清汇票的付款行是否是收款人所在地银行。当客户向美国以外的地区票汇美元时，付款行可能是中国银行的纽约分行，此时收款人只能通过当地银行办理托收后才能收到汇款。

三、汇款查询、退汇及挂失

1. 查询。

如果收款人没有及时收到客户的汇款，客户可携带本人身份证、汇款回单、收费单到原汇出柜台办理查询手续。

2. 退汇。

办理完汇款手续后，若客户改变计划，可要求办理退汇。如果该笔汇款是电汇，在未入收款人账户前，客户可凭本人身份证、汇款回单、收费单来办理退汇；如已入收款人账户，需取得收款人同意后方可退汇。如果该笔汇款是票汇，由客户带好本人身份证、汇票正本、汇款回单、收费单，即可办理退汇手续。

3. 汇票挂失。

如果汇票遗失，客户应及时携带本人身份证及汇款回单，向原出票银行提出书面挂失申请。我行将根据客户的要求，为其办理挂失止付手续。

四、全球汇款收费标准

汇款方式	收费项目	收费标准
电汇	手续费	汇款金额的1‰
		最低50元，最高260元人民币
	电讯费	150元人民币（港澳地区80元）
票汇	手续费	汇款金额的1‰
		最低50元，最高260元人民币
修改	手续费	50元/每笔，另收电讯费
退汇		20元/每笔，另收电讯费（如有）
挂失止付（汇票）		50元/每笔，另收电讯费

注：如客户以外币现钞办理汇款，需支付相应的汇钞差价费。

【活动练习】

1. 什么是个人外汇汇款业务？

2. 外汇汇款的方式包括哪几种？

3. 我国对个人外汇汇款的有关管理规定有哪些？

4. 客户小李到某银行办理外汇汇款，要将 1 000 美元汇往国外某大学缴纳申请费。小李没有外汇账户，请问银行如何为小李办理汇款手续？

教学活动 2　向国外汇出汇款的核算

【活动目标】

熟悉受理汇出汇款的核算和汇款解付后的核算，能够按照流程对个人汇出汇款业务进行正确的核算。

【知识准备】

一、受理汇出汇款的核算

汇款人要求汇款时，必须填制《汇款申请书》一式四联。银行经办人员审核合格后，根据不同的资金来源及汇款方式，计算业务手续费，填制不同的汇款凭证，办理汇出汇款手续。

1. 使用汇款申请人在汇出行的外汇活期储蓄存款账户办理汇款。

汇款人在汇出行开有外汇现汇账户的，在《汇款申请书》及相关有效凭证审核完毕后，查验其账户是否有足够的现汇存款余额。会计人员在《汇款申请书》第一联上加盖银行转讫章及经办、复核人员名章后交汇款部门办理汇款手续，第二、三联凭以处理有关汇出汇款会计科目，第四联加盖转讫章及经办、复核人员名章后退申请人。会计分录为：

借：外汇活期储蓄存款　　　　　　　　　　　　　　　　　　（外币）

　　贷：汇出汇款　　　　　　　　　　　　　　　　　　　　　　（外币）

借：现金（或活期储蓄存款）　　　　　　　　　　　　　　　（人民币）

　　贷：手续费及佣金收入——汇费收入户　　　　　　　　　　（人民币）

2. 汇款人以人民币购汇办理汇款。

汇款人需以人民币购汇办理汇款的，汇出行应根据外汇管理部门的有关规定，对符合售汇条件的汇款人办理售汇后，再为其办理汇款手续。会计分录为：

借：现金（或活期储蓄存款）　　　　　　　　　　　　　　　（人民币）

　　贷：外汇买卖（汇卖价）　　　　　　　　　　　　　　　　（人民币）

　　　　手续费或佣金收入——汇费收入户　　　　　　　　　　（人民币）

借：外汇买卖（汇卖价）　　　　　　　　　　　　　　　　　（外币）

　　贷：汇款汇出　　　　　　　　　　　　　　　　　　　　　　（外币）

3. 汇款人交存外币现钞办理汇款。

汇款人交存外币现钞办理汇款时，汇出行应按该行当日挂牌汇率办理钞转汇后汇出。会计分录为：

借：现金　　　　　　　　　　　　　　　　　　　　　　　　（外币）

　　贷：外汇买卖——钞买价　　　　　　　　　　　　　　　　（外币）

借：外汇买卖——钞买价　　　　　　　　　　　　　　（人民币）
　　贷：外汇买卖——汇卖价　　　　　　　　　　　　　（人民币）
借：外汇买卖——汇卖价　　　　　　　　　　　　　　（外币）
　　贷：汇出汇款　　　　　　　　　　　　　　　　　　（外币）
借：现金（或活期储蓄存款）　　　　　　　　　　　　（人民币）
　　贷：手续费及佣金收入——汇费收入户　　　　　　　（人民币）

4. 汇款人汇出货币与外汇存款币别不同。

汇款人要求汇出货币币别与其外汇存款币别不同时，汇出行应按该行当日挂牌汇率套算出所需的客户存款币别金额后，从汇款人存款账户中扣减所需款项，并在《汇款申请书》内注明相应的付账货币金额及套汇牌价，然后按汇款人的要求汇出。

二、汇款解付后的核算

国外银行解付汇款后，将已解付汇款的借记保单寄回汇出行。汇出行在接到国外联行或代理行的借记报单时，即凭报单销账。其会计分录为：

借：汇出汇款　　　　　　　　　　　　　　　　　　　（外币）
　　贷：存放境外同业（或有关科目）　　　　　　　　　（外币）

【例】2012 年 4 月 9 日，小王通过银行购汇后再信汇给其美国亲属美元 1 000 元，汇费费率为 1‰，当天美元汇卖价为 $100 = ￥631.86。两周后，银行收到国外某代理行付讫借方报单，办理转账。其会计分录为：

借：活期储蓄存款——小王户　　　　　　　　　　　　￥6 338.6
　　贷：手续费及佣金收入——汇费收入（最低起点）　　￥20
　　　　外汇买卖（汇卖价）　　　　　　　　　　　　　￥6 318.6
借：外汇买卖（汇卖价）　　　　　　　　　　　　　　$1 000
　　贷：汇款汇出　　　　　　　　　　　　　　　　　　$1 000

两周后，银行办理转账处理。其会计分录为：

借：汇出汇款　　　　　　　　　　　　　　　　　　　$1 000
　　贷：存放境外同业或有关科目——××代理行户　　　$1 000

【活动练习】

资料：2012 年 4 月 10 日，小张需要汇出英镑 1 000 元，按当日英镑汇卖价 100 英镑 = ￥1 007.11 交付人民币，另按 1‰ 支付手续费和佣金。2012 年 4 月 17 日，汇出行收到其英国代理行的解付凭证。

1. 请简述该笔汇款业务的办理流程。
2. 请写出会计分录。

教学活动 3　国外汇入汇款的核算

【活动目标】

熟悉收到汇款资金和解付汇款的核算，能够按照流程对国外汇入汇款业务进行正确的核算。

【知识准备】

国外汇入汇款是银行根据与国外联行、代理行约定，凭国外联行、代理行发出的电报或信汇委托书代为解付的汇款。

一、收到汇款的核算

汇入行收到国外汇出行的汇款资金头寸时，应区分两种情况进行处理：

1. 汇款资金头寸由汇入行直接入账反映。若汇入行于国外汇出行直接开立账户或汇入行实行集中开户分散记账做法，则收到汇款资金头寸时，直接入账反映，其会计分录为：

借：存放境外同业（或有关科目） （外币）
　贷：汇入汇款 （外币）

2. 汇款资金头寸由汇入行上划总行入账反映。若汇入行不实行集中开户分散记账做法或国外汇出行在总行开立现汇账户的，汇入行收到汇款头寸时，应通过"全国联行外汇往来"科目，随附存放境外同业等报单划总行，由总行入账反映。其会计分录为：

借：全国联行外汇往来 （外币）
　贷：汇入汇款 （外币）

总行收到上划报单，会计分录如下：

借：存放境外同业（或有关科目） （外币）
　贷：全国联行外汇往来 （外币）

二、解付汇款的核算

解付汇款时，如果收款人直接收取外汇，则会计分录如下：

借：汇入汇款 （外币）
　贷：外汇活期储蓄存款（或现金） （外币）

解付汇款时，如果收款人收取人民币，则通过"外汇买卖"科目办理结汇。其会计分录为：

借：汇入汇款 （外币）
　贷：外汇买卖（汇买价） （外币）
借：外汇买卖（汇买价） （人民币）
　贷：活期储蓄存款——××户 （人民币）

【例】某银行收到美国某银行代在美国留学的小张电汇给其父的2 000美元，授权借记该美国银行在该行总行开立的账户；款项解付入收款人现汇存款账户。

（1）经办行到汇款通知。其会计分录为：

借：全国联行外汇往来 $2 000
　贷：汇入汇款 $2 000

总行收到上划报单。其会计分录为：

借：境外同业存款存款——美国某银行户 $2 000
　贷：全国联行外汇往来 $2 000

（2）汇款解付，入收款人现汇存款账户。其会计分录为：

借：汇入汇款 $2 000
　贷：外汇活期储蓄存款——小张父户 $2 000

【活动练习】

资料：某银行收到日本东京银行代在日本居住的王一电汇给其弟弟的 10 000 美元，授权借记日本东京银行在该行总行开立的账户；款项解付入收款人现汇存款账户。

1. 请简述该笔汇款业务的办理流程
2. 请写出会计分录。

教学活动 4   旅行支票

【活动目标】

了解旅行支票的概念、特点和购买规定，能对旅行支票的出售和兑付进行正确核算。

【知识准备】

一、旅行支票的概念与特点

外币旅行支票是指境内银行代售的、由境外银行或专门金融机构印制，以发行机构为最终付款人、以可自由兑换货币作为计价结算货币、有固定面额的票据。境内居民在购买时，须本人在支票上签名，兑换时，只需再次签名即可。

外币旅行支票专供旅客购买，可用以支付旅途费用，没有指定的付款地点和银行，一般也不受日期限制，能在全世界通用。

目前，全球通用的旅行支票品种有运通（AMERICAN EXPRESS）、VISA、MASTER-CARD 等。旅行支票也有不同的票面。如美元旅行支票分为 20 元、50 元、100 元、500 元、1 000 元。

二、购买规定

根据规定，境内居民个人可以用外汇存款账户内的资金或外币现钞购买外币旅行支票，也可以用人民币账户内的资金或人民币现钞购买外币旅行支票。一次性购买旅行支票在等值 1 万美元（含）以下的，应提供本人身份证，有效入境签证的护照，并填写《购买申请书》直接到银行购买；一次性购买旅行支票在等值 1 万美元以上，5 万美元（含）以下（如果现钞购买，限额 2 万美元）的，除上述材料外，还需提供证明其真实用途的相关材料直接到银行购买；一次性购买旅行支票在等值 5 万美元以上（如果现钞购买，限额 2 万美元）的，需要到外管局办理申请，银行凭当地外管局出具的核准件办理购买外币旅行支票业务。

三、出售旅行支票

银行收到旅行支票时，应登记"重要空白凭证"表外科目，按委托行、货币面额设立分户账明细。会计分录为：

收入：重要空白凭证——旅行支票

客户来银行购买旅行支票，应填写一式五联《旅行支票购买协议书》。根据购买人的付款方式，若为支付相同币种的，则按票面金额×（1＋1% 手续费率）收取款项；若为支付不同币种，则按票面金额×（1＋1% 手续费率）×相应汇率，计算出应收金额。出售旅行支票的账务处理如下：

1. 凭外管局批准的审批件办理人民币购买旅行支票时，会计分录为：

借：现金（或活期储蓄存款） （人民币）

　　贷：外汇买卖 （人民币）

借：外汇买卖 （外币）

　　贷：手续费及佣金收入——手续费收入（代售旅支收入） （外币）

　　　　代理业务资金——旅行支票公司 （外币）

表外科目

付出：重要空白凭证——旅行支票 （外币）

2. 同币种外币现汇购买时，会计分录为：

借：现金（或外币活期储蓄存款） （外币）

　　贷：手续费及佣金收入——手续费收入（代售旅支收入） （外币）

　　　　代理业务资金——旅行支票公司 （外币）

四、兑付旅行支票

持票人若需要向银行办理旅行支票的兑现，应将旅行支票及本人有效证件提交柜员办理，并填写《外币兑换单》。银行按旅行支票面额的 7.5‰ 扣收手续费，并计算出应付款项。根据持票人的兑付款方式不同对该笔交易进行不同的会计处理。兑付旅行支票通过"买入外币票据"科目核算，收到旅行支票时，借记本科目，贷记"现金""活期储蓄存款"、"手续费收入"等科目；卖出票据收到票据款项时，借记"存放境外同业"等科目，贷记本科目。

1. 若为兑付人民币，会计分录为：

借：买入外币票据 （票面币种）

　　贷：手续费及佣金收入——手续费收入（代售旅支收入） （票面币种）

　　　　外汇买卖 （票面币种）

借：外汇买卖 （人民币）

　　贷：现金（或活期储蓄存款） （人民币）

2. 若为兑付原币，会计分录为：

借：买入外币票据 （票面币种）

　　贷：手续费及佣金收入——手续费收入（代售旅支收入） （票面币种）

　　　　现金（或外币活期储蓄存款） （票面币种）

3. 旅行支票公司划来款项时，会计分录为：

借：存放境外同业款项 （票面币种）

　　贷：买入外币票据 （票面币种）

【知识链接】美国运通旅行支票介绍

境外旅行前，旅游者往往会准备大笔外币现金或多张信用卡，可是如果遇到钱包遗失的情形，就会出现丢失无法补救的窘境。旅行专家建议出国旅行可考虑"组合钱包"，搭配各种支付工具，如旅行支票、信用卡和少量现金，以保证旅途安全和顺畅。

旅行支票是一种全球范围内被普遍接受的票据，在很多国家和地区都有着如同现金一般的流动性，不仅很多商场和酒店都支持旅行支票的付款，它还可以在旅行地兑换为当地的货币。旅行支票有多种币种可以选择，方便了旅行者和商务人士根据目的地所使用的货币购买旅行支票。1891年4月25日，美国运通公司发行了全球第一张旅行支票。如今，在全世界使用旅行支票的客人中，绝大多数都使用美国运通旅行支票。

一、什么时候需要美国运通旅行支票？

1. 公务旅行/境外旅游：当旅行者需要携带大笔金额出国支付参展费用、商务订金或酒店住宿、餐厅设置购物等消费时，旅行支票是一种非常好的选择。旅行支票让您免除被偷盗及抢骗的风险，需要现金时可以在银行或外币兑换点兑换，也可以在接受旅行支票的商业场所直接支付，还可找零。

2. 出国留学：对于出国求学的学子们，初到国外，在抵达国外的第一个月内，通常无法建立个人银行账户，而携带的大笔现金，无论是放在宿舍里还是带在身上都是极不安全的，因此使用旅行支票是一个非常好的选择。旅行支票比现金安全，并方便兑换，一旦丢失，通常可在当地获得补发，比其他金融产品更快、更容易，且不收取任何补发费用。

二、旅行支票"四大特点"

1. 安全：相对现金而言，旅行支票一旦丢失，通常可以很迅速在当地得到补发，而不需要支付任何费用。

2. 方便：美国运通旅行支票在国内有6种币别多种面额供选择，包括美元、欧元、加元、澳元、日元和英镑。消费者可以在全球成千上万家银行及外币兑换处兑换当地货币，或在接受旅行支票的商店直接使用，并可找零。请登录 www.aetclocator.com/cn/查询全球旅行支票兑换点。

3. 永久有效：旅行支票没有使用期限，未使用完的旅行支票，可保留到下次出国时再用，或视为现金保存。

4. 全球服务：美国运通分布在全球各地的旅行支票服务中心，全年365天、每天24小时向客户提供旅行支票相关的服务与协助。

三、旅行支票发行币别及面额

美国运通目前在中国发行有美元、欧元、加元、澳元、日元和英镑6种币别及多种面额的旅行支票供您选购。

四、如何购买旅行支票？

国内各大银行均有销售，购买手续和购买外币现钞一样简单，只需携带身份证件、护照及有效签证至各大银行即可直接购买。

五、如何使用旅行支票？

1. 购时立即签名：购买时，请立即在支票左上角初签，中英文皆可。

2. 用时再复签：使用时，请当着收款人面前，在左下角复签栏签上与左上角初签一致的签名即可。

3. 分开存放：请将购买合约书与旅行支票分开存放，并妥为保管。倘若旅行支票遗失或被窃，请备妥购买合约书，致电各地挂失理赔服务热线办理挂失。

六、遗失补领服务

如您携带美国运通旅行支票出国，不慎遗失或被窃，通常很快可在世界各地获得理赔。美国运通旅行支票服务中心每周 7 天、每天 24 小时受理旅行支票遗失或失窃的挂失及补发。一旦您的旅行支票遗失或被窃，请立即致电美国运通旅行支票服务中心。

旅行支票的补发必须先获得美国运通旅行支票服务中心的授权，服务人员将会协助您以最佳的方式获得补发。

旅行支票的补发可在全球各地的合作伙伴或美国运通旅游服务处受理，服务人员将会协助顾客查询最近的地点以领取补发的旅行支票。

所有的赔偿必须符合购买合约书之条款与细则，并非所有的美国运通旅游服务处都提供全部的服务，且须适从当地的法律而定。

七、旅行支票使用小窍门

1. 将旅行支票的"购买合约书"与旅行支票分开保存，每次使用完旅行支票后，将使用的票号记录下来，这样未使用的旅行支票一旦遗失，就可以很容易地申请补发。

2. 携带少量现金，其他主要花费用旅行支票及信用卡支付。尤其在美、加地区，旅行支票几乎等同于现金，建议将大笔金额的开销如购买名牌商品、礼物、健康食品等用旅行支票支付，找的零钱可用来购买小纪念品。

3. 不要一次性把旅行支票全部兑换成现钞，如此一来，身上就只有现金，还是没有保障。因此，应该逐步兑换，需要多少就换多少。

4. 尽量使用小面额的旅行支票，如 50 美元或 100 美元。因为旅行支票的使用如同现金，如果购买金额不大，商店可能没有足够的现金找零。

【活动练习】

1. 什么是旅行支票？

2. 简述旅行支票的核算方法？

教学项目八　柜面日终业务处理

【学习目标】

◇ 柜面日终业务处理的内容

◇ 临柜柜员日终业务处理的基本流程及业务要点

◇ 营业网点日终业务处理的基本流程及业务要点

【技能目标】

◇ 能按具体业务操作流程规范进行柜员轧账、签退等业务处理工作

◇ 能按具体业务操作流程规范进行网点日终业务处理工作

学习任务　柜面日终业务操作处理

【学生的任务】

◇ 要求学生掌握柜员轧账的内容和具体操作

◇ 要求学生掌握临柜柜员日终业务的处理流程

◇ 要求学生了解网点日终业务的处理流程

【教师的任务】

1. 讲解银行柜面日终业务处理的流程和具体内容

2. 指导学生进行柜员日终业务的处理

3. 指导学生完成活动练习

银行的计算机综合业务系统包含日终平账系统，一般分为四个层次：交易级平账、柜员级平账、网点级平账、全中心平账。交易级平账由系统自动完成，营业网点需要关注的是柜员级平账和网点级平账。

教学活动1　临柜柜员日终业务处理

【活动目标】

掌握临柜柜员日终业务处理的基本流程及业务要点，能按照业务规程正确操作。

【知识准备】

一、临柜柜员日终业务处理流程

柜员日终业务处理流程如图8-1-1所示。

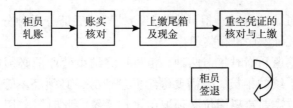

图8－1－1 柜员日终业务处理流程

二、临柜柜员日终业务处理的具体步骤

1. 柜员轧账。

柜员轧账分为试轧账和正式轧账两种。"试轧账"可以随时进行，以检验账务平衡，在午间或其他相对空闲时间，临柜柜员进行试轧账操作，对现金及重要单证余额进行账实核对，以减少日终出现差错的查找时间，提高日终工作效率。

而"正式轧账"是临柜柜员在每日营业终了的时候进行的，具体操作如下：

（1）检查柜员平账器。输入流水平账的交易代码，系统自动进行平账。如果柜员平账器平衡则进入下一下流程；如柜员平账器不平衡，说明有错账存在，查找到错账后，经主管审批、授权作抹账交易；对当日不能核销的账项则进行挂账，人为使柜员平账器平衡，然后进入下一个流程。挂账的核销留待次日处理。

（2）打印柜员平账报告表、柜员重要空白凭证核对表。检查柜员平账器，轧平当天账务后，打印平账报告表和柜员重要空白凭证核对表。

（3）整理核对交易清单。整理核对交易清单时需要注意检查：交易清单的数量与柜员平账报告表上的交易清单数是否相符，交易清单上的序号（传票号）是否保持连续；按传票号从小到大的顺序整理、排列交易清单，原始凭证应作为交易清单的附件。

2. 账实核对。

（1）柜员清点现金实物，对实物尾箱的现金按券别进行整理清点。

（2）电子尾箱与实物尾箱余额核对。使用"查询钱箱明细"交易查询自己保管的现金，并与现金实物进行核对，确保两者金额、券别完全一致。如果不符，应遵循"长款归公、短款自赔"的原则进行处理。

3. 上缴尾箱及现金。

检查库存现金余额是否超过柜员日终限额，如超过限额，使用"现金上缴"交易将超柜员限额部分上缴，并上缴实物尾箱与电子尾箱。入库的现金实物需由管库员、业务主管双人复点，并经双人加锁封包后交管库员保管。

4. 重要空白凭证的核对与上缴。

首先柜员自己清点重要空白凭证实物，做到账实、账账相符。然后主管使用"柜员凭证明细查询"和"柜员重要空白凭证核对表"核对柜员的重要空白凭证是否账实、账账相符。剩余重要空白凭证经主管审查核对后连同公章入库保管。

5. 柜员签退。

临柜柜员进行日终平账后，应将"柜员平账报告表"和交易清单一并交与主管，待主管确认无误后即可正式签退。临柜柜员签退时，只需输入签退的交易代码，根据系统提示选择相应的签退方式即可。签退后，柜员将当日已处理的凭证分币种分借贷方，按现金、转账、表外和特殊交易凭证顺序进行整理。

柜员签退有正式签退和临时签退两种。柜员日终结束营业前必须进行"正式签退"操作。已办理正式签退手续的柜员，若需要继续办理业务，必须经主管授权重新签到才能办理。柜员在营业时因故需要暂离岗位必须退出操作系统，此时需采用"临时签退"交易进行操作。柜员暂离岗位，必须将印章、重要空白凭证和现金放入保险箱加锁保管。

【活动练习】

请扮演模拟银行某营业网点临柜柜员，完成日终业务处理。

教学活动 2   营业网点日终业务处理

【活动目标】

掌握营业网点日终业务处理的基本流程及业务要点，能按照业务规程正确操作。

【知识准备】

各临柜柜员签退后，整个营业网点还要进行日终业务处理，主要包括平账与签退。

一、营业网点日终平账

网点平账必须由网点业务主管或业务主办负责办理，其他柜员没有操作权限。具体操作如下：

1. 汇总轧差。

各柜员轧账平衡后，由网点业务主管或业务主办对本网点当日处理的业务进行汇总轧差，确保网点借贷方发生额与各柜员轧账发生额汇总数一致，即：

$$营业网点借方发生额 = 各柜员借方发生额汇总数$$
$$营业网点贷方发生额 = 各柜员贷方发生额汇总数$$

2. 打印清单。

轧差平衡后，打印网点平账报告表、会计凭证移交单、现金收付汇总表、现金借贷汇总表等各种清单。

3. 账务核对。

网点平账报告表上的现金余额与各柜员实际现金余额加库存现金余额的合计数要核对相符；报告表上的凭证余额应与各柜员实际凭证余额加库房存放凭证余额的合计数核对相符。

4. 凭证整理移交。

营业网点主管或业务主办填制网点凭证交接清单，加盖网点业务公章及个人名章后交事后监督部门。

5. 钱箱交接。

运钞车辆到达网点，必须确认押运车、验证押运人员身份，营业机构双人在监控范围内与押运人员办理钱箱交接手续。

二、营业网点日终签退

完成网点日终平账后，业务主管或业务主办输入签退的交易代码根据系统提示选择"营业网点正式签退"进行操作。营业网点正式签退后，所有柜员均不能再次进入系统办理业务。

三、网点日终结束工作

1. 关闭各项设备。

2. 安全检查：设备关闭、保险柜、钢箱、柜台与柜员操作台、门窗、水源、煤气源。

3. 记录工作日志。

4. 打扫环境：垃圾处理。

5. 开启夜晚监控自动报警装置、切断电源、关门上锁。

【活动练习】

请扮演模拟银行某营业网点主管，完成营业网点日终业务处理。

【知识链接】 ××银行营业机构一日规范

一、工前规范

1. 双人同时进入营业场所，检查营业机构安全情况，撤除自动报警装置。

2. 由营业机构负责监控录像管理的，营业经理应落实监控录像的开关、电源等日常管理工作，并避免单人操控营业机构监控录像。

3. 按规定执行机构、柜员签到。

4. 现金押运车到达后，必须确认押运车、验证押运人员（押运员、业务员）身份，核对尾箱个数、检查尾箱锁片、封包外观情况，无误后双人在监控下交接尾箱，办理交接登记手续。

5. 尾箱进入营业机构后，应将其放置在监控范围内。

6. 登记安全检查记录。

7. 分发柜员尾箱后，柜员应检查锁片、封包外观等，如有可疑情况，应报告营业经理。

8. 柜员签到后调拨现金和重要单证，准备好营业用现金和各类单证等。

9. 及时维护出纳机具、打印机、自助设备（清机），准备业务用单证及纸张，保证日间工作正常运行。

10. 指定专人下载打印交易资料并进行核对，确保交易资料的正确与完整。

11. 营业经理应根据客户高峰流量，按照弹性排班的要求，协助营业机构负责人调整对外营业窗口和人员。

二、日间工作规范

1. 严格执行"恪守信用，履约付款；谁的钱进谁的账，由谁支配；银行不垫款"银行结算三原则。

2. 现金业务必须做到一笔一清。办理现金收款，必须"先卡大数，再细点，交易处理并签回单"。办理现金付款，必须"先交易处理，再清点现金，核对后（身份、数额）付款"。

3. 转账业务必须"先审核（验印），后交易处理（录入、复核、授权），签回单（回执）"的流程办理，交易涉及身份证件核实的，按规定核实身份。

4. 交易授权必须"先审核、后交易授权处理"的操作流程，授权时应审核交易凭证（资料）的合规、有效性，审核交易凭证（资料）要素与录入内容的一致性。现金业务授权时，要求卡点现金大数。

5. 转账交易复核时必须审核交易凭证（资料）与系统录入数据的一致性。

6. 自制凭证发起的交易应根据填制人不同，分别不同人员审核，营业经理填制的，由机构负责人审批签章（字），交易经办人员应审核发起依据；交易经办人填制的，由营业经理审批签章（字）。

7. 交易处理完毕，交易资料按流水先后顺序摆放。

8. 现金、重空、印章、代保管物品等实物核对必须先清点实物，再与相应登记簿、账簿进行核对。

9. 柜面现金收付柜员执行中午碰库。

10. 临时离岗，系统必须签退或锁屏，印、证、现金等入箱（柜）、尾箱（抽屉）上锁保管。

11. 非营业时间（中午）尾箱入库或入保险箱（柜）保管，或置于监控下，与指定专人办理交接手续，由指定专人监管。

12. 非营业时间（中午）的重空、印章等重要物品入箱上锁保管。保管使用人离开营业场所的，应入库（尾箱）或入保险箱（柜）保管。

13. 严禁当班柜员办理本人业务，包括复核、授权业务。

14. 非本机构人员进入营业场所必须按规定手续核实身份并进行登记。

15. 日间现金调拨交接时必须确认押运车、验证押运人员（押运员、业务员）身份。

16. 班间交接时，由接交人在监控下清点现金、重空、有价单证等账实相符，账务未清或交接不清不得擅自离岗。

三、日终工作规范

1. 柜员盘点现金，做到账实相符。

2. 根据柜员现金限额管理要求，及时上缴超限额现金。

3. 锁箱后上缴尾箱（或零钞袋上锁后寄入龙头柜尾箱）。在押运人员到达前，尾箱应置于监控下，并由专人看管。

4. 龙头柜尾箱核对无误后经双人加锁（封包）后上缴。

5. 龙头柜核对库存现金，保证营业机构库存现金余额与库存现金登记簿核对一致。

6. 柜员下载打印尾箱库存现金登记簿。

7. 核对重要空白凭证（包括作废重空）与登记簿一致，确保账实、账簿相符，按规定入库或入柜上锁保管。

8. 柜面营业用作废重要空白凭证须换人复点，核对无误后签章确认。

9. 印章、印鉴卡等重要物品要入库（尾箱）或入保险箱（柜）保管。

10. 柜员下载打印重要单证登记簿。

11. 柜员轧平账务后，下载打印柜员流水清单等交易资料。

12. 柜员轧账平衡后，整理交易资料，与交易流水核对一致。柜员将整理好的交易资料交指定人员。

13. 交易资料无法完成 T＋1 日扫描、补录的情况下，必须换人勾对流水。

14. 由营业经理或指定专人负责监督交易资料的整理、封包、保管和上送情况。

15. 打印各类机构交易资料。

16. 确认所有营业柜员办理签退手续后，执行机构签退操作。

17. 代保管物品入库（包括专用档案库房）保管。

18. 各种业务印章入库或入保险箱保管。

19. 重要机具上锁入库或入保险箱保管。

20. 各种账、表、簿入柜上锁保管。

21. 印鉴卡、重要空白凭证入库或入保险箱（柜）保管。

22. 当日未及时上送的交易资料入柜上锁保管。

23 现金押运车到达后，必须确认押运车、验证押运人员（押运员、业务员）身份，营业机构双人护送尾箱与押运人员办理交接手续。

24. 营业终了，当天营业产生的业务纸屑应使用专用清洁袋存放，视营业机构排班情况，一般放置 T＋2 日后清理。

25. 指定专人对营业场所的机器设备、消防设备、电源、门窗、箱柜等进行检查，确认安全无误后，关闭监控录像。

26. 营业机构清场，根据岗位职责明确责任人进行布防，双人锁门，离开营业场所。

教学项目九　银行柜面业务实训

【实训目标】

◇ 能够结合模拟银行的操作系统对前面所学知识进行综合运用

◇ 能够模拟银行柜员熟练进行银行各类柜面业务的操作

学习任务一　日初业务实训

教学活动　日初业务流程模拟实训

【活动目标】

掌握日初业务的操作流程及业务要点。

【活动实训】

一、日初工作的实训流程（见图9-1-1）

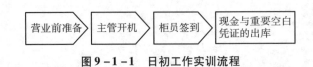

图9-1-1　日初工作实训流程

二、日初工作的业务操作步骤

1. 营业前准备。

2. 主管开机。

每日办理业务开始前，先由网点业务进入系统进行主管开机处理（如图9-1-2、图9-1-3所示），并对柜员进行操作权限认定，柜员才能进行签到操作。

3. 柜员签到。

主机开启成功后，柜员在电脑系统上使用自己的权限卡刷卡或录入柜员号，进入登录界面（如图9-1-4所示），输入操作密码后进入系统菜单（如图9-1-5所示），进行签到业务处理（如图9-1-6所示）。

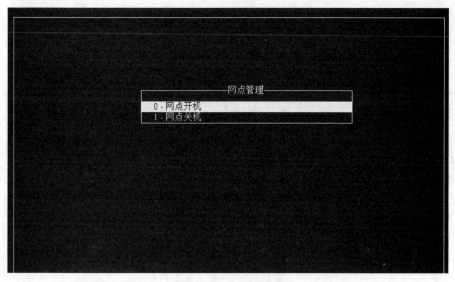

图9-1-2　网点开机

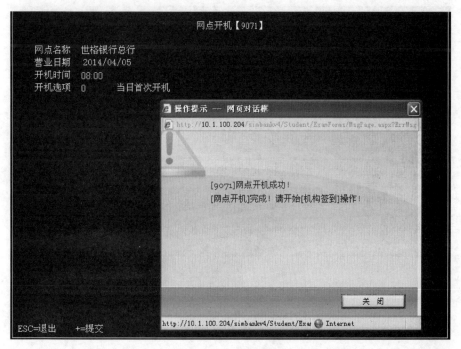

图9-1-3　网点开机

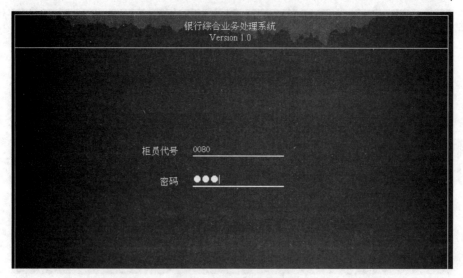

图 9 - 1 - 4　柜员登录

图 9 - 1 - 5　系统菜单

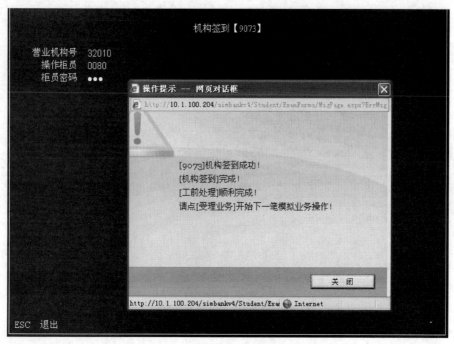

图 9 - 1 - 6 签到

4. 现金与重要空白凭证的出库。

（1）现金出库：柜员领取并清点实物尾箱，同时在系统中领取虚拟尾箱。

（2）重要空白凭证的出库：柜员在交易系统中选择通用业务——钱箱管理——凭证出库。以柜员出库借记卡和现金支票为例，具体操作方法如图 9 - 1 - 7、图 9 - 1 - 8 所示。

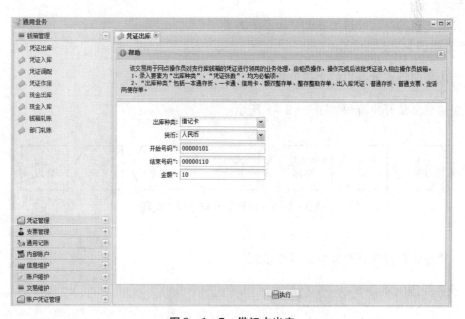

图 9 - 1 - 7 借记卡出库

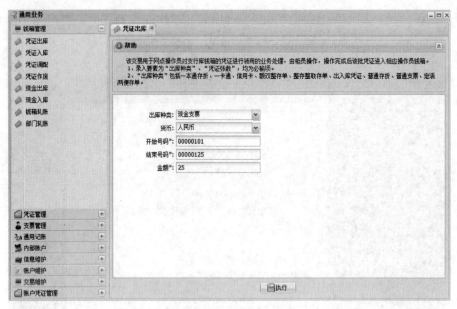

图 9-1-8　现金支票出库

学习任务二　储蓄存款业务实训

教学活动 1　活期储蓄存款开户实训

【活动目标】

掌握活期储蓄存款开户的操作流程及业务要点。

【活动实训】

一、活期储蓄存款开户的实训流程

活期储蓄存款开户流程如图 9-2-1 所示。

业务受理 → 柜员审核 → 取出重空凭证 → 系统交易处理 → 打印签章 → 递交客户 → 后续处理

图 9-2-1　活期储蓄存款开户流程

二、活期储蓄存款开户业务的操作步骤

1. 业务受理（如图 9-2-2 所示）。

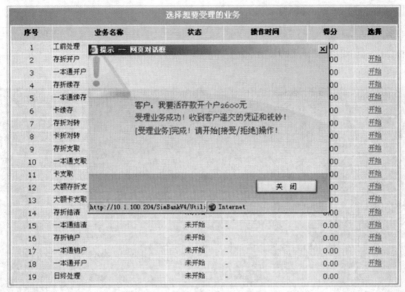

图 9-2-2 业务受理

2. 柜员审核: 金额、凭证 (如图 9-2-3 所示)。

图 9-2-3 储蓄开户凭条

3. 取出重空凭证——活期存折。

4. 进入交易系统、输入操作代码（如图9-2-4所示）。进入"活期开户"页面（如图9-2-5所示），按要求录入客户信息（如图9-2-6所示）。

图9-2-4　交易代码

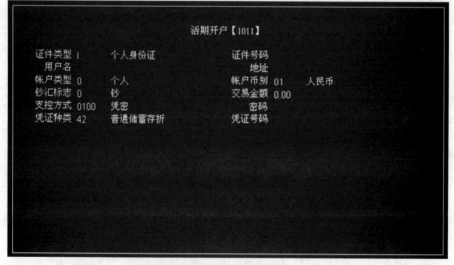

图9-2-5　活期开户

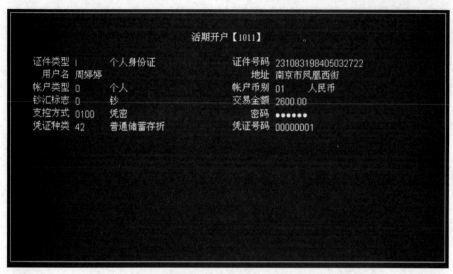

图 9 - 2 - 6　录入开户信息

5. 打印、签章。

提交系统成功后，经办柜员打印存折信息，并在存折和储蓄开户凭条上盖章。

6. 递交客户。

将身份证和活期储蓄存折递交客户。

7. 后续处理。

整理桌面凭证，结束该笔业务办理。

教学活动 2　活期储蓄存款支取实训

【活动目标】

掌握活期储蓄存款支取的操作流程及业务要点。

【活动实训】

一、活期储蓄存款支取的实训流程

活期储蓄存款支取流程如图 9 - 2 - 7 所示。

图 9 - 2 - 7　活期储蓄存款支取流程

二、活期储蓄存款支取业务的操作步骤

1. 业务受理（如图 9 - 2 - 8 所示）。

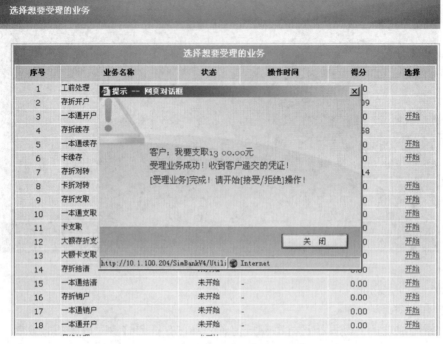

图 9 - 2 - 8　业务受理

2. 柜员审核。

柜员审核客户提交的存折及支取金额，无误后开始为客户办理业务。

3. 系统交易处理。

柜员进入交易系统、输入操作代码。进入"活期支取"页面图（如图 9 - 2 - 9 所示），按要求录入客户账户类型、账号等信息，确认无误后提交（如图 9 - 2 - 10 所示）。

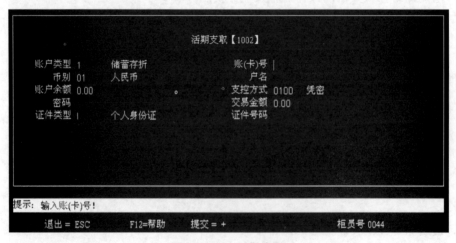

图 9 - 2 - 9　活期支取

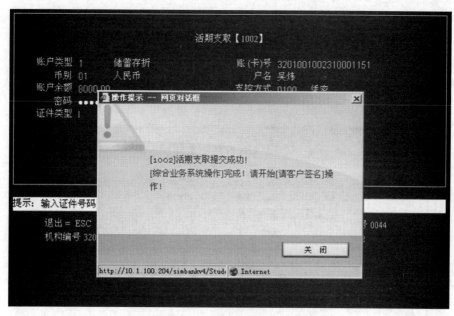

图 9 - 2 - 10 活期支取交易成功

4. 打印、签章。

系统交易处理成功后，打印存折和取款凭条并请客户签名后，经办柜员在取款凭条上盖章。

5. 递交客户。

将存折和现金递交客户。

6. 后续处理。

整理桌面凭证，结束该笔业务办理。

教学活动3 活期储蓄存款销户实训

【活动目标】

掌握活期储蓄存款销户的操作流程及业务要点。

【活动实训】

一、活期储蓄存款销户的实训流程

活期储蓄存款销户流程如图 9 - 2 - 11 所示。

图 9 - 2 - 11 活期储蓄存款销户流程

二、活期储蓄存款销户业务的操作步骤

1. 业务受理。

客户来到银行提出储蓄存折销户的业务需求（如图 9 - 2 - 12 所示），提交本人身份证件及存折。

图 9 - 2 - 12　业务受理

2. 柜员审核。

柜员审核客户提交的身份证件及存折无误后，开始为客户办理业务。

3. 系统交易处理。

柜员进入交易系统、输入操作代码。进入"活期销户"页面（如图 9 - 2 - 13 所示），按要求录入客户信息，确认无误后提交系统（如图 9 - 2 - 14 所示）。

图 9 - 2 - 13　活期销户

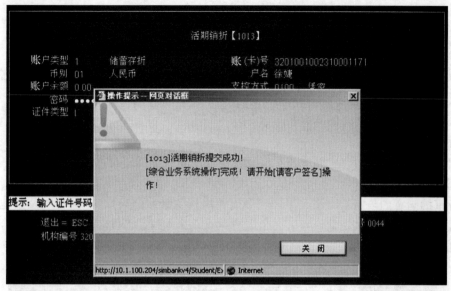

图 9 - 2 - 14　销户交易成功

4. 打印、签章。

系统交易处理成功后，打印取款凭条、利息清单，并请客户签名后，经办柜员在**取款凭条、利息清单和存折上盖章**。

5. 递交客户。

将身份证、凭证回单联和现金递交客户。

6. 后续处理。

整理桌面凭证，结束该笔业务办理。

学习任务三　个人贷款业务

教学活动1　个人住房贷款的发放

【活动目标】

掌握个人住房贷款发放的操作流程及业务要点。

【活动实训】

一、个人住房贷款发放的实训流程

个人住房贷款发放流程如图9 - 3 - 1所示。

图 9 - 3 - 1　个人住房贷款发放流程

二、个人住房贷款发放的业务实训步骤

1. 贷款受理。

客户白小姐月收入3 000元，想申请15万元个人住房商业贷款。银行贷款经办人员初审借款人填写的贷款申请表以及身份证、户口本、婚姻证明、购房合同、收入证明、购房首付款凭证及其他贷款行所需的资料。

2. 审查审批。

经信贷员初审无误后，将客户资料交信贷经理及审批部门进行审批。

3. 签订合同。

银行审批同意的与借款申请人签订《个人住房贷款借款合同》、担保合同及其他法律文件。进入交易系统，使用贷款业务——个人贷款——个人贷款合同签订，录入贷款合同相关信息（如图9-3-2所示），确认无误后提交系统。

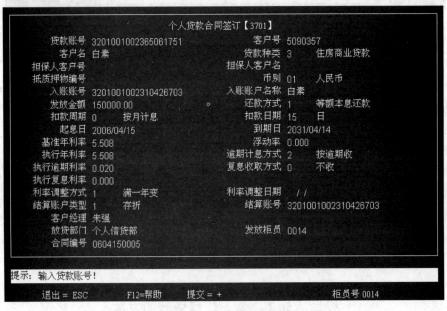

图9-3-2　个人贷款合同签订

4. 抵押登记。

借款申请人与贷款银行按照规定到房屋管理部门进行房屋抵押登记。

5. 发放贷款。

借款及担保合同生效后，银行按规定发放贷款，将贷款资金划入开发商售房账户。进入交易系统，选择贷款业务——个人贷款——个人贷款放贷，录入合同编号及贷款账号后提交系统（如图9-3-3所示）。

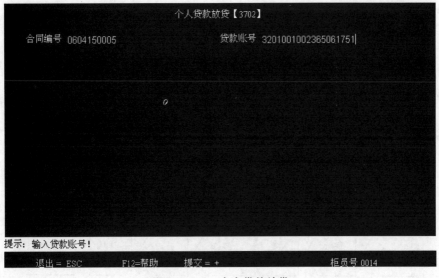

图 9 – 3 – 3 个人贷款放贷

提交系统后进入下列页面（如图 9 – 3 – 4 所示），仔细核对各项内容要素，无误后提交系统，放贷业务处理完成。

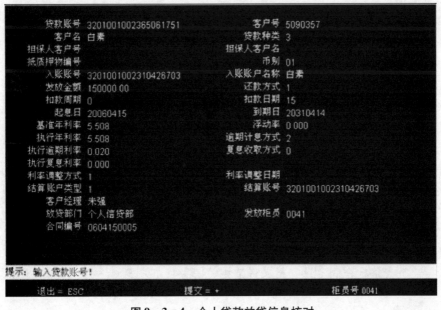

图 9 – 3 – 4 个人贷款放贷信息核对

6. 打印签章。

请客户在借款借据上签名后，银行经办人员签章。

7. 递交客户。

将相关凭证的回单联递交客户，剩余凭证归档，结束业务。

教学活动2   个人质押贷款发放

【活动目标】

掌握个人质押贷款发放的操作流程及业务要点。

【活动实训】

一、个人质押贷款发放的实训流程

个人质押贷款发放流程如图9-3-5所示。

图9-3-5   个人质押贷款发放流程

二、个人质押贷款发放的业务实训步骤

1. 贷款申请。

客户张先生有一张3年期的定期存单，还有9个月到期。现在张先生急需使用资金。可以建议张先生申请个人小额抵质押贷款。张先生需要填写个人质押贷款申请审批表、质押凭证清单；提交充当质物的质押凭证和本人有效身份证件。

2. 贷款调查。

贷款经办人员对借款申请人的资格及权利质物的真实性、合法性进行调查。调查责任人认定上述调查内容属实后，在申请审批表上签注明确意见，连同有关证明材料交贷款审查责任人审查。

3. 审查审批。

贷款审批责任人对调查人提交的借款人材料和内容进行认真审核，审批通过的，通知贷款调查责任人办理质押凭证的止付手续。

4. 签订合同。

审批通过后，通知客户来到银行签订贷款合同。进入电脑交易系统，选择贷款业务——个人贷款——个人贷款合同签订，录入贷款相关信息（如图9-3-6所示），确认无误后提交系统。

5. 开户放款。

签订合同成功后，进入电脑交易系统，选择贷款业务——个人贷款——个人贷款放款，录入合同编号及账号（如图9-3-7所示）。

图9-3-6 个人质押贷款合同签订

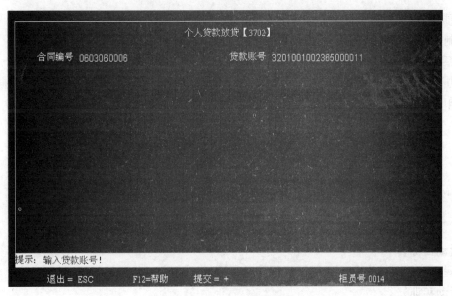

图9-3-7 个人贷款放贷

个人贷款放款提交成功后，进入下列页面（如图9-3-8所示），仔细核对各项信息无误后提交系统。

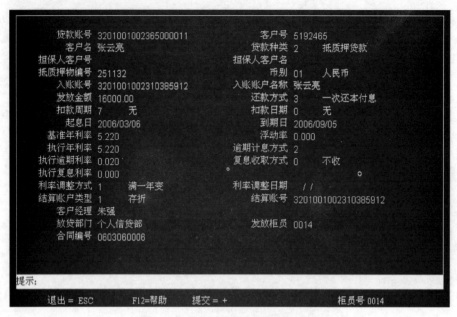

图 9 - 3 - 8　个人贷款放贷信息核对

6. 质押物处理。

填制表外科目收入凭证，进行质押物登记。

7. 后续处理。

经办人员将质押权利凭证交管库员入库保管，同时出具个人质押贷款质押品收据交与客户；打印相关凭证，签章后递交客户，归档凭证，结束业务。

学习任务四　储蓄特殊业务实训

教学活动 1　储蓄存款挂失业务实训

【活动目标】

掌握储蓄存款挂失业务的操作流程及业务要点。

【活动实训】

一、储蓄存款挂失的实训流程

储蓄存款挂失业务流程如图 9 - 4 - 1 所示。

图 9 - 4 - 1　储蓄存款挂失业务流程

二、储蓄存款挂失业务实训步骤

1. 业务受理。

客户提交身份证件要求办理存折挂失业务，请客户填写一式三联挂失申请书（如图9－4－2所示）。

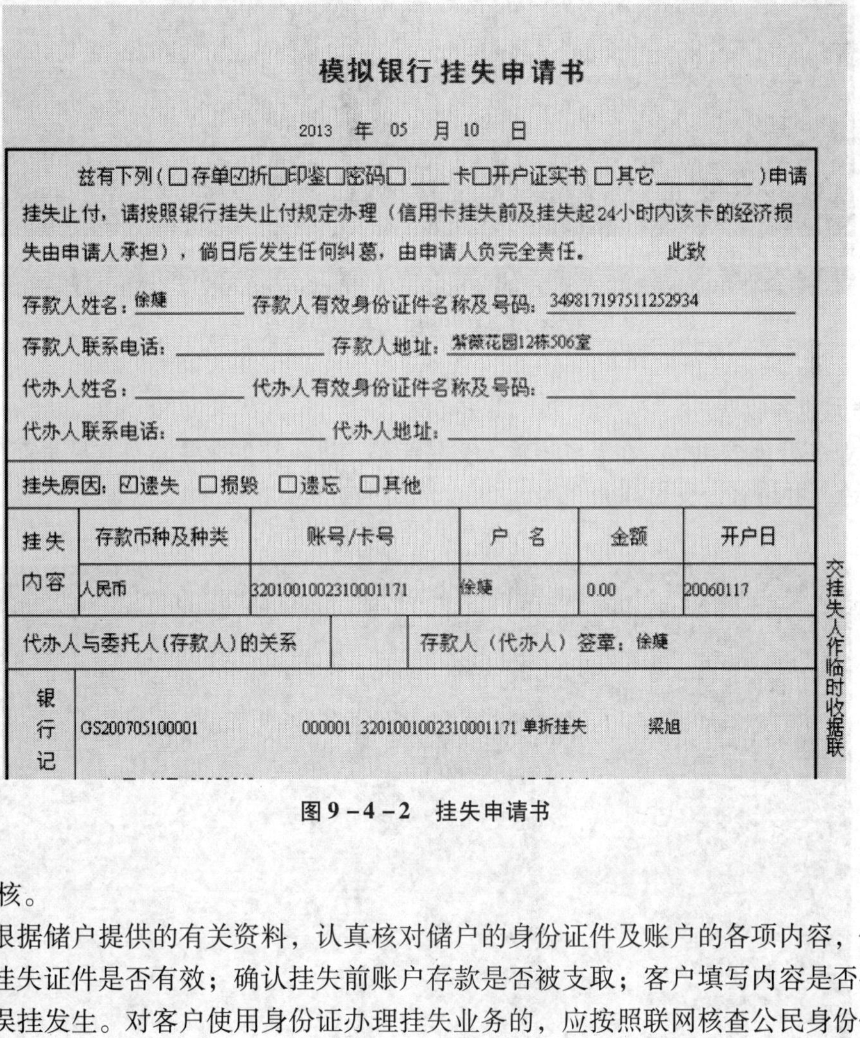

模拟银行挂失申请书

2013 年 05 月 10 日

兹有下列（□存单☑折□印鉴□密码□____卡□开户证实书 □其它________）申请挂失止付，请按照银行挂失止付规定办理（信用卡挂失前及挂失起24小时内该卡的经济损失由申请人承担），倘日后发生任何纠葛，由申请人负完全责任。　　此致

存款人姓名：徐婕　存款人有效身份证件名称及号码：349817197511252934

存款人联系电话：________　存款人地址：紫薇花园12栋506室

代办人姓名：________　代办人有效身份证件名称及号码：________

代办人联系电话：________　代办人地址：________

挂失原因：☑遗失　□损毁　□遗忘　□其他

挂失内容	存款币种及种类	账号/卡号	户　名	金额	开户日
	人民币	3201001002310001171	徐婕	0.00	20060117

代办人与委托人（存款人）的关系　　存款人（代办人）签章：徐婕

银行记　GS200705100001　000001 3201001002310001171 单折挂失　梁姐

交挂失人作临时收据联

图9－4－2　挂失申请书

2. 审核。

柜员根据储户提供的有关资料，认真核对储户的身份证件及账户的各项内容，包括：客户提供的挂失证件是否有效；确认挂失前账户存款是否被支取；客户填写内容是否准确、完整，防止误挂发生。对客户使用身份证办理挂失业务的，应按照联网核查公民身份信息的有关要求办理身份证件验证。

3. 系统交易处理。

柜员进入电脑交易系统，输入交易代码，进入活期储蓄账户挂失页面（如图9－4－3所示），录入客户的相关挂失信息，确认无误后提交。

图 9 - 4 - 3　活期储蓄账户挂失

4. 挂失业务收费。

挂失业务处理成功后，在系统中输入交易代码，进入挂失业务收费交易页面（如图 9 - 4 - 4 所示），并请客户支付挂失费用。

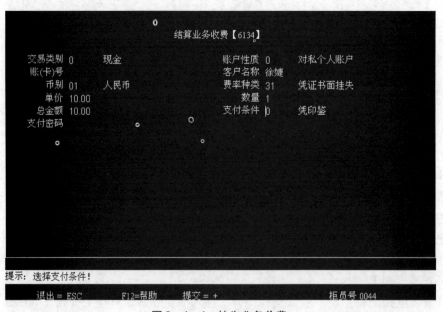

图 9 - 4 - 4　挂失业务收费

5. 打印、签章。

柜员根据系统提示打印相关凭证，在业务收费凭证及挂失申请书上签章。

6. 送别客户。

将身份证、相关凭证的客户回单联递交客户，送别客户

7. 后续处理。

经办柜员整理归档桌面凭证，结束业务。

教学活动 2　储蓄存款撤挂业务处理

【活动目标】

掌握储蓄存款撤挂业务的操作流程及业务要点。

【活动实训】

一、储蓄存款撤挂的实训流程

储蓄存款撤挂业务流程如图 9 - 4 - 5 所示。

图 9 - 4 - 5　储蓄存款撤挂业务流程

二、储蓄存款撤挂业务实训步骤

1. 业务受理。

客户已经挂失的存折找到了，需要办理撤销挂失手续。柜员受理客户需求，接受客户提交的身份证件、已经找到的存折和挂失申请书客户回单联。

2. 审核。

柜员对客户提交的资料进行审核，并在历史凭证中取出挂失申请书银行留存联与客户回单联进行核对。

3. 系统交易处理。

柜员进入电脑交易系统，输入交易代码，进入活期储蓄账户撤挂页面（如图 9 - 4 - 6 所示），录入客户的相关撤挂信息（如图 9 - 4 - 7 所示），确认无误后提交。

4. 打印、签章。

系统交易处理成功后，请客户在挂失申请书上签字确认后，经办柜员签章。

5. 送别客户。

将客户身份证、存折递交客户，送别客户。

6. 后续处理。

经办柜员整理归档桌面凭证，结束业务。

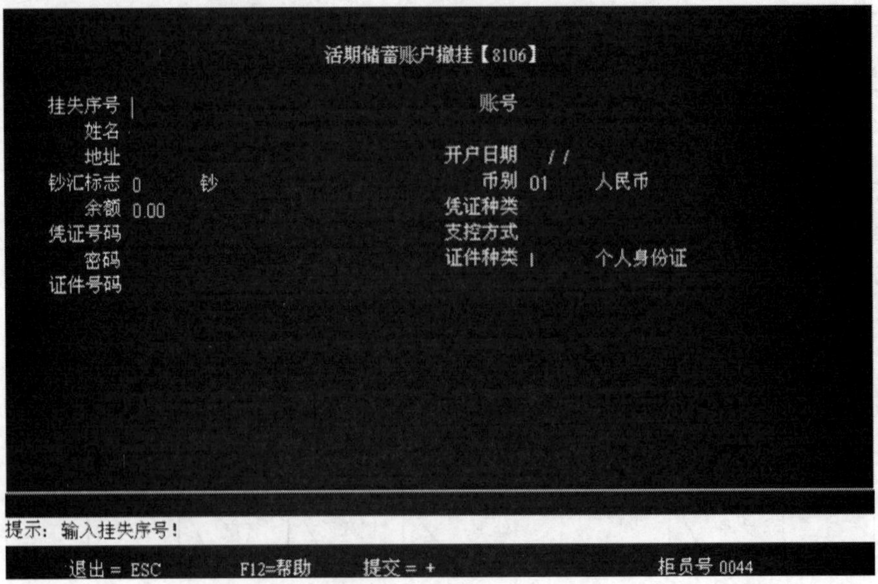

活期储蓄账户撤挂【8106】

挂失序号 | 账号

姓名
地址   开户日期   / /
钞汇标志 0   钞   币别   01   人民币
余额 0.00   凭证种类
凭证号码   支控方式
密码   证件种类 I   个人身份证
证件号码

提示: 输入挂失序号!

退出 = ESC   F12=帮助   提交 = +   柜员号 0044

图 9 - 4 - 6   活期储蓄账户挂失

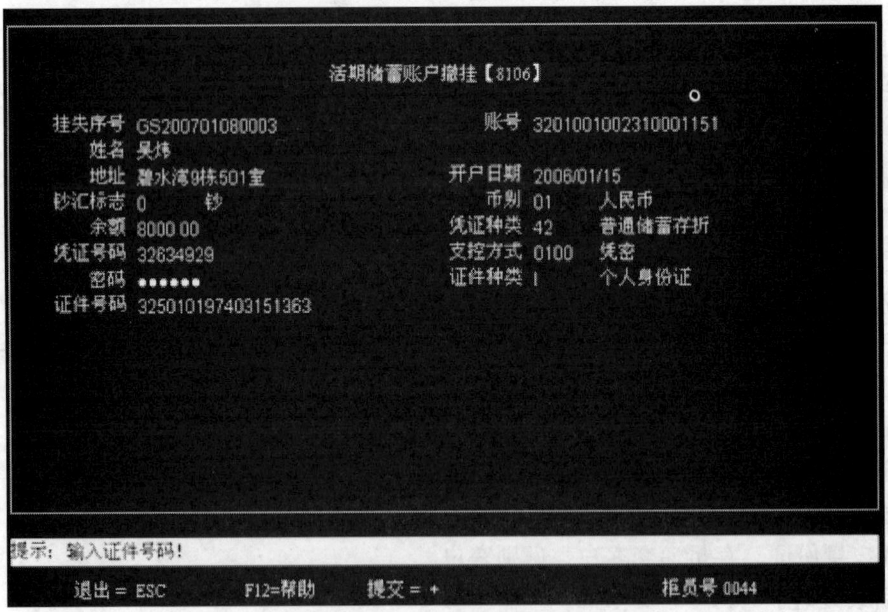

活期储蓄账户撤挂【8106】

挂失序号 GS200701080003   账号 3201001002310001151
姓名 吴炜
地址 碧水湾9栋501室   开户日期 2006/01/15
钞汇标志 0   钞   币别 01   人民币
余额 8000.00   凭证种类 42   普通储蓄存折
凭证号码 32634929   支控方式 0100   凭密
密码 ●●●●●   证件种类 I   个人身份证
证件号码 325010197403151363

提示: 输入证件号码!

退出 = ESC   F12=帮助   提交 = +   柜员号 0044

图 9 - 4 - 7   录入撤挂信息

教学活动3　储蓄账户密码修改业务实训

【活动目标】

掌握储蓄账户密码修改业务的操作流程。

【活动实训】

密码修改业务实训步骤

1. 业务受理。

需要修改密码的客户本人来到银行，提交本人身份证件。

2. 柜员审核。

柜员审核是否为本人办理，身份证件是否真实有效。

3. 系统交易处理。

柜员审核无误后进入电脑交易系统，选择通用业务——账户维护——账户密码修改，进入密码修改交易界面（如图9-4-8所示）。

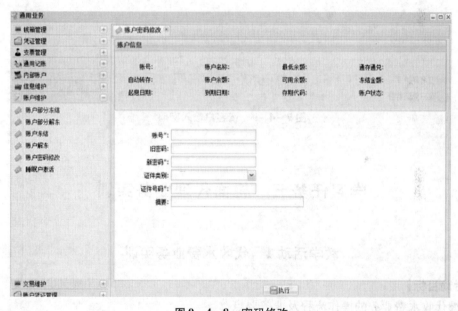

图9-4-8　密码修改

4. 请客户输入密码。

柜员在系统中录入客户密码修改的相关信息，并请客户输入旧密码与新密码（如图9-4-9所示），确认无误后提交系统，完成密码修改交易。

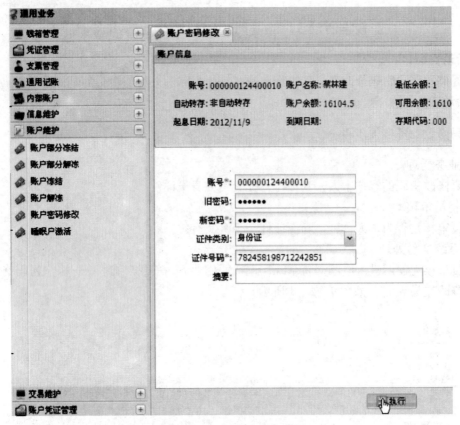

图 9 - 4 - 9　请客户输入密码

学习任务五　柜面代理业务实训

教学活动 1　代收水费业务实训

【活动目标】

掌握代收水费业务的操作流程及业务要点。

【活动实训】

一、代收水费业务的实训流程

代收水费业务流程如图 9 - 5 - 1 所示。

客户提出业务申请 ▷ 柜员审核 ▷ 点收款项 ▷ 系统交易处理 ▷ 打印、签章 ▷ 送别客户

图 9 - 5 - 1　代收水费业务流程

二、代收水费业务实训步骤

1. 客户提出业务申请。

客户高先生来到模拟银行，要求办理代收水费业务。高先生向经办业务的柜员提交水费凭证（如图 9 – 5 – 2 所示）。

图 9 – 5 – 2 水费凭证

2. 柜员审核。

柜员接到客户高先生交来的缴费凭证，审查凭证是否合法、有效。

3. 点收款项。

柜员清点客户缴纳的现金；客户也可凭在经办行开户的卡、折进行缴费。

4. 系统交易处理。

柜员核对缴费信息并点收现金无误后，进行系统交易处理，进入系统菜单选择"代理业务——代收水费"（或直接输入交易代码），进入代收自来水费业务。录入缴费账号、缴费金额等信息（如图 9 – 5 – 3 所示），确认无误后提交系统。

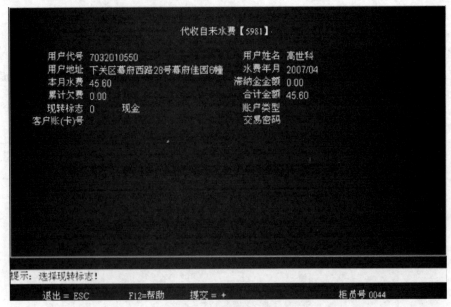

图 9 – 5 – 3　代收自来水费

5. 打印签章。

系统交易处理成功后，柜员打印缴费凭证并加盖现讫章或转讫章。

6. 送别客户。

将缴费凭证回单联递交客户，送别客户后整理归档桌面凭证。

教学活动 2　代收移动话费业务实训

【活动目标】

掌握代收移动话费业务的操作流程及业务要点。

【活动实训】

一、代收移动话费业务的实训流程

代收移动话费业务流程如图 9 – 5 – 4 所示。

图 9 – 5 – 4　代收移动话费业务流程

二、代收移动话费业务实训步骤

1. 客户提出业务申请。

客户李女士来到模拟银行，要求办理移动话费充值业务，将缴费手机号码口头告知经办柜员。

2. 柜员审核。

柜员同客户确认缴费号码,根据手机号码进入系统菜单选择代理业务——移动缴费(或输入交易代码),进入综合交易系统查询缴费信息(如图9-5-5所示),并告知客户。

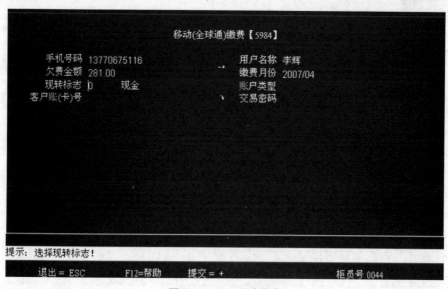

图9-5-5 移动缴费

3. 点收款项。

柜员清点客户缴纳的现金;客户也可凭在经办行开户的卡、折进行缴费。

4. 系统交易处理。

柜员核对缴费信息并点收现金无误后,录入缴费金额,确认无误后提交系统。

5. 打印、签章。

系统交易处理成功后,柜员打印缴费凭证并加盖现讫章或转讫章。

6. 送别客户。

将缴费凭证回单联递交客户,送别客户后整理归档桌面凭证。

教学活动3 代理业务签约实训

【活动目标】

掌握代理业务签约的操作流程及业务要点。

【活动实训】

一、代理业务签约的实训流程

代理业务签约流程如图9-5-6所示。

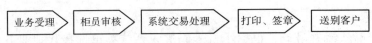

图9-5-6　代理业务签约流程

二、代理业务签约实训步骤

1. 业务受理。

客户江涛申请办理代收电费业务签约，向柜员提交了本人有效身份证件、本行开户的储蓄存折。经办柜员受理业务，要求江涛填制"代理业务委托申请书"（如图9-5-7所示）。

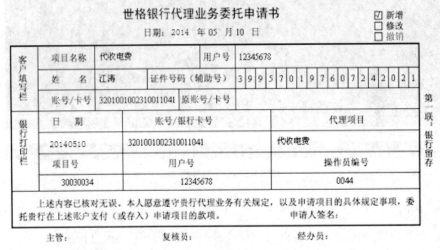

图9-5-7　代理业务委托申请书

2. 柜员审核。

经办柜员审核客户提交的资料。

3. 系统交易处理。

审核无误后，柜员进入电脑系统选择日常代理业务——签订委托代扣协议或输入交易代码，进行签订委托代扣协议交易操作，录入代理签约业务种类、账号、户名、证件号码、用户编号等信息，并请客户输入密码（如图9-5-8所示），确认无误后提交系统。

4. 打印、签章。

系统交易处理成功后，柜员打印"代理业务委托申请书"，请客户签字后加盖业务公章和名章。

5. 送别客户。

将客户的身份证件、银行卡（或折）以及业务凭证的回单联递交客户，送别客户后整理归档桌面凭证。

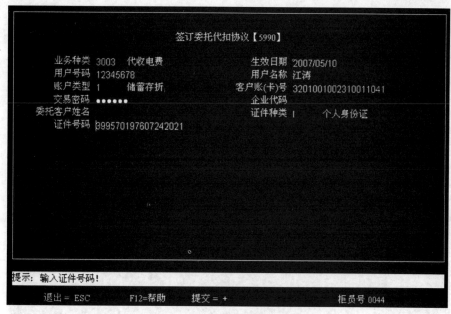

图9-5-8　签订委托代扣协议

学习任务六　柜面日终业务实训

教学活动　柜面日终业务实训

【活动目标】

掌握银行柜面日终业务的操作流程及业务要点。

【活动实训】

一、柜面日终业务实训流程

柜面日终业务流程如图9-6-1所示。

图9-6-1　柜面日终业务流程

二、柜面日终业务实训步骤

1. 柜员轧账。

（1）临柜柜员在每日营业终了的时候，进入交易系统选择内部业务——日终管理——柜员轧账或直接输入交易代码，进行柜员正式轧账操作（如图9-6-2、图9-6-3所示），确认后提交系统。

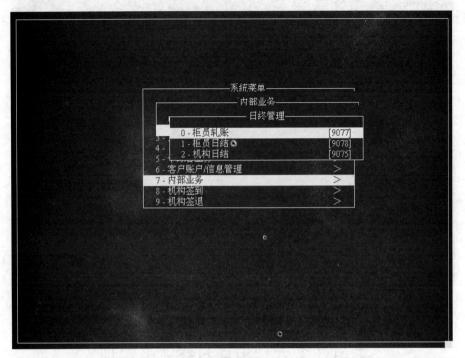

图 9 – 6 – 2　柜员轧账

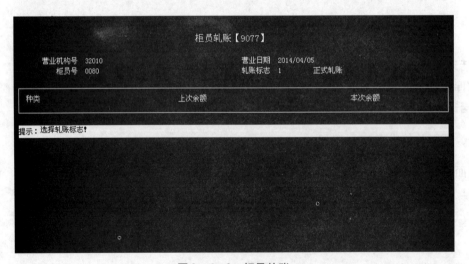

图 9 – 6 – 3　柜员轧账

（2）柜员轧账成功后，进行柜员日结操作（如图 9 – 6 – 4 所示）。

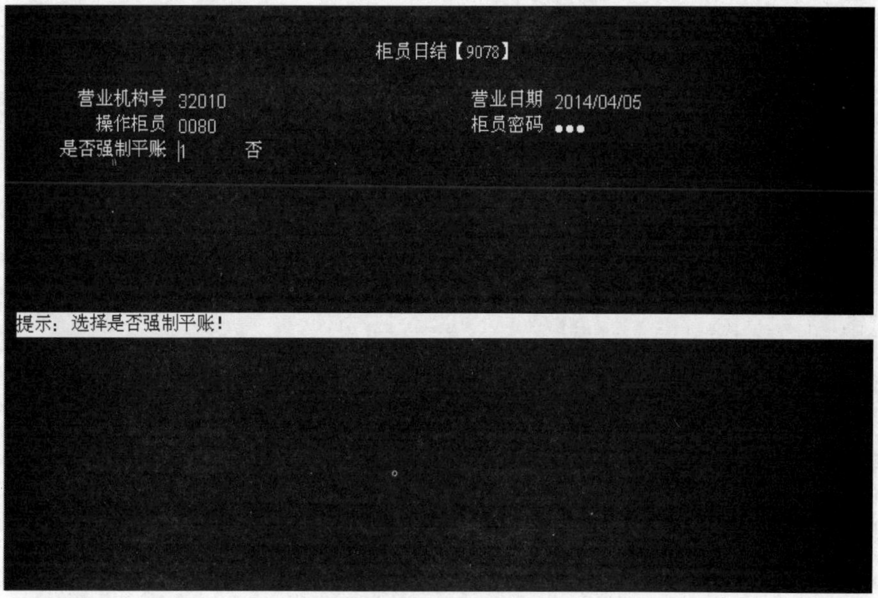

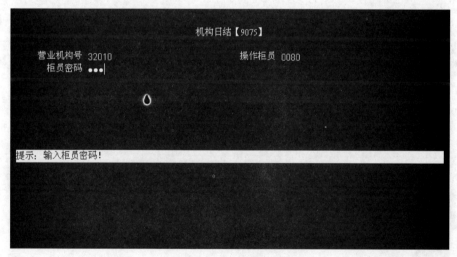

图 9 - 6 - 4　柜员日结

（3）机构日结（如图 9 - 6 - 5 所示）。

图 9 - 6 - 5　机构日结

2. 现金及重空凭证入库。

营业终了，柜员将未使用的凭证和个人钱箱中的现金全部入库，同时在电脑系统中进行虚拟钱箱的上缴。选择通用业务——钱箱管理——凭证入库，进入下列凭证入库界面（如图 9 - 6 - 6 所示），录入剩余凭证种类及数量后提交系统，完成凭证入库处理。

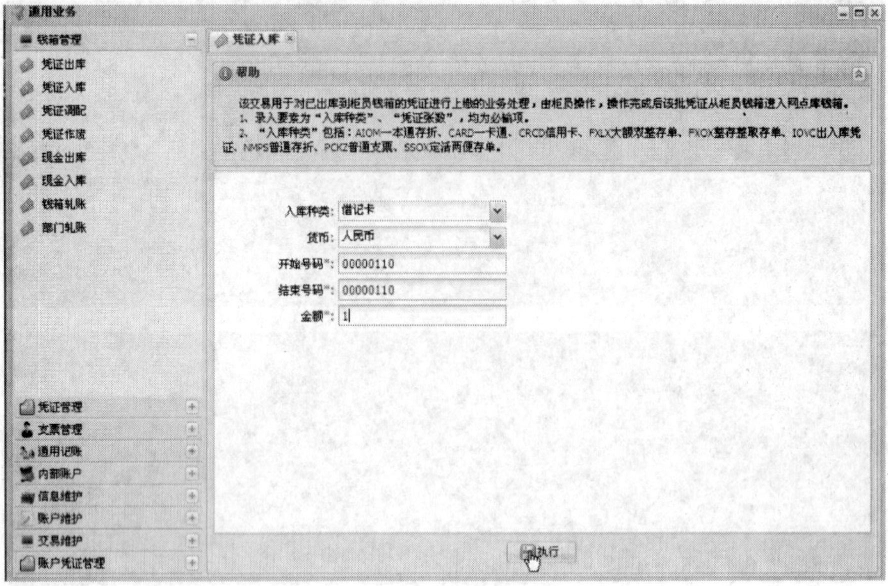

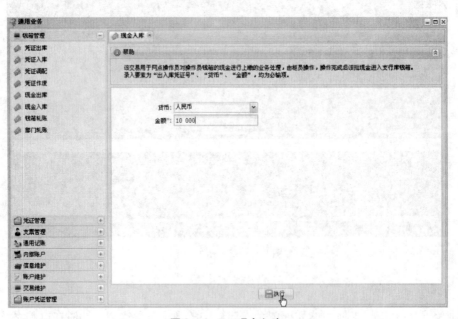

图9-6-6　凭证入库

选择通用业务——钱箱管理——现金入库，进入下列凭证入库界面（如图9-6-7所示），录入币种及金额后提交系统，完成现金入库处理。

图9-6-7　现金入库

3. 柜员签退。

上述业务处理成功后，柜员方可在交易系统中进行签退（如图9-6-8所示）。

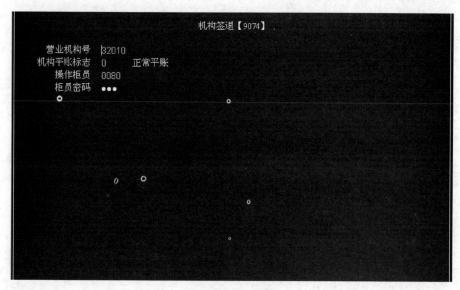

图 9 – 6 – 8　签退

4. 网点关机。

所有业务结束后,由主管进行网点签退关机的操作(如图 9 – 6 – 9 所示)。

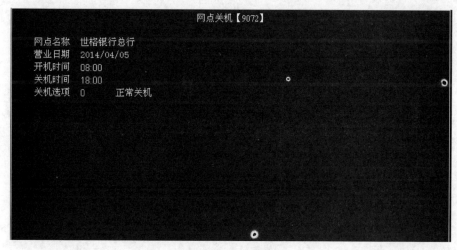

图 9 – 6 – 9　网点关机

参 考 文 献

［1］ 杨则文：《商业银行综合柜台业务》，中国财政经济出版社 2010 年版。
［2］ 位涛、尤强：《金融企业会计》，东北财经大学出版社 2010 年版。
［3］ 董瑞丽：《商业银行综合柜台业务》，中国金融出版社 2009 年版。
［4］ 程婵娟：《银行会计学》，科学出版社 2008 年版。
［5］ 王保平等：《商业银行会计实务》，中国财政经济出版社 2009 年版。
［6］ 陈倩媚：《商业银行会计》，经济科学出版社 2010 年版。
［7］ 李晓梅、关新红：《商业银行会计实务》，中国市场出版社 2010 年版。
［8］ 孙烨：《银行会计》，上海财经大学出版社 2011 年版。
［9］ 世格银行模拟教学平台软件。